ספר
עֵץ חֲיִים
לרבינו
חיים ויטאל ז"ל
שקיבל ממרן האר"י זלה"ה
שַׁעַר דרושֵׁי נְקוּדוֹת
שַׁעַר ח' פרק ו'
דט"ל ע"א – דט"ל ע"ד
תשע"פ
SimchatChaim.com

בהוצאת
שִׂמְחַת חיים

בס"ד

<u>הקדמה</u>

ירפא **ה**מאציל **ו**יושיע **ה**בורא את כל חולי בני ישראל, וישלח להם רפואה שלימה, רפואת הנפש ורפואת הגוף, בכל אבריהם ובכל גידיהם לעבודתו יתברך.

בי"ב במנחם אב תשס"ה, הובהלתי לבית החולים, הרופאים לא נתנו לי סיכוי לחיות יותר מכמה שעות בגלל מספר תסבוכות. עם כל זאת בזכות התפילות של בני ישראל הקדושים, ברחמיו הרבים, ריחם עלי הקדוש ברוך הוא, ונשארתי בחיים.

עם כל זאת, הובחנה אצלי מחלה קשה בכליות, ונאמר לי שהצטרך למכונת דיאליזה. בשבילי זה היה שוק!!! אף פעם לא הייתי אצל רופא, או בבית חולים. כך בעל כרחי התחברתי למכונת דיאליזה, ומכונה זאת הייתי[1] קשורה בי ככלב במשך שמונים חודשים בדיוק, כמניין **יסוד**, במשך 10-12 שעות ביום.

בשבת פרשת **ויחי יעקב** י"ב טבת תשע"ב, בזכות בני ישראל. שכולם אהובים כולם ברורים כולם גיבורים כולם קדושים... וכולם פותחים את פיהם באהבה שלוש פעמים ביום, ואומרים - **ברוך אתה... רופא חולי עמו ישראל**, וכללותם כל האברכים, תלמידי הישיבות, רבנים וחכמים, חסידים, מקובלים עם תינוקות של בית רבן, זקנים עם נערים, בחורים וגם בתולות, בארץ הקודש ובעולם. ומצד שני בנות ישראל היקרות מפז, שהתפללו וקבלו עליהם כל מיני קבלות, מהפרשת חלה עד צניעות וכיסוי הראש, עם הרבנים, המנהלים, המורים, המורות **והתלמידות של בית יעקב דטורונטו** שכל יום התפללו, וכללו בתפילתם שבקעה את כל הרקיעים אותי, ונושעתי אני הקטן. הושתלה בי כליה. והתנתקתי ממכונת הדיאליזה.

אמר המלך דוד - לולי[2] תורתך שעשעי אז אבדתי בעניי. מה שנתן לי חיות הוא התורה הקדושה, בשעות הרבות שהיתי מחובר למכונת הדיאליזה)כ12 שעות ביום(, ערכתי סדרתי וכתבתי במחשב את הקונטרסים שלמדתי במשך שנים. וקונטרסים אלו הפכו לחיבור, ואחרי התלבטויות ובקשות מבני גילי, החלטתי בעזרתו יתברך להדפיס קונטרסים אלו.

ידוע הוא כי כל דברי האר"י זלל"ה ותלמידו נאמן ביתו, רבינו חיים ויטאל הם סתומים וחתומים באלפי שרשראות ומנעולים, והרב ז"ל גלה טפח וכיסה אלפים אמה, וכלל דבריהם הוא משלים, עם כל זאת העוסק במשל פועל בעלמות העליונים בנמשל. לכן צריך זהירות גדולה לא להגשים את המשלים, בסוד המבואר בספר הזוהר הקדוש - **ועלייהו אתמר** ועליהם נאמר - **ארור האיש אשר יעשה פסל ומסכה וגומר, ושם בסתר, מאי בסתר** מהו בסתר - **בסתרו דעלמא** בסתר העולם. **ובגין דא אמר קודשא בריך הוא לא תעשון אתי** ומפני זה אמר הקדוש ברוך הוא לא תעשון אתי **אלה"י כסף ואלה"י זהב, והכי אוקמוה חבריא לא תעשון אתי כדמות שמשי שמשמשין אותי** וכך העמידוהו החברים לא תעשון אתי כדמות שמשי שמשמשים אותי במרום, **לצייירא בסתר דילי שום ציור או דמיון** לצייר בסתר שלי שום ציור או דמיון, **דכל מאן דצייר לעיל לקודשא בריך הוא** שכל מי שמצייר למעלה לקדושה בריך הוא, **בסתר)דאיהי שכינתיה, כלילא מעשר ספיראן** שהיא מעשר ספירות(, כלולה מעשר ספירות, **שום ציור, וצלם, ודמות, כגוונא דמצייירין בשמשין דיליה** שמצייירים בשמשים שלו, **נשמתיה אתלבשא בההוא צלמא** נשמתו מתלבשת באותו צלם....

1

גמרא סוטה ד"ג ע"ב - גמרא סוטה ד"ג ע"ב – רבי אלעזר אומר, **קשורה בו ככלב**, שנאמר - ולא שמע אליה לשכב אצלה להיות. עמה לשכב אצלה בעולם הזה. להיות עמה לעולם הבא.

2

תהלים קי"ט צ"ב

וכן הוא בסוף ענף ד' דשער א' בספר עץ חיים שער ההקדמות, וז"ל הטהור - ואמנם דבר גלוי הוא כי אין למעלה גוף ולא כח גוף חלילה. וכל הדמיונות והציורים אלו לא מפני שהם כך חס ושלום. אמנם **לשכך את האוזן** לכשיוכל האדם להבין הדברים העליונים, הרוחניים, בלתי נתפסים, ונרשמים בשכל האנושי. לכן ניתן רשות לדבר בבחינת ציורים ודמיונים, כאשר הוא פשוט בכל ספרי הזוהר. וגם בפסוקי התורה עצמה כולם כאחד עונים ואומרים בדבר הזה, כמו שאמר הכתוב עיני הוי"ה המה משוטטים בכל הארץ. עיני הוי"ה אל צדיקים. וישמע הוי"ה. וירח הוי"ה. וידבר הוי"ה. וכאלה רבות. וגדולה מכולם מה שאמר הכתוב - ויברא אלהי"ם את האדם בצלמו בצלם אלהי"ם ברא אותו זכר ונקבה וגו'. **ואם התורה עצמה דברה כך** גם אנחנו נוכל לדבר כלשון הזה, עם היות שפשוטו הוא שאין שם למעלה אלא אורות דקים בתכלית הרוחניות, בלתי נתפסים שם כלל, וכמו שאמר הכתוב - כי לא ראיתם כל תמונה, וכאלה רבות. ואמנם יש עוד דרך אחרת כדי להמשיך ולצייר בה הדברים העליונים, והם בחינת כתיבת צורת אותיות, כי כל אות ואות מורה על אור פרטי עליון, וגם תמונת זו דבר פשוט הוא כי אין למעלה לא אות ולא נקודה, **וגם זה דרך משל וציור לשכך את האוזן** כנזכר.....

ולכן כל המבואר כאן בחיבור זה הוא כדי **לשכך את האוזן**. והתרשימים שבסוף החיבור הם כדי **לשבר את העין**, לכן אין שום ביאור והסבר שלם, ואין שום תרשים שלם בתכלית השלמות.

ידוע כי[3] דברי תורה עניים במקומן ועשירים במקום אחר, **ועל אחת כמה וכמה** בדברי הרב ז"ל, שכל סוגיה חסרה[4] במקומה, וחלקיה מפוזרים במקומות אחרים. **זאת ועוד** הרב ז"ל מערבב בדרוש אחד כמה וכמה סוגיות, כאשר בפשטות דבריו נראה שכל הדרוש הוא דרוש אחד, ולא מחולק לסוגיות שונות, ושמועות שונות, **ביאור** דברי הרב ז"ל כאן הם **בעומק, והוא בעצם ליקוט** עד איפה שידי הקצרה הגיעה, מכל חלקי ספר עץ חיים, ושמונה השערים המצויינים לרב ז"ל, מבוא שערים ושאר ספרי הרב ז"ל, והוא גם על פי הקדמת רחובות הנהר למרן הרש"ש, דרושי פנימיות וחיצוניות, דרוש הדעת, סוגיות ערכין, סוגיות דכללות והתכללות, פרטות וכללות, וסוגיות עובי ואורך, ועל פי ביאור גדולי רבותינו חכמי המקובלים לדורותם זלה"ה זי"ע.

ידוע כי[5] אין בר בלי תבן, כך אין ספר בלי טעויות, ועוד יודע אני כי דל ועני אני, **ואין**[6] **עני אלא בדעה**. לכן מבקש אני בכל לשון של בקשה אם יש לכל אחד שאלות, הערות, הארות, תיקונים, נא לשלוח ל - <u>book@simchatchaim.com</u> והשתדל לענות, ולתקן את הצריך תיקון.

בברכה והצלחה בלימוד התורה הקדושה

ובעיקר בפנימיות התורה, תורת האר"י הח"י.

ורפואה שלימה לכל חולי ישראל.

אח"י

<u>ב"ה</u>

---

[3]

גמרא ירושלמי, ראש השנה פ"ג הלכה ה' די"ז ע"א – דברי תורה עניים במקומן, ועשירים במקום אחר.

[4]

תורת חכם דע"ב ע"ב – חסר לשון הוא, כמו שיראה המעיין.

[5]

גמרא ברכות נ"ה א' - מה לתבן את הבר נאם ה', וכי מה ענין בר ותבן אצל חלום, אלא אמר ר' יוחנן משום ר' שמעון בן יוחאי, כשם שאי אפשר לבר בלא תבן, כך אי אפשר לחלום בלא דברים בטלים.

[6]

גמרא נדרים מ"א ע"א – אין עני אלא בדעה .

הקדמה קצרה לחיוב לימוד תורת הקבלה

ישמחו **ה**שמים **ו**תגל **ה**ארץ ירעם הים ומלאו. שזכינו בדור שלנו שפנימיות התורה, שהיא היא תורת הקבלה, מתפשטת לכל, וכל מקום בעולם היום לומדים בתורת הח"ן. הדור שלנו יש הרבה התעוררות ללמוד סתרי התורה הקדושה, הנקראת חכמת הקבלה. בירושלים של המאה ה18 בישיבת **בית אל** היו בקושי מנין של מקובלים, והיום תורת הקבלה מופצת בכל מקום בארץ ובעולם. לעניות דעתי אחת הסיבות העיקריות לשינוי זה הוא רצונם של בני התורה, החוזרים בתשובה ועמך לדעת את סוד החיים, למה ברא הקדוש ברוך הוא את העולם, ואת טעמי המצות, ר"ל אי אפשר היום בדור שלנו, להסביר על פי הפשט את הסיבה מדוע אסור לאכול בשר וחלב, מדוע צריך להניח תפילין, למה לשמור דווקא שבת ולא יום שלישי, אי אפשר להגיד כל הזמן **זאת גזרת הכתוב, כך רוצה הקדוש ברוך הוא**, האנשים מחפשים הסברים למצות, לסיפורי התנ"ך, לגלגולי נשמות, ועוד. ורק על ידי עסק בפנימיות התורה, אדם מסיג את ההסברים לקושיות שיש לו. **זאת ועוד** חיים אנחנו בדור של חומריות, והאנשים מחפשים את רוחניות שבחיים, אז מה עושים, נוסעים למזרח, להודו, סין, תאילנד למצוא רוחניות, ולא יודעים **ששורש כל הרוחניות בעולם נמצאת בתורה הקדושה**, עם כל זאת כאשר הלומד את פשט התורה, **הוא לא מכיר** את הקדוש ברוך הוא, והוא בלי יראת שמים ושמחה אמתית. כותב הרב המקובל האלוה"י רבינו יהודה פתייה בפרושו הנפלא על עץ חיים - כי לימוד עץ חיים הוא עמוק מאד מאד, כי הוא **מים שאין להם סוף**, והוא קשה מאד גם לחכמים ההוגים בו תמיד, וכל שכן למתחילים. כי הוא חזק מצור, וקשה מברזל, שאי אפשר לחצוב ממנו מאומה, אם לא על ידי כלי מחצב חזקים כציפורן שמיר. וכל המתחיל בלימוד עץ חיים, אם לא יהיה לו רב, או לפחות איזה מפרש המפרש לו כוונת הפרק ההוא לפי פשוטו, נבול יבול, ואינו יכול לעמוד על הפרק כי אם לאחר יגיעה רבה, ושקידה עצומה, וכולי האי ואולי. כי הרבה פעמים יסבור המעיין שהבין העניין ההוא כראוי, ואחר שילמוד עוד איזה פרקים אחרים, ירגיש כעצמו שלא הבין את פרקים הקודמים, והניסיון יעיד על זה, עד כאן דברי קודשו. עם כל זאת חייב כל אדם לעסוק בתורת החיים.

צדיק אתה הוי"ה וישר משפטיך. כתב הרב רבינו חיים ויטאל ז"ל בהקדמה לשער ההקדמות - והנה מה שכתב בתחילת דבריו, ואפילו כל אינון דמשתדלי באורייתא כל חסד דעבדי לגרמייהו וכו', עם היות שפשטו מבואר ובפרט בזמנינו זה, בעונותינו היום אשר התורה נעשית קרדום לחתוך בה אצל קצת בעלי תורה, אשר עסקם בתורה על מנת לקבל פרס, והספקות יתירות, וגם להיותם מכלל ראשי ישיבות, ודיני סנהדראות, להיות שמם וריחם נודף בכל הארץ, **ודומים במעשיהם לאנשי דור הפלגה הבונים מגדל וראשו בשמים**, ועיקר סיבת מעשיהם היא מה שאמר אחר כך הכתוב - **ונעשה לנו שם**... והנה על הכת הזאת אמרו בגמרא כל העוסק בתורה שלא לשמה, נוח לו שנהפכה שליתו על פניו, ולא יצא לאויר העולם. ואמנם האנשים האלה מראים תמימה וענוה באמרם כי כל עסקם בתורה הוא לשמה. והנה החכם הגדול התנא רבי מאיר ע"ה העיד עליהם שלא כך הוא, באומרו לשון כללות - כל העוסק בתורה לשמה זוכה לדברים הרבה וכו', **ומגלים לו רזי תורה, ונעשה כנהר שאינו פוסק**, והולך וכמעיין המתגבר מאליו, בלתי הצטרכו לטרוח ולעיין בה, ולהוציא טיפין טיפין של מימי

התורה מן הסלע, הנה זה יורה שאינו עוסק בתורה לשמה כהלכתה, ומי זה האיש אשר לא יזלו עיניו דמעות בראותו המשנה הזאת, **ורואה חסרונו ופחיתותו**, עד כאן לשונו. לכן כל אחד צריך לטעום מעץ החיים.

חצות לילה אקום להודות לך על משפטי צדקך. כתב רבינו אליהו מני זצ"ל רבו של הרי"ח הטוב, בספרו הקדוש כסא אליהו שער ד' וז"ל - ואם זיכך הוי"ה ללמוד בחכמת האמת, הנה עצה היעוצה היא שכל סדר הלימוד בנגלה תתנהג בו ביום דווקא. **אבל בלילה תלמוד בחכמת האמת, והעיקר הלימוד אחר חצות**, כי זה הלימוד צריך ישוב דעת הרבה, וכשיקוץ האדם אז דעתו מיושבת עליו יותר. גם גה הלימוד צריך הסתר והצנע, **וכל דבר שיהיה בלילה ובפרט אחר חצות יהיה נסתר יותר מן היום**. ותעשה ועד עם החברים בבית המדרש אם הוא צנוע, **או בביתך ותלמדו בכל לילה**, עד כאן לשונו. וישב ללמוד בלילה תחת עץ החיים.

קראתי בכל לב עני הוי"ה חקיך אצרה. בהקדמה[7] לשער ההקדמות מבאר הרב ז"ל - ואמנם אל יאמר אדם אלכה לי ואעסוק בחכמת הקבלה, מקודם שיעסוק בתורה במשנה ובתלמוד, כי כבר אמרו רבינו ז"ל - אל יכנס אדם לפרדס **אלא אם כן מלא כריסו בבשר ויין**, והרי זה דומה לנשמה בלתי גוף, שאין לה שכר ומעשה וחשבון, עד היותה מתקשרת בתוך הגוף, בהיותו שלם מתוקן במצות התורה בתרי"ג מצות. **וכן בהפך** בהיותו עוסק בחכמת המשנה והתלמוד בבלי, ולא ייתן חלק גם אל סודות התורה וסתריה, כי **הרי זה דומה לגוף היושב בחושך**, בלתי נשמת אדם נר הוי"ה המאירה בתוכה, **באופן שהגוף יבש בלתי שואף ממקור חיים**, אשר זהו ענין אומרו במקום אחר ההוא הנזכר לעיל וז"ל - דאילין אינון דעבדי לאורייתא יבשה, ולא בעאן לאשתדלא בחכמת הקבלה וכו'. באופן כי התלמידי חכמים העוסקים בתורה לשמה, ולא לשמו, לעשות לו שם. צריך שיעסוק בתחילה בחכמת המקרא, והמשנה, והתלמוד, כפי מה שיוכל שכלו לסבול. ואחר כך יעסוק לדעת את קונו בחכמת האמת, וכמו שציוה דוד המלך ע"ה את שלמה בנו - דע את אלה"י אביך ועבדהו. ואם האיש הזה יהיה כבד וקשה בענין העיון בתלמוד, מוטב לו שיניח את ידו ממנו, אחר שבחן מזלו בחכמה זאת, ויעסוק בחכמת האמת. וזה שמבואר כל תלמיד חכם שאינו רואה סימן יפה בתלמוד בחמשה שנים, שוב אינו רואה, עד כאן דברי קודשו. ומזה כל אחד ואחד חייב להדבק במקור החיים.

הסדך הוי"ה מלאה הארץ חקיך למדני. בשער הגלגולים, בקדמה ט"ז כתב הרב ז"ל - עוד צריך שתדע, כי האדם צריך לקיים כל התרי"ג מצות, במעשה, ובדבור, ובמחשבה. וכמו שאמרו ז"ל על פסוק - זאת התורה לעולה ולמנחה וכו', כל העוסק בפרשת עולה, כאלו הקריב עולה וכו'. וכוונו בזה שהאדם מחוייב לקיים כל התרי"ג מצות בדבור, וכן על דרך זה במחשבה. ואם לא קיים כל התרי"ג בשלשה בחינות הנזכרות, מחוייב להתגלגל עד שישלים אותם. **עוד דע**, כי האדם מחויב לעסוק בתורה בארבעה מדרגות, **שסימנם פרד"ס**, והם, פשט, רמז, דרוש, סוד וצריך שיתגלגל עד שישלים אותם. ובהקדמה י"ז כותב הרב ז"ל, וז"ל - שהאדם **מחוייב לעסוק בתורה בארבעה מדרגות שבה**, והיא זאת, דע, כי כללות כל הנשמות הם ששים רבוא ולא יותר. והנה התורה היא שרש נשמות ישראל, כי ממנה חוצבו, ובה

ע"ח ד"א ע"ד.

נשרשו. ולכן יש בתורה ששים רבוא פירושים, וכלם כפי הפשט. וששים רבוא ברמז. וששים רבוא בדרש. **וששים רבוא בסוד.** ונמצא, כי מכל פירוש מן הששים רבוא פרושים, ממנו נתהווה נשמה אחת של ישראל, ולעתיד לבא לכל אחד ואחד מישראל, ישיג לדעת כל התורה כפי אותו הפירוש המכוון עם שרש נשמתו, אשר על ידי הפרוש ההוא נברא ונתהווה כנזכר. וכן בגן עדן אחר פטירת האדם, ישיג כל זה. וכן בכל לילה כאשר האדם ישן, ומפקיד נשמתו ויוצאה ועולה למעלה, הנה מי שזוכה לעלות למעלה, מלמדים לו שם הפירוש, שבו תלוי שרש נשמתו. ואמנם הכל כפי מעשיו ביום ההוא, כך באותה הלילה ילמדוהו, פסוק אחד, או פרשה פלונית, כי אז מאיר בו יותר פסוק ההוא משאר הימים. ובלילה האחרת יאיר בנשמתו פסוק אחר, כפי מעשיו של אותו היום, וכולם על דרך הפירוש ההוא אשר תלויה בו שרש נשמתו כנזכר, עד כאן דברי קודשו. ור"ל שכל יהודי ויהודי חייב להשיג את שורש נשמתו, וללמוד את סוד **החיים.**

יבאוני רחמיך ואחיה כי תורתך שעשעי. מבואר במדרש משלי – אמר רבי ישמעאל, בוא וראה כמה קשה יום הדין שעתיד הקדוש ברוך הוא לדון את כל העולם כולו בעמק יהושפט. בזמן שתלמידי חכמים באים לפניו, אומר לכל אחד מהם – כלום עסקת בתורה, אמר לו הן, אומר לו הקדוש ברוך הוא הואיל והודית, אמור לפני מה שקרית, ומה ששנית בישיבה, ומה ששמעת בישיבה. מכאן אמרו – כל מה שקרא אדם יהא תפוש בידו, ומה ששנה כמו כן, שלא תשיגהו בושה ליום הדין. מכאן היה רבי ישמעאל אומר – אוי הלה לאותה בושה, אוי לה לאותה כלימה, ועל זה ביקש דוד מלך ישראל בתפילה ובתחנונים לפני המקום ואמר – הוי"ה בוקר תשמע קולי בוקר אערך לך ואצפה. בא לפניו מי שיש בידו מקרא ואין בידו משנה, הקדוש ברוך הוא הופך את פניו ממנו, ושרי גיהנם מתגברים בו כזאבי ערב, ונוטלין אותו ומשליכין אותו לתוכה. בא לפניו מי שיש בידו שני סדרים או שלושה, אז הקדוש ברוך הוא אומר לו – בני, כל ההלכות למה לא שנית אותם, ואם אומר הקדוש ברוך הוא הניחוהו, מוטב, ואם לאו עושין לו כמידת הראשון. בא לפניו מי שיש בידו הלכות, הקדוש ברוך הוא אומר לו – בני, תורת כהנים למה לא שנית, שיש בה טומאה וטהרה, וטומאת שרצים וטהרת שרצים, טומאת נגעים וטהרת נגעים, טומאת נתקים ובתים וטהרת נתקים ובתים, טומאת זבים ולידה וטהרת זבים ולידה, טומאת מצורע וטהרתו, סדר ווידוי יום הכיפורים, וגזירות שוות, ודיני ערכים, וכל דין שדנו ישראל לא דנו אלא מתוכו. בא לפניו מי שיש בידו תורת כהנים, אומר לו הקדוש ברוך הוא – בני, חמישה חומשי תורה למה לא שנית, שיש בהם קריאת שמע, ותפילין, ומזוזה. בא לפניו מי שיש בידו חמישה חומשי תורה, אומר לו – בני, למה לא למדת הגדה, ולא שנית, שבשעה שחכם יושב ודורש, אני מוחל ומכפר עוונותיהם של ישראל, ולא עוד אלא בשעה שעונין אמן יהא שמיה רבה מברך, אפילו נחתם גזר דינם אני מוחל ומכפר להם עוונותיהם. בא לפניו מי שיש בידו הגדה, אומר לו הקדוש ברוך הוא – בני, תלמוד למה לא שנית, שנאמר – כל הנחלים הולכים אל הים והים איננו מלא, זה התלמוד, שיש בו חכמות הרבה. בא מי שיש בידו תלמוד, הקדוש ברוך הוא אומר לו – בני, הואיל ונתעסקת בתלמוד, **צפית במרכבה, צפית בגאוה,** שאין הנייה בעולמי, אלא בשעה שתלמידי חכמים יושבים ועוסקים בתורה, מציצין ומביטין ורואין והוגין המון התלמוד הזה – **כסא כבודי היאך הוא עומד. רגל הראשונה במה היא משמשת, שנייה במה היא משמשת, שלישית במה היא משמשת, רביעית במה היא משמשת, חשמל היאך הוא עומד, ובכמה פנים הוא מתהפך בשעה אחת, לאי זה רוח הוא משמש, הברק היאך הוא עומד, כמה פנים של זוהר נראין בין**

כתפיו, לאיזה רוח משמש, כרוב היאך הוא עומד, לאי זה רוח הוא משמש. גדולה מכולם עיון כיסא הכבוד, היאך הוא עומד, עגול הוא כמין מלבן, ומתוקן הוא, כמה גשרים יש בו, כמה הפסק בין גשר לגשר, וכשאני עובר באיזה גשר אני עובר, ובאי זה גשר האופנים עוברים, ובאיזה גשר הגלגלים עוברים. גדולה מכולם מצפורני ועד קודקודי, היאך אני עומד, כמה שיעור בפיסת ידי, וכמה שיעור אצבעות רגלי. גדולה מכולם כיסא כבודי, היאך הוא עומד, לאיזה רוח הוא משמש, באחד בשבת לאיזה רוח הוא משמש, בשני בשבת לאיזה רוח הוא משמש, בשלישי בשבת לאיזה רוח הוא משמש, ברביעי בשבת, בחמישי בשבת, בשישי בשבת לאיזה רוח משמשין, וכי לא זהו הדרי, זהו גדולתי, זהו הדר יופי, שבניי מכירין את כבודי במידה הזאת. ועליו אמר דוד - מה רבו מעשיך הוי"ה, כולם בחכמה עשית, מלאה הארץ קניניך. עד כאן לשון המדרש. ממדרש זה לומדים על חובת כל אחד ואחד מישראל את לימוד כל חלקי הפרד"ס, ובעיקר את בחינת הסוד שבתורה, הנקרא[8] מעשה מרכבה, ובמעשה בראשית. ומבאר הרב בית לחם יהודה על השינוי שיש בפסוקים במעמד הר סיני, בפסוק אחד כתוב - ויחן שם ישראל תחת ההר. ומספר פסוקים יותר מאוחר כתוב וירא העם וינועו מרחק. וידוע כי כאשר כתוב בתורה ישראל, מדובר בבני ישראל, וכאשר כתוב העם, מדובר על הערב רב. וז"ל הרב בית לחם יהודה - ובזוהר בהעלותך דף קנ"ב ע"א קרי להעוסקים בחכמת האמת, אינון דהוי קיימי בטורא דסיני. וז"ל - חכמין עבדי דמלכא עלאה אינון דקיימו בטורא דסיני, לא מסתכלי אלא בנשמתא, דאיהי עיקרא דכלא אורייתא ממש וכו'. ונראה בעיני אם מותר, משמע אותן שאינן יודעים סודות התורה לא עמדו על הר סיני, עד כאן לשונו. ונראה לי בביאור כוונתו כי בתחלה כשיצאו ישראל לקראת האלהי"ם, היו מתייצבים בתחתית ההר, ואחר כך נאמר וירא העם וינועו ויעמדו מרחוק, כי היו יראים פן תאכלם האש הגדולה הזאת וימיתו. והיה מקצת מהעם שהיו שׂשׂים ושמחים לקראת השכינה, ולא רצו לזוז ממקומם הראשון, ולעמוד מרחוק, אפילו אם ימיתו ממש. ועליהם הוא מה שכתב בזוהר הנזכר - אינון דקיימו בטורא דסיני, כלומר ולא נעו ועמדו מרחוק, אלא עמדו בטורא דסיני מתחלה ועד סוף, ולכן הם זוכים לחכמת האמת. ואותם הנשמות אשר נעו עם העם ועמדו מרחוק, כן הם עושים גם עתה, שנסים ועומדים מרחוק לחכמת האמת מיראתם, פן תאכלם האש הגדולה הזאת. ולכן על כל אחד ואחד מבני ישראל הקדושים מחויב לעמוד תחת עץ החיים.

יראיך יראוני וישמחו כי לדברך יחלתי. בספר הזוהר הקדוש מבואר מדוע התפילות של בני ישראל לא נענות, וז"ל תיקוני הזוהר תיקון מ"ג - **בראשית תמן את"ר יב"ש** במלת בראשית יש אותיות את"ר יב"ש, **ודא איהו ונהר יחרב ויבש** היסוד הנקרא נהר יחרב ויבש ממי השפע, ואין לו מה להשפיע למלכות, **בההוא זמנא דאיהו יבש** באותו הזמן שהיסוד הוא יבש, **ואיהי יבשה** המלכות הנקראת יבשה, היא יבשה כי לא מקבלת שפע מהיסוד, אז כאשר **צוותין בני לתתא** מתפללים וצועקים בני ישראל, **ביחודא ואמרין** וביחוד שאומרים בני ישראל **שמע ישראל** שיבא ז"א הנקרא ישראל להתיחד עם נוקבא בשעת התפילה דעמידה, עם כל זאת **ואין קול** של התפילה או הקריאת שמע שעוזרים לזיווג דזו"ן **ואין עונה** ואין מי שיענה וימלא את הבקשות בתפילתם. **הדא הוא דכתיב** וזהו שכתוב - **אז** בני ישראל יקראונני בני ישראל בעת צרתם בקריאת שמע ובתפילה, **ולא אענה** ואני לא אענה אותם בתפלתם, מפני

8

גמרא חגיגה די"א ע"ב

שלא לומדים ומתעסקים בפנימיות התורה. **והכי מאן דגרים דאסתלק** וכל מי שגורם הסלקות פנימיות תורת **הקבלה וחכמתא מאורייתא דבעל פה ומאורייתא דבכתב** מהתורה שבעל פה והתורה שבכתב, **וגרים דלא ישתדלון בהון** וגורמים גם לאחרים שלא יתעסקו וילמדו את חכמת הקבלה, **ואמרין דלא אית אלא פשט באורייתא ובתלמודא** ואומרים שאין בתורה ובתלמוד אלא פשט התורה, בלי פנימיות הסוד, **בודאי כאלו הוא יסלק נביעו מההוא נהר** בודאי נחשב לו כאילו הוא מסתלק את נביעת שפע החכמה והבינה מן היסוד, **ומההוא גן** ומן הנוקבא הנקראת גן, **ווי ליה** לאותו יהודי **טב ליה דלא אתברי בעלמא** טוב לו שלא היה נברא, **ולא יוליף ההיא אורייתא דבכתב ואורייתא דבעל פה** ולא היה לומד תורה שבכתב ותורה שבעל פה, כי דינו כעם הארץ שלא למד כלל, ועוד **דאתחשב ליה כאלו אחזר עלמא לתהו ובהו** שנחשב לו כאילו החזיר את העולם לתהו ובהו, ר"ל לסוד שבירת הכלים לפי שמגביר הקליפות כאשר הנהר והגן יבשים, **וגרים עניותא בעלמא ואורך גלותא** וגורם עניות בעולם ומאריך את הגלות השכינה וביאת המשיח. עד כאן דברי הזוהר הקדוש. וכותב רב חיים ויטאל זלה"ה בהקדמה וז"ל - אמנם שעשועות של הקדוש ברוך הוא בתורה, והיותו בורא בה את העולמו, היתה בהיותו עוסק בתורה בבחינת הנשמה הפנימית שבה, הנקרא - רזי תורה, הנקרא מעשה מרכבה, **היא חכמת הקבלה** כנודע אל היודעים, וטעם הדבר הוא להיותו עולם האצילות העליון מאד, טוב ולא רע, דלא יכיל להתערבבא עמיה קליפה, ועליה אתמר - וכבודי לאחר לא אתן, כנזכר בספר התיקונין דף ס"ו תיקון י"ח, וכן בספר הזוהר בפרשת בראשית דף כ"ח ע"א עיין שם. ולכן גם התורה אשר שם [**אח"**י - בעולם האצילות] איננה רק מופשטת מכל לבושי הגופנים, מה שאין כן למטה בעולם היצירה, עולם דמטטרו"ן, הנקרא עבד טוב, והוא הנקרא עץ הדעת טוב מסטרא, ומסטרא דסמא"ל שהוא קליפין דיליה, **נקרא עבד רע**, כי התורה אשר שם, הם שית סדרי משנה **הנקראים שפחה** כנזכר לעיל, וכנזכר בפרשת בראשית שם דף כ"ז ע"א. ולכן נקראת משנה, לפי ששם יש שינויים הפוכים **טוב מסטרא דעבד טוב**, היתר, כשר, טהור. **רע מסטרא דעבד רע**, איסור, טמא, פסול. גם הוא מלשון כי מרדכי היהודי משנה למלך, שהיה שפחה הנקרא עבד מלך, מלך גם נקרא מלשון שינה, כנזכר בפרשת פינחס דף רמ"ד ע"ב - קם זמנא תנינא ואמר, מארי מתניתין בשמתין ורוחין ונפשין דילכון אתערו כען ואעברו שינתא מניכון דאיהו, ודאי משנה אורח פשט, דהאי עלמא ואנא לא אתערנא בכו, אלא ברזין עילאין דעלמא דאתי דאתון בהון, לא ינום ולא ישן. וזה יובן במה שמבואר יותר למעלה שם - **ורבנן דמתניתין ואמוראי, כל תלמודא דלהון על רזין דאורייתא סדרו ליה**. ונמצא כי המשנה והש"ס הם הנקרא גופי תורה. והנה דבריהם כחלום בלי פתרון, **ורזיה וסתריה הפנימים הנקרא נשמת התורה, הם הם פתרון החלום הנפתר בהקיץ**, בסוד - אני ישנה ולבי ער, וכמו[9] שאמרו חכמים ז"ל - **במחשכים הושיבני כמתי עולם, זה תלמוד בבלי**, אשר איננו מאיר אלא על ידי ספר הזוהר, **הם הם רזי תורה וסתריה** אשר עליהם נאמר - ותורה אור. ואין ספק כי כמו שהיוצר נקראת עבד ושפחה בערך האצילות, ונקרא קליפין ולבושין דחול, כנזכר בהקדמת ספר התיקונין ד"ג ע"ב וז"ל - וביומי דחול לביש עשר כתות דמלאכיא דמשמשי לעשר ספירות דבריאה. ואם כן אין לתמוה כי התורה אשר שם שהיא המשנה, תהיה נקרא שפחה וקליפין דתורה דאצילות, וזה סוד כל הבשר חציר הנזכר לעיל במאמר הראשון, כי כמו שהחטה שהיא בגימטריא כמנין כ"ב אותיות התורה, הגנוזה תוך

<hr>

סנהדרין דכ"ד ע"א.

כמה קליפין ולבושין שהם הסובין והמורסן והתבן והקש והעשב, הנקרא חציר, כן המשנה אצל סודות התורה נקרא חציר, וזה נרמז בספר הזוהר פרשת כי תצא ברעיא מהמנא דף רע״ה ע״ב - **אצל רבנן ווי לאינון דאכלין תבן דאורייתא, ולא ידעי בסתרי אורייתא, אלא קלין וחמורין דאורייתא, קלין אינון תבן דאורייתא, וחמורין אינון חטה דאורייתא, ח״ט ה׳ אלנא דטוב ורע וכו׳**. ואלו באתי להרחיב דרוש זה לא יספיקו מאה קונטרסין בלי ספק בלי שום גוזמא, האמנם החכם החכם עיניו בראשו כי דברי אמת אני אומר, ואל יתמה האדם בראותו ספר הזוהר איך קורא אל המשנה שפחה וקליפין, כי עסק המשנה כפי פשטיה, **אין ספק שהם לבושין וקליפין חיצונים בתכלית אצל סודות התורה הנגנזים**, ונרמזים בפנימיותה כי כל פשטיה הם בעלם הזה בדברים חומרים תחתונים..... על כן על כל בני ישראל לאכול מעץ החיים.

מה אהבתי תורתך כל היום היא שיחתי. ומבאר הרב ז״ל בהקדמה לשער המצות, כי עסק לימוד פנימיות התורה הוא חלק בלתי נפרד מתלמוד תורה, וז״ל - גם בענין עסק התורה שהיא אחת מרמ״ח מצות עשה, אם לא השלים אותה, **שהוא ענין עסקו בפרד״ס התורה**, שהוא ראשי תיבות פשט רמז דרש סוד, בכל בחינה מהם כפי אשר יוכל להשיג, **עד מקום שידו מגעת**, לטרוח ולעשות לו רב שילמדנו. ואם לא עשה כן, הרי חסר מצוה אחת של תלמוד תורה, שהיא גדולה ושקולה ככל המצות, וצריך **להתגלגל** עד שיטרח הארבעה בחינות של פרד״ס כנזכר. וכן מבאר הרב בית לחם יהודה בהקדמתו הקדושה, וז״ל - ומה מאד נמלצו **[אח]**י - מלשון מליצה] בזה דברי הנביא ירמיה)סימן כ״ב(באומרו - אל תבכו למת וכו׳. שהוא מדבר עם הציבור המתקבצים להספיד על איזה צדיק הנפטר רח״ל, על שנחסר צדיק אחד מהדור שהיה מנין בזכותו עליהם. וקאמר להו הנביא אל תבכו וכו׳, **לפי שרובם של צדיקים אינם זוכים לעסוק בכל ארבעה חלקי הפרד״ס, ואם כן מוכרחים הם לחזור ולבוא בגלגול כדי להשלים לימודם בארבעה חלקים**, כי אפילו הוא עסק בשלוש חלקי הפרד״ס, לא יצא ידי חובתו, ועליו נאמר הן כל אלה יפעל א״ל פעמים שלש עם גבר, להחזירו בגלגול. ואם כן הויא פסידא דהדרא. ואפשר שבו ביום שנפטר הוא חוזר ומתגלגל, כנזכר בזוהר ריש פרשת אמור, יעו״ש. ואם כן אין לכם פסידא כל כך. אמנם בכו בכו להלך, לאותו צדיק שכבר עסק בארבעה חלקי הפרד״ס. כי תיבת להלך היא חסר ו׳, ואם תחשוב תיבת להלך ארבעה פעמים עם ארבעה הכוללים, שהם כנגד ארבעה חלקי הפרד״ס, הם בגימטריא פרד״ס. **שזה הצדיק לא ישוב עוד וראה את ארץ מולדתו, כי על ארבעה לא אשיבנו.** שזהו פסידא דלא הדרא באמת, ונחסר לגמרי מן העולם הזה, עד כאן לשונו. ולכן חובה על כל אדם לעסוק בכל חלקי הפרד״ס, ובפרט בחלק הסוד, הנקרא פנימיות התורה, כמבואר בזוהר הקדוש כמובא בזוהר הקדוש פרשת נשא דף קכ״ד - **בהאי חבורא דילך דאיהו ספר הזוהר יפקון ביה מן גלותא ברחמי**, בזכות הלימוד בספר הזוהר הקדוש, יצאו בני ישראל מהגלות **ברחמים**. ועוד כל מי שהתשוקה נפשו ללמוד, אסור למנוע זאת ממנו, בסוד הפסוק[10] - אל תמנע טוב מבעליו, ועל כל אדם להיכנס לפרד״ס החיים.

אשרי האיש אשר לא הלך בעצת רשעים ובדרך חטאים לא עמד ובמושב לצים לא ישב. דע כי יהיו הרבה אנשים רשעים, שינסו למנוע מבני ישראל הקדושים ללמוד בכללות תורה, ובפרט

10

משלי ג׳ כ״ז – אל תמנע טוב מבעליו בהיות לאל ידך לעשות.

את תורת הקבלה, מכל מיני סיבות ומניעות, והשטן מדבר מגרונם של אלו הרשעים. ואלו דברי קודשו של בעל שבט מוסר רבינו אליהו הכהן האתמרי זצלה"ה - ובהביטך בן אדם מה שעבר על אחרים למה תרדוף אתה אחר כל אלה הדברים הזרים, להשביע נפש מרורים ולמוסרה ביד צרים המה המקטרגים הצוררים, ולמה לא תחמול על נפשך ועל נועם תבנית צלם גופך למוסרו בידן ולהשליכו בתוך גחלי רתמים בטיט היון של גיהנם, להשחירו ולהתיכו כאשר ניתך הזפת בפני האש, אשר על כן תן עצה אתה בנפשך **לברור בדרך החיים בעסק התורה והמצות,** וגם להצטער עצמך זמן קצוב הם חיי עולם הזה, כדי שתתענג זמן רב בלתי סוף ותכלית, ואל יעלה על דעתך כאשר עלה בדעת הרבה שנאבדו בידם באומרם כיון שמכיר אני בעצמי שאין בדעתי להבין ולהשכיל, איני עוסק בתורה, טועה הוא בדבר, שהרי הוא מחוייב לעשות מה שנצטוה לעשות, ואם יבין יבין, **שהרי והגית בו יומם ולילה כתיב** ולא כתיב ותבין בו, וכן תמצא בדברי התנא אם למדת תורה הרבה נותנין לך שכר הרבה, ואינו אומר אם הבנת הרבה, אלא למדת אמרו, ותשתדל להבין ואם תבין תבין, ואם לא שכר לימודך בידך, וכמאמר התנא לפום צערא אגרא, ומה שאמרו האדם איני לומד מפני שאיני מבין, **הוא פיתוי היצר,** יתמיד בלימודו וסוף הבינה לבא, שבראות קדוש ברוך הוא **חשקו בתורתו ודבקותו בה, פותח לו מעייני החכמה,** דכתיב - כי הוי"ה יתן חכמה מפיו דעת ותבונה. והנני מוסר לך דבר אשר תרדוף אחריה, ויהיה חיים לנפשך ועניקים לגרגרותיך, **לעולם יהיה עיקר לימודך בדבר של תורה שליבך חפץ יותר,** אם בגמרא גמרא, ואם בדרוש דרוש, ואם ברמז רמז, **ואם בקבלה קבלה,** ורמז לדבר כי אם בתורת הוי"ה חפצו, כלומר תורת הוי"ה תלויה בדבר שלבו חפץ לעסוק, וכמו שמבאר האר"י זלה"ה בספר דרושי הנשמות והגלגולים פרק שלישי, וז"ל - יש בני אדם שכל חפצם ועסקם בפשטי התורה, ויש שעסקם בדרוש, ויש ברמז, ויש גם כן בגימטריות, **ויש בדרך האמת,** הכל כפי מה שעליו נתגלגל בפעם ההוא, כיון שהשלים פעם אחרת בשאר העניינים, אין צורך לו שבכל גלגול יעסוק בכולם, עד כאן לשונו. **ואל תביט ותשגיח לדברי המתנגדים על מה שחשקת לעסוק בתורה** בגמרא או בדרוש וכו', באומרם לך למה אתה מוציא כל ימיך בפרט זה של תורה ולא בפרט זה, משום שעל מה שחשקת ללמוד, על דבר זה באת לעולם, ואם תשים דעתך לדבריהם, יכריחוך להתגלגל בזה העולם פעם אחרת ולעבור נפשך בחרב חדה של מלאך המות ולטעום טעם מיתה, ולכן לא תשמע לדברי המשחית נפשך, **כי דע שהשטן מתלבש באלו האנשים לדאוג ולהצטער ולהכאיב נפש הלומד ועוסק בתורה,** בחלק שֶׁאָנְתָה נפשו לעסוק, כדי להבדילו משם שלא ישלים נפשו, על מה שבא להשלימה, ולהכריחו גלגולים אחרים, וכשם שבדבר שחושק יותר האדם ללמוד, משם יבין שעל דבר זה נתגלגל להשלים, כך צריך האדם שידע שורש נשמתו ומהיכן נמשך ועל מה בא לתקן ולהשלים, כמו שאמר בזוהר שיר השירים על הגידה לי את שאהבה נפשי וכו'. **וכדי שיבין יראה באיזה מצוה תקיף יצרו יותר לבטלה יתחזק בה לקיימה, כי בוודאי על מצוה זו נתגלגל,** וכדי שלא ישלים חוקו מנגדו יצרו לבטלה להוציאו מן העולם בידיים ריקניות... ולכן לא תשמע לדברי רשעים אלו, אלא תשמע לדברי חיים.

חבר אני לכל אשר יראוך ולשמרי פקודיך. בסוף[11] עץ חיים מובא מספר כללים למהרח"ו, וז"ל - להאר"י זלה"ה. הרמב"ן וחבריו ודברי ראשונים כמו רבי נחוניא בן הקנה לא הזכירו

---

¹¹

ע"ח ח"ב דקי"ט ע"א.

רק עשר ספירות, ולא גילו עניני פרצוף כלל. **ודע שהרמב"ן והראשונים היו יודעים בפרצוף**, אלא שדברו בהעלם גדול, לרוב הגלות שלא ניתן רשות לגלות, ולהתפשט האורות הגדולים, מאחר שגברו הקליפות, וכל זר לא יאכל קדש. **אמנם בעקבות משיחא כמו בדורינו זה התחילו האורות להתפשט להיות כבראשונה**, כמו שהיה בזמן העולם מתוקן ולהתתקן מעט. ומתחלה היו האורות סתומים, היה העולם מקולקל, וכל מה שנתקלקל נסתם בגלות, ולא היו משיגין אלא עשר ספירות בסתום, בסוד הנקודות, כל אחד כלול מעשר, ובענין הפרצופים לא נתגלה להם כלל, לפי שמצאו בדברי הראשונים סתומים, ולא ידעו עומק הדברים, וחשבו שכך הוא ודברו בעשר ספירות כל אחד כלול מעשר ובחינות הרבה, ולפי שראיתי מי שחולק על דברים אלו לאמור שלא מצינו אלא עשר ספירות, ומהיכן יש לשלוט כח לאמור כמה פרצופים שנמצא יותר מעשר ספירות, ומספר רב והלא הראשונים כתבו בספר יצירה - עשר ולא תשע, עשר ולא י"א, לזה באתי לפתוח לך כחודא דמחטא, אולי תזכה להבין מקצת, וכולו לא תשורנו עין, וזהו. ובהקדמתו[12] הקדושה כותב הרב ז"ל - והנה אין בכל דור ודור שלא נמצאו בו אנשים יחידי סגולה ששרתה עליהם רוח הקודש, והיה אליהו הנביא ז"ל נגלה עליהם, **ומלמד אותם סתרי החכמה הזאת**, וכמו שנמצא כתוב בספרי המקובלים, גם בעל ספר הרקנטי כתב בפרשת נשא בפרשת ברכת כהנים..... ואנשי לבב שמעו לי, אל יהרסו אל הוי"ה, **לראות בספרי האחרונים הבנויים על פי השכל האנושי**, ושומע לי ישכון בטח ושאנן מפחד רעה. ולכן אני הכותב הצעיר חיים וויטאל, רציתי לזכות את הרבים **בהעלם נמרץ והמשכילים יבינו**, וקראתי שם הזה על שמי **ספר עץ חיים**, וגם על שם החכמה הזאת העצומה, חכמת הזוהר, הנקרא עץ חיים, ולא עץ הדעת כנזכר לעיל, בעבור כי בחכמה הזאת טועמיה חיים זכו, ויזכו לארצות החיים הנצחיים, **ומעץ החיים הזה ממנו תאכל, ואכל וחי לעולם**. ואשכילך ואורך דרך זו תלך דע מן היום אשר מורי זלה"ה החל לגלות זאת החכמה, **לא זזה ידי מתוך ידו אפילו רגע אחד**, וכל אשר תמצא כתוב באיזה קונטריסים על שמו ז"ל, ויהיה מנגד מה שכתבתי בספר הזה, **טעות גמור הוא, כי לא הבינו דבריו, ואם יש בהם איזה תוספות שאינו חולק עם ספרינו זה, אל תשית לבך בקבע אליו, כי שום אחד מהשומעים את דברי קדשו, לא ירדו לעומק דבריו וכוונתו, ולא הבינום**, בלי שום ספק. ואם יעלה בדעתך לחשוב שתוכל לברור הטוב ולהניח הרע, אל בינתך אל תשען, כי אין הדברים האלו מסורים אל לב האדם כפי שכל אנושי, והסברא בהם סכנה עצומה, ויחשב בכלל קוצץ בנטיעות חס ושלום, לכן הזהרתיך ואל תסתכל בשום קונטרסים הנכתבים בשם מורי זלה"ה, זולתי במה שכתבנו לך בספר הזה, **ודי לך בהתראה זאת**, אלו הם דברי קודשו. ועלינו ללמוד אך ורק בתורת מורינו חיים.

אני קראתיך כי תענני אל הט לי אזנך שמע אמרתי. עוד כתב הרב ז"ל בהקדמתו תנאים כדי לזכות לחכמה הקדושה הזאת, וז"ל - אני הכותב משביע בשמו הגדול יתברך, לכל מי שיפלו הקונרטסים אלו לידו, שיקרא הקדמה זאת, ואם אותה נפשו לבוא בחדרת החכמה זאת, יקבל עליו לגמור ולקיים כל מה שאכתוב ויעיד עליו יוצר בראשית, שלא יבוא אליו היזק בגופו ונפשו, ובכל אשר לו, ולא לאחרים. תחת רודפו טוב והבא לטהר ולקרב. **ראשית הכל יראת הוי"ה, להשיג יראת העונש, כי יראת הרוממות, שהוא יראה הפנימית, לא ישיגוהו רק**

ע"ח ד"ד ע"ב.

מתוך גדלות החכמה, ועיקר מגמתו בידיעה הזה יהיה לבער קוצים מן הכרם, כי לכן נקראים העוסקים בחכמה הזאת מחצדי חקלא. **ובודאי שיתעוררו הקליפות נגדו לפתותו ולהחטיאו, לכן יזהר שלא לבוא לידי חטא אפילו שוגג**, שלא יהיה להם שייכות בו, לכן צריך ליזהר מהקלות, כי הקדוש ברוך הוא מדרדק עם הצדיקים כחוט השערה, לכן צריך לפרוש עצמו מבשר ויין כל ימות השבוע, **וצריך הזהרת סור מרע ועשה טוב**, ובקש שלום. בקש שלום צריך להיות רודף שלום, ולא להקפיד בביתו על דבר קטן וגדול, וכל שכן שלא יכעוס ח"ו.

<u>וצריך להתרחק בתכלית הריחוק סור מרע.</u>

א. ליזהר בכל דקדוקי מצות, ואפילו בדברי חכמים, שהם בכלל לא תסור.

ב. לתקן המעוות קודם שיבא לעולם הבא.

ג. יזהר מהכעס, אפילו בשעה שמוכיח את בניו, לא יכעוס כלל ועיקר.

ד. גם צריך ליזהר מהגאוה, ובפרט בענין הלכה, כי גדול כחה והגאוה, בזה עון פלילי.

ה. בכל צער שיבא לו, יפשפש במעשיו וישוב אל הוי"ה.

ו. גם יטבול בעת הצורך לו.

ז. גם יקדש את עצמו בתשמיש המטה שלא יהנה.

ח. שלא יעבור כל לילה ויחשוב בכל לילה מה שעשה ביום, ויתודה.

ט. גם ימעט בעסקיו ואם אין לו פרנסה כי אם על ידי משא ומתן, יכין יום שלישי ויום רביעי, מחצי היום ואילך, ובכוונה שהוא לעבודת קונו.

י. כל דבור שאינו של מצוה והכרחי, יהיה זהיר ממנו, ואפילו דבר מצוה ימנע בשעת התפלה.

<u>ועשה טוב</u>

א. לקום בחצי הלילה, ולעשות הסדר בשק ואפר ובכי גדול, ובכוונה כל אשר יוציא בשפתיו. ואחר כך יעסוק בתורה כל זמן שיוכל להיות בלי שינה, ובלבד שחצי שעה קודם עלות השחר יתעורר לעסוק בתורה.

ב. ילך לבית הכנסת קודם עלות השחר, קודם חיוב טלית ותפילין, להיוהר שיהיה מעשרה ראשונים.

ג. קודם שיכנס, ישים אל לבו מצות עשה ואהבת לרעך כמוך, ואחר כך יכנס.

ד. להשלים רמז צדיק בכל יום. שהוא צ' אמנים, ד' קדושות, י' קדישים, ק' ברכות.

ה. שלא להסיח דעתו מהתפילין בעת התפילה, זולת בעת העמידה ועסק התורה.

ו. צריך שיהיה עוסק בתורה, מעוטף בטלית ותפילין.

ז. לכוין בתפלה הכוונות, כמו שנבאר בע"ה.

ח. שישים תמיד נגד עיניו שם בן ארבעה אותיות הוי"ה, ויזדעזע ממנו, כמו שכתוב - שויתי הוי"ה לנגדי תמיד.

ט. שיכוין בכל הברכות, בפרט בברכת הנהנין.

י. צריך שיהיה עמל בתורה פרד"ס, שנאמר או יחזיק במעוזי, ואל יחשוב שיגלו לו רזי התורה בהיותו ריק, כדכתיב - יהב חכמתא לחכימין, וצריך ליזהר שלא יוציא בשפתיו בחכמה זו, מה שלא שמע מאדם שראוי לסמוך עליו, וכאזהרת רשב"י וחבריו. השגת החכמה תנאי הראשון, צריך למעט דבורו, ולשתוק, כל מה שיוכל כדי שלא להוציא שיחה בטילה, כמאמר רז"ל - סייג לחכמה שתיקה. גם תנאי אחר, על כל דבר תורה שלא תבינהו, תבכה עליו כל מה שתוכל.

גם עלית הנשמה בלילה לעולם העליון, שלא תשוט בהבלי העולם, תלוי שתישן בבכיה. ומרת עצבות מגונה עד מאוד, ובפרט להשיג חכמה, והשגה אין לך דבר מונע השגה יותר מזה. גם בענין השגת האדם, אין לך דבר שמועיל כמו הטהרה והטבילה, שיהיה האדם טהור, בכל עת ומורי זלה"ה עם היות שהיה לו חולי השבר שהטקור מזיק לו, עם כל זה לא היה מונע מלטבול בכל עת, עד כאן דברי קודשו. ועלינו לקיים את בקשת הרב ז"ל את הבחינות של[13] סור מרע ועשה טוב, כדי לטפס בעץ החיים.

מרן הרש"ש מעיד[14] על עצמו, וז"ל - וראיתי מה שכתבו מעלת כבוד תורתם, על ענין עבודת הוי"ה שקצרתי במקום שהיה ראוי להרחיב מעט הדיבור, אמת הוא כי לכתחילה קצרתי בו, **יען ראיתי כמה מהנזק יצא ממה שכתבו בזה המקובלים שקדמו, כי רבים חללים הפילו, וחלול כבוד הוי"ה, וכבוד התורה. הוי"ה יכפר בעדם, כי כל דבריהם לא על פי התורה הם, ואינם מיוסדים על האמת, ומהם יצאו אבות, ומאבות תולדות הריסת יסודי התורה ח"ו, הוי"ה יכפר. וכל זה לא שלמדתי בדבריהם ח"ו**, אלא שפעם אחת הוכרחתי בעל כרחי לעיין בדף אחד שכתוב בו קצור מה שכתבו בענין זה, **וכמעט שקרעתי בגדי לראות דברים אשר לא כן על הוי"ה.** הוי"ה יכפר, וכבר מילתי אמורה להם, **כי עידי בשמים כי כל עסקי ולמודי, אינו רק בדברי האר"י זלה"ה, ותלמידו מהרח"ו ז"ל לבדם, ובלעדם אין לי עסק בשום ספר מספרי המקובלים ראשונים ואחרונים, ואפילו בדברי שאר תלמידי האר"י ז"ל לא למדתי, וכשיזדמן לפני דבר מדבריהם, אני מדלגו.** כי על כן איני כמזהיר, אלא כמזכיר, למען הוי"ה אל יהי לכם מגע יד בדבריהם, ובפרט בענין זה, השמרו לכם פן יפתה לבבכם, **אלא כל לימודם לא יהיה אלא בעץ חיים ובספר מבוא שערים ובשמונה שערים המפורסמים**, שכולם דברי אלהי"ם חיים. ואני קצרתי בענין זה כל מה שאפשר, כי יראתי פן יפלו דפים אלו ביד מי שעדיין לא למד דברי האר"י ז"ל כראוי, **ויחשידני שלמדתי בספרים אחרים, ולא כן הוא כאמור**, ולכן קצרתי בו, ופיזרתי בהקדמה, עד כאן דברי קודשו של מרן הרש"ש. ואנחנו תפילה שיתגלה משיח צדיקנו במהרה בימינו, ומלאה[15] הארץ דעה את הוי"ה כמים לים מכסים, דעת תורת החיים.

13
תהלים ל"ד ט"ו – סור מרע ועשה טוב בקש שלום ורדפהו.
14
נהר שלום דף ל"ד ע"א.
15
ישעיהו י"א ט' – לא ירעו ולא ישחיתו בכל הר קדשי כי מלאה הארץ דעה את הוי"ה כמים לים מכסים.

כתב רבינו גאון הקבלה רבי אליהו מני, רבו של הרי"ח הטוב, רבי יוסף חיים בעל הספר "בן איש חי", בספרו הקדוש **כסא אליהו** כי על הלומד ללמוד כל מאמר ומאמר ארבעה חמשה פעמים בלי המפרשים, וינסה להבין את המאמר בעצמו. ואחר כך ילך לראות אם כיוון לדעת המפרשים.

וכן אני הקטן מבקש בכל לשון של בקשה, ללמוד את הדרוש כמו שהוא מובא בספר עץ חיים, ארבעה חמישה פעמים, כדי לנסות להבין את הדרוש. וכל דרוש מובא בתחילת הספר במלואו.

אחר כך יכנס ללמוד את הדרוש עם ביאור הדברים, עוד ארבעה חמישה פעמים, ואחר כך יראה את המקורות להגהות, ודברי רבותינו הקדושים, עם התרשימים וטבלאות.

ואז יעלה ויצליח בלימוד תורת האר"י החה"י.

כתב רבינו **השד"ה** רבי שאול דוויק הכהן, בהקדמת ספרו איפה שלימה, על אוצרות חיים וז"ל - וכדי שיוכל לעלות לימודו למעלה, ריח ניחוח לה'. קודם כל לימוד ימסור עצמו על קדושת ה', כי זה מועיל מאוד, כמו שכתוב בשער הכוונות דף כ"ד ע"ב, כי עתה בזמנינו בעוונותינו הרבים אין יכולת לעשות זווג כתיקונו למעלה, ולסיבה זו הקץ מתארך וכו'. אמנם עם כל זה יש קצת תיקון במה שנמסור נפשינו על קידוש ה' בכל הלב, כי על ידי כן אפילו אין בנו שום מעשים טובים, והרשענו עד להפליא. הנה על ידי מסירת נפשינו להריגה, מתכפרים עונותינו כולם, ויש בנו יכולת לעלות עד אימא עילאה, כמו שאמרו חז"ל - גדולה תשובה שמגעת עד כסא הכבוד, שנאמר - שובה ישראל עד ה' וכו', עד כאן דבריו.

וזה הסדר

יקבל עליו ארבע מיתות בית דין, מארבעה אותיות הוי"ה וארבעה אותיות אדנ"י, וליחדם על ידי ארבעה אותיות אהי"ה ועל ידי עסמ"ב

סקילה	י	**א**	וליחדם על ידי **א**	**יוד הי ויו הי**
שרפה	**ה**	**ד**	וליחדם על ידי **ה**	**יוד הי ואו הי**
הרג	**ו**	**נ**	וליחדם על ידי י	**יוד הא ואו הא**
וחנק	**ה**	**י**	וליחדם על ידי **ה**	**יוד הה וו הה**

לְשֵׁם יִחוּד
קֻדְשָׁא בְּרִיךְ הוּא וּשְׁכִינְתֵּה

יאהדונהי

בִּדְחִילוּ וּרְחִימוּ   וּרְחִימוּ וּדְחִילוּ

יאההויהה   איההיוהה

לְיַחֲדָא אוֹתִיוֹת י"ה בּו"ה, בְּיִחוּדָא שְׁלִים

יהו"ה

בְּשֵׁם כָּל יִשְׂרָאֵל, לְאַקָמָא שְׁכִינְתָּא מֵעַפְרָא, הָרֵינִי לוֹמֵד בַּסֵּפֶר קַבָּלָה פְּלוֹנִי שֶׁהוּא כְּנֶגֶד תִּפְאֶרֶת דז"א בְּעוֹלָם הָאֲצִילוּת שֶׁבּוֹ שֵׁם מ"ה כָּזֶה יוֹ"ד הֵ"א וָא"ו הֵ"א לַעֲשׂוֹת מֶרְכָּבָה. וִיהִי רָצוֹן מִלְּפָנֶיךָ ה' אֱלֹהֵינוּ וֵאלֹהֵי אֲבוֹתֵינוּ שֶׁתְּזַכֵּךְ רוּחֵנוּ וּנְפָשֵׁינוּ שֶׁיִּהְיוּ רְאוּיִם לְעוֹרֵר מַיִן תַּתָּאִין עַל יְדֵי קְרִיאַת סֵפֶר הַקַּבָּלָה הַזֹּאת. וִיהִי נוֹעַם יְהֹוָה אֱלֹהֵינוּ עָלֵינוּ וּמַעֲשֵׂה יָדֵינוּ כּוֹנְנָה עָלֵינוּ וּמַעֲשֵׂה יָדֵינוּ כּוֹנְנֵהוּ.

בָּרוּךְ ה' לְעוֹלָם אָמֵן וְאָמֵן, נֶצַח, סֶלָה, וָעֶד.

הקדמה כללית וחשובה להיכל הנקודים

צריך לדעת כי היכל הנקודים, שהוא כולל את שער **הנקודות**. שער **השבירה**. שער **התיקון**, ושער **המלכים**. עוסק בסוגיות שלפני התיקון, ר"ל[16] לפני שמידת הרחמים התפשטה בעולמות, והתמזגה עם מידת הדין, ונתקן העולם. לכן שער זה מבאר את בחינת הדינים, ובכל מקום שיש דין מתעוררים החיצונים. לכן רבותינו המקובלים יתייחסו בכובד ראש לסוגיות בהיכל זה יותר משאר הדרושים בספרי הרב ז"ל, עד כדי כך שהרי"ח הטוב כותב[17] שצריך ללמוד בהיכל זה **בשתיקה ובהרהור הלב**, עד כדי כך חשש הרי"ח הטו"ב מתגבורת הדינים. וכן[18] הוא בשער הכוונות בענין פטירת

16

ע"ח ש"ט פ"ו מ"ב דמ"ה ע"ג – ואז נברא העולם במידת הדין, ויצאה בת מתחלה, שהיא **שם ב"ן** בפנים דא"ק. ואחר כך יצאו ענפיו לחוץ, **דרך העין** מטבורו דא"ק ולמטה, ולא נתקיימו הענפים שבחוץ. עד שחזרו להזדווג והולידו בן, שהוא **שם מ"ה** בפנים ובחוץ, והוא מידת הרחמים, ונתקיים העולם, כמו שאמרו רז"ל על הפסוק - ביום עשות הוי"ה אלהי"ם ארץ ושמים, **והבן אמרם העולם**, כי מציאת העולם הם השבעה תחתונות לבד, שהם זו"ן, אלא בראשונה היו זו"ן נקבות, מצד דין, שהוא שם ב"ן. ואחר כך היו זו"ן זכרים, משם מ"ה. **כי כל מ"ה וב"ן נקרא בשם עולם**.

17

רב פעלים חלק ב', סוד ישרים סימן ה' דר"ב ע"ב – וגדולה מזו תדע כי אפילו רבינו מהרח"ו ז"ל שהיה לו נשמה גדולה מאד, וסמך רבינו האר"י ז"ל שתי ידיו עליו, ואמר לו שהוא בא לעולם הזה בעבורו לתקנו וללמדו, עם כל זאת הוא היה אומר על דרושים שגילה לו רבינו האר"י ז"ל, שלא השיג אותם אפילו ערך טיפה מן הים, כי כן כתב בספר הכוונות בדרוש ספירת העומר, דרוש י"ב דף פ"ו ע"ג על סוד אחד בענין הקטנות שגילה אותו לרבינו האר"י ז"ל, ונענש בעבור זה, וכתב מהרח"ו וז"ל - ולכן הסוד הזה צריך להעלימו אם מפאת עצמו, ואם מפני שאין אנחנו יודעים אמיתתו אפילו טיפת גרגיר של החרדל מן הדרוש ההוא, עד כאן לשונו. ראה דברים אלו שכתב צדיק וישר ונאמן שאמר אין אנחנו יודעים אמיתתו אפילו טיפת גרגיר של חרדל, המה יורדים בחדרי בטן של אדם שיש ל‎ו‎ מ‎וח בקדקדו ותופס ספרי קבלה בידו, המדברים בענין קטנות ופגם, ובענין שבירה ומגע הקליפות וכיוצא, שצריך להחליט בדעתו על עניינים אלו, שהם אינם כפשוטן, והם סתומין וחתומים באלף עזקין, ויאחזנו פחד ורעדה בקריאתו בסודות התורה בכתבי רבינו האר"י ז"ל האמתיים, ויזהר שלא להוסיף או לגרוע בהם שום דבר מהמשרה השכל, ולא יעשה בהם חילוקים והמצאות שכליות כדרך שעושין בחכמת הפשט, ובכלל יזהר שלא יתמיד ללמוד בסוד השבירה והקטנות ובשערי הקליפות, **ואם יבא לפניו איזה ענין מאלה באמצע, לא יוציא הדברים מפיו, אלא ילמדם בהבטת העין בלבד**, כי שמעתי שנזהרין בכך כמה חסידים מקובלים.

18

שער הכוונות, ענין ספירת העומר דרוש י"ב דפ"ו ע"ב – האמנם כיון שלא נתקנו כל המוחין לכן אינו זווג גמור מעולה, **אמנם נקרא זווג דקטנות**. כיון שעדיין לא נגדל ז"א. ובזה יתבאר לך לשון מאמר אחד מספר הזוהר בפרשת בשלח בדף נ"ב ע"ב בענין קריעת ים סוף, בפסוק מה תצעק אלי, ואמר שם רשב"י ע"ה - בהאי מלה לא תשאל ולא תנסה את הוי"ה. ובודאי שביאור המאמר הזה עמוק מאד, כיון שמצינו לרשב"י ע"ה שהפליג בהסתרת סודו, ואמר בהאי מלה לא תשאל. וביום שמורי ז"ל ביאר לנו המאמר הזה היינו יושבים בשדה תחת האילנות, ועבר עליו עורב אחד צועק וקורא כדרכו, ומורי ז"ל ענה ואמר אחריו ברוך דיין האמת, שאלתי את פיו ואמר לי כי אמר לו העורב ההוא כי לפי שגילה הסוד הזה לכל בני האדם בפרהסיא, **לכן נענש בעת ההיא בבית דין של מעלה**, וגזרו עליו שימות בנו הקטן, ותיכף הלך ובנו היה מטייל בחצר, ובאותה הלילה חלה את חליו, ומת אחר שלשה ימים רחמנא ליצלן. **ולכן ראוי לכל בעל נפש הרואה הדברים האלו להסתירם בתכלית ההסתר**, זולת הכלל הנודע בכל החכמה הזו כי כבוד אלהי"ם הסתר דבר, ואין מקום

הבן של רבינו האר"י, וכן[19] בפרי עץ חיים. ומביא[20] זאת הבית לחם יהודה בריש פרק א' דשער מוחין דקטנות. ולכן צריך ללמוד בשערים אלו בכובד ראש, ובזמנים הידועים כמו שבת, יום טוב, ואחרי חצות הלילה.

דע כי בכל מקום שהרב ז"ל מבאר כי המלכים דמיתו ירדו לעולם הבריאה, הכוונה[21] היא לכל עולמות בי"ע, כאשר הכלי הפנימי ירד לעולם הבריאה, הכלי האמצעי לעולם היצירה, והכלי החיצון לעולם העשיה.

להאריך בזה, כי הדברים נודעים, וכל מה שיסתיר האדם הסודות מלגלותם למי שאינו ראוי הוא משובח ומכובד בפמליא של מעלה. **והעושה היפך מזה מכניס עצמו בסכנה עצומה** בעולם הזה במיתת עצמו בהכרת ח"ו, ובמיתת בניו הקטנים, נוסף על עונש נשמתו בגהינם שאין קץ לעונשו, וכמו שהזכיר רשב"י ע"ה בסוף אדרא זוטא ועיין שם. והטעם שנענש מורי ז"ל בביאור מאמר זה, וכמו שהזכיר רשב"י ע"ה עצמו שאמר בהאי מלה לא תשאל, הענין הוא כי הנה נודע שאין החיצונים נאחזין אלא במוחין של קטנות, כי הם דינין תקיפין, ובהיות האדם מתעסק בסודות התורה אם יהיה בענין זמן הגדלות העליון, או בשאר דרוש חכמת האמת הנה שהם ענינים למעלה, אין לאדם כל כך סכנה, **כמו בזמן שעוסק בסודות זמן הקטנות, כי בהתעסקו בהם הנה החיצונים מתעוררים בהם, ומתאחזין שם, ומזכירים עונותיו של האדם המתעסק בהם.**
19

פרי עץ חיים, שער חג המצות, פרק ח' – הוא סוד הנזכר בזוהר פרשת בשלח דף נ"ב עד סוף קריעת ים סוף, ואמר שם רבי שמעון בר יוחאי, בההוא מלה לא תשאל ולא תנסה וכו'. וענין הדבר הזה, הוא סוד עמוק מאוד, והטעם הוא דע, **בכל מקום שהקטנות עליון מתעורר, הם דינין תקיפין,** אם האדם או היותר עליון שבעולם, בכל מקום שעוסק בשער האצילות לעילא ולעילא, אין לו כל כך סכנה, **כמו מי שעוסק בקטנות, כי שם נאחזים החיצונים,** ולכן בעת שהאדם עוסק בהם, **אז החיצונים מתעוררים, ומזכירין עונותיו של אדם,** ולכן בכל פעם שמורי ז"ל **היה עוסק בשום דרש מן הקטנות, היה נענש,** ואין צריך להאריך על זה. ואפילו משה רבינו, רבן של כל הנביאים, מה כתיב ביה - וינס משה מפניו, כמו שנבאר בע"ה, **כי פגע בסוד קטנות, שהוא סוד המטה הנהפך לנחש,** מה כתיב ביה - וינס משה מפניו, כמו שנבאר בע"ה, **כי סוד קטנות נקרא נחש,** ולכן הסוד הזה ראוי להעלימה, אף על פי שאין יודעין בו, כי אם חלק אחד מרבי רבבות שיש בו.
20

בית לחם יהודה שכ"ב, שער מוחין דקטנות פ"א דק"ז ע"ב – בע"ח כתב יד כתוב כשגילה הרב פרק זה מת בנו משה, עד כאן לשונו. ור"ל וכל אדם צריך להזהר להזהר שלא יאריך בו, וטוב שילמוד אותו **בשבת, וביום טוב, ובראש חודש, ובלילה אחר חצות.**
21

ע"ח ש"ט פ"ז מ"ב דמ"ו ע"ב – והנה כאשר יצאו כל האצילות מבחינת ב"ן לבד, והיה כולל עתיק, וא"א, ואו"א, וזו"ן. ואז יצאו תחלה כל הכלים שלהם זה תחת זה עד סיום עולם האצילות, ואחר כך יצאו אורות דב"ן כל פרטי אצילות, ויצא תחלה כתר דעתיק דאצילות, שבו נכללין כל האורות, ונתקיים, ואחר כך יצאה חכמה דעתיק בכלי שלו, ובו היו כלולים כל שאר האורות ונתקיים, ואחר כך יצאה בינה דעתיק, ובו כלולין כל שאר האורות ונתקיים, ואחר כך יצאו שבעה תחתונות דעתיק,)נ"א דדעת(הדעת למטה כל אחד כלול בכלי שלו, ובו כלולים כל שאר האורות, והיה נשבר, והיה **פנימיות הכלי לבריאה, וחיצוניות הכלי ירד ביצירה, וחיצוניות של חיצוניות בעשייה,** ואחר כך האור ההוא נשאר בלי כלי, ושאר האורות ירדו בכלי השני של השבעה תחתונות, וגם הוא נשבר על דרך הנזכר לעיל,)נ"א נשאר ע"ד הנ"ל(והאור שלו נשאר בלי לבוש, ושאר האורות ירדו לכלי שלמטה ממנו, וכן על דרך זה עד שנגמרו שבעה תחתונות שלו, ואחר כך נכנס הכתר דאריך אנפין בכלי שלו...............

נהר שלום דכ"ד ע"ד – והנה ידוע כי מיתת המלכים היתה בזו"ן דפרטות, ר"ל בזו"ן דעתיק, ובזו"ן דא"א, ובזו"ן דאבא, ובזו"ן דאימא, ובזו"ן דז"א, ובזו"ן דנוקבא, וכל פרצוף מאלו הפרצופים כלול מכל הפרצופים הנזכרים. וזה היה בפרט האחרון דפרטי פרטות, וכמבואר לעיל בהקדמה, וזה היה בפנימיות וחיצוניות דפנימיות, ובחיצוניות ופנימיות דחיצוניות, דפנים ודאחור. **והכלים עם הרפ"ח ניצוצות דמלכים דעתיק נפלו לעתיק דבי"ע, ודא"א לא"א דבי"ע, ודאו"א לאו"א דבי"ע, ודזו"ן לזו"ן דבי"ע. באופן זה כי הכלים הפנימיים דמלכים הנזכרים נפלו לפרצופי הבריאה. והכלים האמצעיים ליצירה. וכלים החיצוניים שלהם לעשיה.** ונתבאר בשער השמות ובכמה מקומות, כי כדי לברר הכלים ושארית הרפ"ח דכל פרט, יורדים כל

ידוע כי ג"ר נקראים פנים בערך ו"ק, והוא כי כל[22] פרצוף נחלק לג' חלקים חב"ד חג"ת נה"י, כאשר חב"ד נקראים כלים פנימיים, חג"ת כלים אמצעיים, ונה"י נקראים כלים חיצוניים. גם הם נקראים[23] נר"ן, כאשר נה"י הוא בכללות נקרא נפש, חג"ת רוח, וחב"ד נשמה. הרב ז"ל מבאר[24] בכל המקומות על שבירה, מיתה, וירידת **פנים ואחור** דשבעה

הפרצופים העליונים דאצילות בימי החול בסוד גלות השכינה, ומתלבשים בפרצופים שכנגדם למטה בבי"ע. עתיק דאצילות בעתיק דבי"ע, וא"א בא"א, ואו"א באו"א, וזו"ן בזו"ן. כלים פנימיים שלהם בבריאה, ואמצעיים ביצירה, וחיצוניים בעשיה. ובי"ע הנזכר מתלבשים בבי"ע דחול, וזה לצורך בירורי כלים ואורות דמלכים דזו"ן דעתיק, וא"א, ואו"א, וזו"ן דאצילות שנפלו לבי"ע על סדר הנזכר. **כי הכלים הפנימים של מלכי עתיק, וא"א, ואו"א, וזו"ן דאצילות נפלו לבריאה. וכלים האמצעיים של המלכים הנזכרים ליצירה. וכלים החיצוניים שלהם לעשיה**, כנודע. ועל כן בימי החול יורדים הכלים דפרצופים העליונים דאצילות על דרך הנז"ל, לברר בחינותיהם שנשארו בבי"ע.

רחובות הנהר ד"ב ע"ב – ובהגיע האור לגבול האצילות, אירע בהם ענין ביטול המלכים, ונפלו הכלים פנימי אמצעי וחיצון עם אורות דרפ"ח, **לבי"ע התחתונים** דאותה הספירה.

22

ע"ח ח"ב ש"ל דרוש א' מ"ב דכ"ו ע"א – דע כי ז"א יש לו שלוש פרצופים, וכל אחד כלול מעשרה ספירות, והם זה תוך עשרה, תוך עשרה, ועשרה אחרים בפנימיות כולם. ואלו השלושה פרצופים הם כולם בחינת כלים, והם שלושים כלים, וכולם הם ביחד גוף אחד, וכלי אחד, ובתוכו יש האורות, שהם נר"ן וכו', ובהיות שלשתן יחד זה תוך זה הם שום זה ז"א רק פרצוף החיצון מהם בלבד, ולפעמים שניהן, ולפעמים שלשתן. ובתחילה מתחיל הז"א להיות בו **פרצוף החיצון**, ואז הוא שיעור קומתו הוא שליש גדלותו לבד והוא **כשיעור קומת נה"י** אחר הגדלות האחרון. ואחר כך נכנס בו **פרצוף אמצעי**, ומתלבש בתוך החיצון, ואז נגדל ז"א ב' שלישי קומתו, **שהם נה"י וחג"ת**, בין בחינת פרצוף החיצון ובין פרצוף האמצעי, כי אמצעי גורם אל החיצון שיגדל כמוהו. ואחר כך נכנס בו **הפרצוף הפנימי**, ומתלבש בתוך האמצעי, ואז גם ב' הפרצופים החיצון ואמצעי נגדלים כאורך הפרצוף הפנימי, ואז נשלם ז"א כשיעור קומתו לג' פרצופים. והוא כאלו נמשיל משל, **כי החיצון שיעור קומתו כשיעור נה"י דז"א בגדלות, והאמצעי כשיעור נה"י וחג"ת דגדלות, והפנימי כשיעור נה"י חג"ד בגדלותו**. ולכן בבא האמצעי מגדיל את החיצון כמוהו, ובבא הפנימי מגדיל שניהן כמוהו.

ע"ח שי"ט פ"י מ"ב דצ"ה ע"ג – והנה הכלים הם שלושה, בחינת **חיצון ואמצעי ופנימי**.

ע"ח ח"ב ש"ל דרוש ב' מ"ב דכ"ז ע"א – באופן כי לכל פרצוף עשר ספירות, הנקרא עשר כלים, ונחלקים לשלוש חלקים, והם עשר כלים חיצוניות, מדור אל הנפש. עשר כלים אמצעים מלובשים תוך חיצוניות, והם מדור אל הרוח. ועשר כלים פנימים מלובשים תוך הכלים אמצעים, והוא מדור אל הנשמה. והם שלושים כלים, אבל גובה קומתן אינם אלא עשרה, לפי שהם עשר תוך עשר, ועשר תוך עשר.

23

נהר שלום, דרוש הדעת דמ"א ע"ג – ונבאר עתה כל זה בפרטות פרצוף אחד שהוא זעיר, וממנו תקיש בכללות כל הפרצופין יחד, דע כי ז"א הוא פרצוף אחד כולל עצמות וכלים, **והכלים שבו הם נכללים בשלושה**, כי הכבד למטה, וכולל עשר מדות שהם כל האיברים, ומתלבש על ידי הורידין שבו, בכל הגוף. והלב גבוה ממנו, וכולל עשר מדות, ומתלבש תוך בחינת הכבד, על ידי הדפקים שבו, ומתפשט בכל הגוף, והמוח גבוה מכולם, וכולל עשר מדות, מתלבש תוך בחינת הלב, על ידי הגידים, המתפשטים ממנו, ומתפשט בכל הגוף, ועל דרך זה ממש נחלק העצמות בשלושה, נשמה ורוח ונפש, מתלבשים זה בתוך זה, ומתפשטים בכל הגוף, לכן הכבד משכן הנפש, והלב משכן הרוח, והמוח משכן הנשמה.

24

ע"ח ש"ח פ"ב מ"ת ל"ו ע"ג – אמנם השבעה מלכים תתאין מתו, לפי שכליהם נעשו מהסתכלות עין בחוטם פה לבד, והיה חסר מהם אור האזן העליונה. והנה גם בג"ר עצמם יש בהם חילוק בין זו לזו, והוא)נ"א והנה(כי מן הכתר לא ירד ממנו אפילו האחוריים, אלא האחוריים של נה"י בלבד. אבל באו"א של הנקודים ירדו האחוריים שלהם לבד, ונשארו הפנים במקומה. וטעם הדבר הוא כי אלו האורות שנמשכים עד שבולת הזקן נחלקו לשלושה, כי הכתר לקח מבחינת האזן עצמה ממה שהראייה שואבת בהסתכלות באור האזן, ומכל שכן שנכללים בו שני אורות אחרים, ומזה נעשה כלי לכתר נקודים. ואבא לקח ממה שהראייה שואבת מאורות

התחתונות דנקודים, לפי פשט הדברים נראה שחב"ד חג"ת ונה"י דמלכים נשברו ומתו וירדו לעולמות בי"ע. עם[25] כל זאת רק חג"ת נהי"מ דמלכים נשברו ומתו, שהם הבחינה החיצונה והאמצעית, הנקראת[26] גם החיצונה והתיכונה, והסיבה[27] שהרב ז"ל קורא לחג"ת נה"י פנים ואחור היא שמדובר בערכין, **כי חג"ת נקראים אחור בערך חב"ד,**

___

החוטם, וגם אור הפה נכלל בו. והנה הכתר שלוקח מן האזן הארתו גדולה מאד לא נשבר כלי שלו, אבל או"א שאין לוקחין רק מן החוטם ופה נשברו האחוריים של כליהם. והנה או"א אם היו מקבלים אור זה של חוטם ופה של א"ק, בהיותו למעלה קרוב אל מקום נקבי האזן, אף על פי שלא היו מקבלין מאורות האזן עצמה, רק קצת הארה היו מתקיימין האחוריים של כליהם. אבל כיון שאין שאין מקבלין רק מסיום האזן שהוא מקום שבולת הזקן, לכן אף על פי שלוקחין קצת הארה אינו מועיל להם, ולכן נשברו האחוריים של כליהם. אבל הכתר כיון שלוקח אור האזן ממש אף על פי שלוקחו סיומו כיון שהוא לוקח עצמותו, די בזה ולא נשבר אפילו האחוריים של כלים דידיה. מה שאין כן באו"א שאינן לוקחין רק הארה בעלמא, וגם שהוא ברחוק מקום. והרי נתבאר שלושה בחינות אלו, והם כי הכתר נתקים כולו. ואו"א נשברו ונפלו האחוריים שלהם. **וזו"ן נפלו פנים והאחוריים שלהם.** והנה זהו הטעם שנרמז בפסוק והארץ היתה תהו ובהו, אשר הוא מדבר בענין מיתת המלכים של הנקודים כנזכר לעיל.

ע"ח ש"ח פ"ו מ"ת דט"ל ע"ג – וכבר נתבאר לעיל כי אלו שבעת מלכים לקחו אורם מגוף א"ק שתחת שבולת הזקן, ולא מלעלה. נמצא שהם חסרים בחינת שלושה אורות עליונים שהם אח"פ, **כי לכן נשברו הפנים והאחוריים שלהם.** ואלו הם בחינת ג' תגין שיש למעלה על כל אות מאלו השבעה הנזכר לעיל. כי הם מורים על הסתלקות האורות והחיות מן הכלים, שהם אותיות, ונשאר האור למעלה מהם ולא בתוכם, כדרך צורת התגין על האותיות. אבל האותיות בד"ק חי"ה הם אחוריים דאו"א שירדו.

ע"ח ש"ט פ"ג מ"ת דמ"ב ע"ד – ונבאר עתה איך בעת מיתת המלכים אלו ירדו הכלים שלהם לעולם הבריאה כנזכר לעיל, משאין כן בארבעה אחוריים דאו"א. כי הנה נתבאר החילוק שהיה בין או"א לשבעה המלכים, שהם זו"ן, ואמרנו כי השבעה מלכים שהם זו"ן מתו ממש, וירדו אל עולם הבריאה, הכלים שלהם ואחוריים של או"א נתבטלו ולא מתו, אלא שירדו למטה בעולם אצילות עצמו, ושם ביארנו טעם לזה, ואמרנו שהיה לסיבה שהשבעה מלכים לא קבלו אורות אח"פ דא"ק, רק מגופא דיליה ואילך. והנה לטעם זה עצמו היה גם כן שינוי אחר בין ג"ר שהם כח"ב, אל השבעה מלכים התחתונים, כי הג"ר יצאו בקצת תיקון בראשונה, והוא כי כאשר יצאו בראשונה נתפשטו כסדר ג' קוין, מה שאין כן שבעה תחתונות שיצאו זו למטה זו, וזה שכתוב באדרא רבא - עד אימת ניתב בקיימא דחד סמכא, ר"ל נתקן התיקון שהוא דרך קוין, אבל קודם שהיו זה על גבי זה, הוי קיומא דחד סמכא. וכבר ביארנו כי התיקון האצילות הוא בהיות ששה קצות עשוי בבחינת ג' קוים קשורים זה בזה, בסוד השלישי המכריע ביניהן, ואז נקרא רשות היחיד. אבל בהיותן זה על גבי זה והם נפרדין אחת מחברתה, אז נקרא רשות הרבים. ולכן הג"ר נתבטלו אחוריהם ולא מתו, **ושבעה מלכים מתו פנים ואחור,** כי יצאו בלי תיקון כלל.

ע"ח ש"ט פ"ז מ"ב דמ"ו ע"ד – ויצאו שבעה תחתונות מדעת ולמטה בלבד, וכולם יצאו מן בינה דז"א הכלולה תוך אימא עילאה כנזכר לעיל, שלא יצאה, **ואז כל השבעה מתו פנים ואחור,** וירדו בבי"ע.
25

ע"ח ח"ב ש"ל דרוש א' מ"ב דכ"ו ע"ד – גם תבין כי פרצוף האמצעי אף כי נקרא אחור בערך השלישי הפנימי מכולם, **אמנם לפעמים נקרא פנימי בערך החיצון שבכולם.** ובזה תבין מה שנתבאר אצלינו כי בעת מיתת המלכים של ז"א היה בו אחור ופנים, והוא לסבת היות בו תמיד נה"י חג"ת, ו"ק, שהם פרצוף החיצון ואמצעי כנזכר לעיל, **ואז החיצון נקרא אחור, ואמצעי פנימי בערך החיצון,** והבן זה.
26

ע"ח ש"ט פ"ח מ"ב דמ"ז ע"א – ודע כי באצילות המלכים לא יצאו בזו"ן רק השבעה מלכים מלכיות, שבשתי בחינות, **החיצונה והתיכונה,** והם **המלכות דנה"י חג"ת,** ולכן נקרא המלכים נקודות, כי נקודה היא מלכות כנזכר לקמן.
27

נהר שלום די"ב ע"ד – והענין בקיצור נמרץ, ידוע כי כל העולמות מראש א"ק עד סוף העשיה, כלולים מחיצוניות ופנימיות, וכל אחד משניהם נחלק לחיצוניות ופנימיות, **ואין לך שום בריה שאינה כלולה מחיצוניות ופנימיות.** אמנם החיצוניות דכללות כל העולמות הם העיגולים דכל העולמות, והפנימיות הוא היושר דכל העולמות, וכל אחד נחלק לחיצוניות ופנימיות, שהם הכלים והאורות, גוף ונשמה, כי הכלים שהם

ונקראים פנים בערך הנה"י. לכן צריך **לזכור ולדעת** כי בכל מקום שנזכר פנים ואחור דז"א דמקרה המלכים, מדובר אך ורק בו"ק דז"א.

זאת ועוד כאשר מבואר כי המלכים הם בחינת ב"ן דעסמ"ב דב"ן, שהוא בחינת המלכויות דעסמ"ב דב"ן, הכוונה היא שהזב"ן הזה כולל את מ"ה וב"ן דב"ן, כי[28] אין לך ניצוץ שנברא, שאינו כלול מזכר ונקבה. ולכן[29] בחינת המלכים דמיתו הם מ"ה וב"ן דעסמ"ב דב"ן, רק שאנחנו מזכירים רק את בחינת הב"ן בלי המ"ה. ובתיקון יצא מ"ה החדש, הכולל מ"ה וב"ן דמ"ה, וכן בשם מ"ה החדש אנחנו מזכירים רק שם מ"ה בלי הב"ן, ופשוט הוא.

גם צריך לדעת כי שמבואר לפי פשט דברי הרב ז"ל, שנשברו ומתו הכלים דמלכים, מובן כי לכל הבחינת הפנים ואחור שהם חג"ת נהי"ם דשבעה המלכים, קרה מקרה המלכים, אבל[30] **בעומק דברי** הרב ז"ל מדובר רק בפרצוף האחור, והוא פרצוף הנה"י. ר"ל המלכים שנשברו ומתו הם חג"ת נה"י דנקודים.

ועוד דבר חשוב גם[31] בחינת עולמות אבי"ע יצאו בנקודים, שהם **בעומק הדברים** אבי"ע דאבי"ע דעובי, כמו שיתבאר לקמן.

העשר ספירות דכל פרצוף, נקרא חיצוניות בערך הפנימיות, שהם האורות והנרנח"י, המלובשים בהם. וכן בפרטות העשר ספירות הנחלקים לשלשה פרצופים, נה"י חג"ת וחב"ד, מתלבשים זה בתוך זה. **כי פרצוף דנה"י המלביש לפרצוף חג"ת נקרא חיצוניות בערך פרצוף החג"ת המתלבש בתוכו, ופרצוף החג"ת נקרא פנימיות אליו.** ופרצוף החג"ת נקרא חיצוניות בערך פרצוף החב"ד המתלבש בו, והחב"ד הוא פנימיות אליו. וכל זה הפרצוף הכלול מחב"ד וחג"ת ונה"י נקרא חיצוניות בערך הפרצוף העליון המתלבש בו, וכן על דרך זה מפרצוף לפרצוף, עד א"ס.

28

ע"ח ש"ט פ"ז דמ"ו ע"ב – דע כי אין לך ספירה וספירה, אפילו בעשר ספירות הפרטיות שבכל פרצוף ופרצוף, שאין בו **בחינת זכר ונקבה, והם ב"ן דנקודות ומ"ה החדש,** ואמנם אין ענין ב"ן הזה והנקבה זו בחינת מלכות העשירית שיש בכל ספירה וספירה, שהוא בחינה עשירית שבכל ספירה וספירה, אלא שיש בכל ספירה עשר בחינות, וכולם דמ"ה, ועשר בחינות וכולם דב"ן, והתשע ראשונות דמ"ה וב"ן הם נקרא ט' בחינות הראשונות של ספירה ההוא, והבחינה עשירית שהוא מלכות שבאותו ספירה עצמה, היא כלולה ממ"ה וב"ן. **כלל הדברים בקיצור נמרץ כי אין לך שום ניצוץ קטן בכל האצילות, שאין בו מ"ה וב"ן. גמרא בבא בתרא דע"ד ע"ב** – אמר רב יהודה, אמר ו'ב, כל מה שברא הקדוש ברוך הוא בעולמו, **זכר ונקבה בראם.**

29

רחובות הנהר ד"ג ע"ב – ובתחילה יצא שם ב"ן, שהוא שבעה קצוות זו"ן, **שהם מ"ה וב"ן דב"ן** דא"ק, והם הם השבעה מלכים דב"ן דמיתו, ואינם רק שבעה מלכים, אלא נפרטו לעשר ספירות, שהם עסמ"ב, והם עתיק, וא"א, ואו"א, וזו"ן דב"ן דאצילות. ואחר כך בתיקון יצא שם מ"ה החדש, שהוא שבעה קצוות זו"ן, **שהם מ"ה וב"ן דמ"ה** דא"ק, ונפרטו גם הם לעסמ"ב על דרך הנזכר לעיל.

30

ע"ח ח"ב ש"ל דרוש ה' מ"ב דכ"ח ע"ב – ונבאר עתה מה שהיה בעת מיתת המלכים, קודם העיבור, כי היה אז ז"א מבחינת ו"ק לבד, של זה הפרצוף הראשון, שכל עצמו אינו רק נה"י לבד. **ונמצא שהוא חג"ת נה"י של פרצוף דאחור.** ונמצא שהם ו"ק, אבל אינם רק נה"י לבד, ובזה לא יחלקו הדרושים הכתובים אצלינו.

31

ע"ח שי"ט פ"ה מ"ב דצ"ב ע"ב – והנה המלכים שמלכו בארץ אדום הם עשר ספירות דב"ן הכולל הנזכר לעיל. ונקודה ראשונה היא כתר דב"ן. והיא נוקבא דעתיק ודא"א, ונקודה שניה הוא אבא, צד ב"ן שבו. ונקודה שלישית אימא צד ב"ן שבה. וכל אחד משלוש נקודות אלו, היו כלולים מעשרה נקודות שלימות. אך אחר כך יצאה נקודה הרביעית, ולא יצאה כלולה מעשרה נקודות, רק בששה נקודות התחתונות שבה לבד, ולכן נקרא בשם ו' נקודות, ועם ג"ר הרי תשעה נקודות. אחר כך יצאה נקודה חמישית, ולא יצאה כלולה מעשרה נקודות

בזמן התיקון יצא מהמצח דא״ק המלך השמיני, והוא **הדר ואשתו מהיטבאל**, הנקרא מ״ה החדש, כדי לתקן את המלכים דמיתו. לפי פשט דברי הרב ז״ל יצא רק היסוד דא״ק, **בעומק** דברי הרב ז״ל שם מ״ה החדש יצא בשיעור קומה שלם, של עסמ״ב, והשבעה[32] תחתונות דשם מ״ה החדש תקנו את המלכים שנשברו ומתו. ופשוט[33] הוא שלכל נקודה בעובי יש את שם מ״ה הפרטי דאותה נקודה.

עוד צריך לדעת[34] כי עד פרק ו׳ דשער השבירה, הרב ז״ל מבאר את מקרה המלכים בכללות בנקודה אחת, עם כל זאת צריך לדעת כי מהעין דא״ק יצאו חמשה[35] נקודות דכללות העומדות בעובי, שהם א״א או״א וזו״ן, ועמדו מהטבור דא״ק ולמטה, ובכל אחד ואחד מנקודות אלו היה מקרה המלכים בפרטות[36], כאשר הג״ר נשארו באצילות דאותה נקודה דכללות, ובשבעה תחתונות נשברו ומתו, וירדו לבי״ע דאותה נקודה.

שלה, רק נקודה אחת לבד, חלק עשירית שבנקודה ההיא. הרי נמצא ששרשם אינם רק חמשה נקודות, ונקרא עשרה נקודות דב״ן, ואלו יצאו ראשונה ונשברו ומתו. **ודע כי לא די אלו שיצאו בבחינת האצילות, שהם הפנים דב״ן, אלא גם אחוריהם שהם בי״ע יצאו עמהם.** ודע, כי גם באצילות יש פנים ואחור, **אך כולם נקראו פנים בערך בי״ע שהם חיצוניות.** והענין כי בבריאה היה החיצונית הפנים דב״ן, ויצירה חיצונית דאחוריים דב״ן, ועשייה חיצונית יותר חיצון דאחוריים דב״ן. וכאשר נשברו, לא נתקנו כל מה שנשברו, רק מעט, ולא יושלמו להתברר עד ביאת המשיח במהרה בימינו אמן.

32

ע״ח ש״ט פ״ח מ״ב דמ״ז ע״ב – ואחר כך יצאו בבחינת חג״ת נה״י שבז״א, נקרא הדר, ויצאו בחינת חג״ת דנה״י דנוקבא, ונקרא מהיטבאל אשתו, ואלו יצאו בתיקון אדם, כנזכר באדרא דף קל״ה ע״ב, והבן זה מאוד.

33

כרם שלמה ש״ט פ״ז אות ד׳ – ומה שכתב ואחר כך יצא שם מ״ה, ונתחבר עם ב״ן בכל ספירה וספירה כנזכר לעיל, בכל הפרטים. ר״ל כשיצא שם **מ״ה** יצא כנגד **כל הפרטים** דכל האצילות, דהיינו מראש עתיק עד סוף מלכות דאצילות. אבל לא יצא כנגד השבעה תחתונות לבד דכל פרצוף שנשברו, אלא יצא כנגד כל העשר ספירות **דעתיק**, ונתחבר עם עשר ספירות דב״ן דעתיק. וכן כנגד כל העשר ספירות דא״א, ונתחבר כנגד כל העשר ספירות דא״א. וכן העשר ספירות דאו״א וזו״ן. ואז נעשו העשר ספירות דעתיק וא״א מכתר שלהם, עד המלכות שבהם, כולם כלולים **ממ״ה ומב״ן**, אף על פי שבהג״ר שלהם לא היה בהם ירידה ומיתה ח״ו, על כל פנים כשיצא שם **מ״ה** יצא בשלמות. וכן או״א וישסו״ת וזו״ן, כולם כלולים משם **מ״ה וב״ן**, מכתר שלהם עד מלכות שבהם.

34

ע״ח ש״ט פ״ו מ״ב דמ״ה ע״ג – אמנם כפי האמת הם חמשה בחינות, כי הכתר למעלה מהארבעה, הוא ועמו הם חמשה פרצופים, הכוללים עשר ספירות כנודע, **והנה בכל אחד מאלו החמשה פרצופים יש בו עשר ספירות גמורות.**

35

רחובות הנהר ד״ב ע״ב – ידוע כי חמשה נקודות יצאו מעינים דא״ק מבחינת ב״ן, וכולן יצאו שלימות, כל אחת שלימה בכל חלקי הנקודה ההיא. באופן שכל אחת ואחת כוללת חמשה פרצופים, עתיק וא״א ואו״א וזו״ן. **וסדר שבירת הכלים היה בכל נקודה ונקודה מהם, דכל אחד ואחד מהם הג״ר עתיק וא״א ואו״א שבו נתקיימו, ושבעה תחתונות זו״ן שבו נשברו**, כמבואר כל זה באורך בעץ חיים שער ט׳ פרק ו׳ ופרק ז׳, ופרק ג׳ משער י״ז, ובכמה מקומות משער הלקוטים, ומשער מאמרי הרשב״י ע״ה, וכן במבוא שערים ש״ב ח״ג פ״ו, יעו״ש.

36

נהר שלום דכ״ד ע״ד – והנה ידוע כי מיתת המלכים היתה בזו״ן דפרטות, ר״ל בזו״ן דעתיק, ובזו״ן דא״א, ובזו״ן דאבא, ובזו״ן דאימא, ובזו״ן דז״א, ובזו״ן דנוקבא, וכל פרצוף מאלו הפרצופים כלול מכל הפרצופים הנזכרים. וזה היה בפרט האחרון דפרטי פרטות, וכמבואר לעיל בהקדמה, וזה היה בפנימיות וחיצוניות דפנימיות, ובחיצוניות ופנימיות דחיצוניות, דפנים ודאחור. **והכלים עם הרפ״ח ניצוצות דמלכים דעתיק נפלו לעתיק דבי״ע, ודא״א לא״א דבי״ע, ודאו״א לאו״א דבי״ע, ודזו״ן לזו״ן דבי״ע. באופן זה כי הכלים הפנימיים דמלכים הנזכרים נפלו לפרצופי הבריאה. והכלים האמצעיים ליצירה. וכלים החיצוניים שלהם**

היו מספר[37] סיבות למקרה המלכים דמיתו, והם מפוזרים לאורך ורוחב ספרי הרב ז"ל.

לעשיה. ונתבאר בשער השמות ובכמה מקומות, כי כדי לברור הכלים ושארית הרפ"ח דכל פרט, יורדים כל הפרצופים העליונים דאצילות בימי החול בסוד גלות השכינה, ומתלבשים בפרצופים שכנגדם למטה בבי"ע. עתיק דאצילות בעתיק דבי"ע, וא"א בא"א, ואו"א באו"א, וזו"ן בזו"ן. כלים פנימיים שלהם בבריאה, ואמצעיים ביצירה, וחיצונים בעשיה. ובי"ע הנזכר מתלבשים בבי"ע דחול, וזה לצורך שארית בירורי כלים ואורות דמלכים דזו"ן דעתיק, וא"א, ואו"א, וזו"ן דאצילות שנפלו לבי"ע על סדר הנזכר. **כי הכלים הפנימים של מלכי עתיק, וא"א, ואו"א, וזו"ן דאצילות נפלו לבריאה. וכלים האמצעיים של המלכים הנזכרים ליצירה. וכלים החיצוניים שלהם לעשיה**, כנודע. ועל כן בימי החול יורדים הכלים דפרצופים העליונים דאצילות על דרך הנז"ל, לברר בחינותיהם שנשארו בבי"ע.

רחובות הנהר ד"ב ע"ב – ובהגיע האור לגבול האצילות, אירע בהם ענין ביטול המלכים, ונפלו הכלים פנימי אמצעי וחיצון עם אורות דרפ"ח, **לבי"ע התחתונים** דאותה הספירה.

37

ט"ז סיבות למקרה המלכים

א. השבע מלכים יצאו מבחינת מלכויות, נפש. עגולים. ע"ח ש"ח פ"א, ע"ח ש"ט פ"ה, מבוא שערים ש"ב ח"א פ"ג.

ב. הג"ר יצאו בצורת סגולתא, וכל אחת כלולה מעשר, ומתפשטים בסוד קוין שכולם קשורים זה בזה. והז"ת יצאו בבחינת חד סמכא, ונפרדים זה מזה בסוד רשות הרבים, ולא בסוד מיתקלא. ע"ח ש"ט פ"ג, ע"ח ש"ט פ"ה, ע"ח שי"א פ"ה.

ג. כלי הו"ק לא יכלו לסבול יותר אורות מחלקם, והם קיבלו כל אחד חלקו וחלק חברו התחתון ממנו, ולא כן כשהיו בג"ר היו מתבטלים בערכם. ע"ח ש"ח פ"ה, מבוא שערים ש"ב ח"א פ"ו.

ד. האור של העשר ספירות פרצוף שלם, והכלים קטנים, נפרדים, וחסרים. ע"ח ש"ט פ"ה, ע"ח שי"ד פ"ה, מבוא שערים ש"ב ח"ב פ"ב.

ה. הג"ר יצאו בגוף אחד, והיה בהם כח לקבל האור, השבע תחתונים יצאו נפרדות וחסרות, ולא יכלו לקבל האור שלהם. מבוא שערים ש"ב ח"ב פ"ג.

ו. הג"ר אין הדין ניכר בהם, והם רחמים, השבע תחתונים דינים נתגלו בהם, ולא יכלו לסבול אור הרחמים. מבוא שערים ש"ב ח"ב פ"ג.

ז. הנקודים יצאו מבחינת חיצוניות סמ"ב דס"ג וחיצוניות עסמ"ב דב"ן, שהם הענפים, והשורשים נשארו בפנימיות א"ק, ולא היה בכח הענפים לקבל את האור. ע"ח ש"ה פ"א, מבוא שערים ש"ב ח"ב פ"ג.

ח. הג"ר קבלו במקום שבולת הזקן אור האוזן, וגם אורות חוטם פה, והז"ת קבלו אורות החוטם פה משבולת הזקן ועד מקום הטבור. ע"ח ש"ח פ"ב, ע"ח שי"א פ"ה, מבוא שערים ש"ב ח"ב פ"ג.

ט. מלכי הנה"י דינין תקיפין, רצו להתגבר על מלכי החג"ת שהם רחמים. שער ההקדמות הקדמה אחת בטרם שנאצל עולם האצילות דל"ג ע"ג. ע"ח ש"ט פ"ה דמ"ה ע"א.

י. הג"ר דו"ק נשארו בפנימיות המאציל. מבוא שערים ש"ב ח"א פ"ה.

י"א. הג"ר לא נתקנו כפרצוף, לכן האור שיצא מהם לז"ת לא יכלו לקבלו. ע"ח שמ"ז פ"ה, שער ההקדמות דרושי אבי"ע דרוש ג' דע"ג ע"ג.

י"ב. לא היתה אהבה בין ספירה לספירה, וכל ספירה היתה יראה מהספירה שמעליה ומהספירה שמתחתיה. ע"ח שי"א פ"ה, שער ההקדמות הקדמה אחת בטרם שנאצל עולם האצילות דל"ב ע"ג.

י"ג. הסיגים מעורבים בכלים, והם גורמים פירוד. מבוא שערים ש"ב ח"ב פ"ג.

י"ד. לא נכנס האור על ידי התלבשותו בנה"י דישסו"ת בסוד כ"ל צמ"א, אלא באופן ישיר, ורק בתיקון התלבשו האורות בנה"י דישסו"ת. שער ההקדמות דרוש ה' בזמן העיבור השני דמוחין דל"ו ע"ב.

ט"ו. לא נתכללו אחד עם השני, וכל אחד מהמלכים היה בחינה בפני עצמה. ע"ח ש"ט פ"ג, מבוא שערים ש"ב ח"ב פ"ג.

ט"ז. תכלית כוונת המאציל היתה להוציא ולעשות בחינת קליפות לצורך הנבראים, כדי לתת שכר לצדיקים, ועונש לרשעים. ע"ח שי"א פ"ה.

שער ח' פרק ו'

ונבאר עתה ענין אחוריים דאו"א שגם הם נפלו ונשברו ותחלה צריך לבאר הקדמה פב"פ ואב"א. והענין כנ"ל כי מקום הקליפות והחיצונים הם אחורי נוקבא דז"א ושם הם נדבקים ואמנם ג"כ באחור ז"א יש קצת אחיזה והנה טרם ברא אלקים אדם על הארץ היה כח בקליפות לינק שפע מקדושה בסוד ואדם אין לעבוד את האדמה ואחד מעבודת האדמה הוא כיסוח קוצים מן הכרם אשר לזה צריך מצות מעשיות. אבל כאשר נאלצו ז"ת עדיין לא היה אדה"ר התחתון נברא בעולם יצאו זו"נ אב"א מפני פחד החיצונים שלא יינקו כי אם היו עומדים פב"פ הי' לקליפות מקום להתאחז במקום אחיזתן שהמה אחוריים לינק כי מפנים לא יוכלו לינק ולכן הוצרכו להיות מתדבקים אב"א כדי שלא יוכלו החיצונים לינק משם. וכאשר נברא אדה"ר ועשה מצות מעשיות החזירם פב"פ ואז לא היה פחד מן הקליפות כי כבר חפר ועזק סקל וכרת קוצים מן הכרם והנה בהיותם אב"א אין לזו"ן רק כותל א' לשניהם וכותל א' לבד מפסיק בין שניהם ומשתמשין בכותל א' חצי כותל לז"א וחצי כותל לנוק' וכאשר אדם החזיר')נ"א וכשאדם מחזירם(פב"פ ע"י מצות ומעשים הטובים אז נגמר ונשלם אחור א' שלם לזה ואחור א' שלם לזה ויכולין להחזירם פב"פ. וטעם הדבר כי האדם התחתון ע"י מעשיו גורם זווג זווג עליון ויורדין טפין עלאין למטה שהם בחי' המוחין דז"א הם בחי' החו'"ג אשר הם)נ"א משם(עיקר הטפה כנודע כי אין יוצא מיסוד דבינה רק חו"ג כי מן החכמה ובינה דז"א אינו יוצא רק הארה בעלמא שמכים החסדים המגולין שם ומוציאין אורותיהן לחוץ והנה בבא אלו החו'"ג בראש ז"א כדין איהו נקיט החסדים ומשתלים אחור דידיה ואיהי נקטא גבורה ומשתלים אחור דידה וכדין אתהדרו פב"פ כמ"ש בברכת אבות. והרי בארנו איך החו'"ג גורמין הגדלת אחוריים ועי"כ יכולין לחזור פב"פ נמצא כי בודאי הוא)נ"א הלא(שבערך בחי' זו יותר גדולה הארה של החו'"ג הבאים להם מחדש מהארה שהיתה להם בראשונה לפי שהארה ראשונה הניחה בבחי' אב"א והארה זו החדשה החזירם פב"פ נמצא כי זו הארה המחודשת היא נקראת פב"פ אבל בערך בחי' אחרת לא תקרא אלא בחי' אב"א לפי שלא הגדילה רק בחי' אחוריים כנ"ל וממילא הוחזרו פב"פ מאליהם ובבחי' זו תהיה הארה זו פחותה וגרועה מהראשונה כי הראשונה תיקנה ועשתה כל פרצופים כולם שלימים וזאת לא עשתה רק הגדלת החצי אחוריים כנ"ל.

והנה מ"ש שנפלו האחוריים דאו"א הוא על בחי' חו'"ג המגדילים האחוריים ומחזירים פב"פ לכן אל תתמה אם אנו אומרים ומכניס בחי' זו פעם פב"פ ופעם אב"א והוא על בחי' החו'"ג אלו)שהם הבחי' שהגדילו האחוריים וכל זה נפל למטה(והוא)על(בחי' חו'"ג שלוקחים או"א מן הכתר שהוא א"א כדי להחזירם פב"פ כי גם באו"א היה בהם בחי' אב"א כמ"ש בע"ה וכבר ידעת כי הטפה המציירת הולד ומגדיל והוא הבחי' זו)נ"א זהו החו'"ג(החו'"ג ואלו הם סוד האותיות שמהם נוצר הולד ועוד כי האותיות תמיד לעולם הם בחינת הכלים כנודע ואלו נעשים כלים לאו"א בסוד האחוריים כנזכר ואלו הם שירדו למטה עם שארית החסדים)נ"א האורות החו'"ג(היורדין לצייר הכלים של הולד שהם ז' מלכים דבחי' זו"ן והנה כל אלו הם בחי' כ"ב אותיות התורה וז' מהם הם כלים לז' מלכים וט"ו מה הם כלים לאו"א וכנ"ל כי יותר גדולים הם או"א מכל זו"ן וסי' לאותיות או"א הם י' כי או"א הם ג"כ סוד י"ה שבשם כנודע ואותיות ז"א הם שעטנ"ז ג"ץ והט"ו אותיות הנשארים הם דאו"א ו' מהם הם האחוריים דאו"א שהם בד"ק חי"ה וכנזכר בתקונים ובזהר ושאר אותיות הם אוכ"ל מספר"ת הם פנים דאו"א וזהו

הטעם של אלו אותיות של שעטנ"ז ג"ץ צריכין ג' זייניו ותגין על כ"א מהם ואמנם באותיות
בד"ק חי"ה צריכה תג א' על כל א' מהם וגם למה נשתנו אלו)ט'(האותיות משאר אותיות
שאין בהם שום תג. אבל העניו כי האותיות שעטנ"ז ג"ץ הם סוד הז' מלכים שמתו ולפי שמהם
נתהוו ויצאו הקליפות כנודע לכו הם אותיות שט"ן ע"ז ג"ץ פי' שהם תגבורת וחוזק עוז הדינין
העזים אשר ירדו ונעשו מהם השטן שהם הקלי' וכבר נודע מ"ש בזוהר באדר"ז ובס"ד דרצ"ב
ע"ב כי אלו הז' מלכים הם נצוצין דאזדריקו כהאי אומנא דאכתיש בפרזלא ואפיק זיקין לכל
סטר וזהו ג"ץ כמ"ש גץ היוצא מתחת הפטיש כו'. וכבר נת"ל כי אלו ז' מלכים לקחו אורם
מגוף א"ק שתחת שבולת הזקן ולא מלעלה נמצא שהם חסרים בחי' ג' אורות עליונים שהם
אח"פ כי לכן נשברו הפנים והאחוריים שלהם ואלו הם בחי' ג' תגין שיש למעלה על כל אות
מאלו הז' הנ"ל כי הם מורים על הסתלקות האורות והחיות מן הכלים שהם אותיות ונשאר
האור למעלה מהם ולא בתוכם כדרך צורת התגין על האותיות אבל האותיות בד"ק חי"ה הם
אחוריים דאו"א שירדו. וכבר ביארנו לעיל כי או"א לוקחים ב' אורות של ח"פ ולא חסר מהם
רק אור אזן אשר ע"כ לא ירדו מהם רק בחי' אחוריים וכנגד אותו אור שחסר מהם אנו
מתייגים תג א' על כל אות מהם כנגד אותו אור הפרטי שחסר מהם. וכבר ביארנו כי מה שיורד
מאו"א הוא נקרא אחור וגם נקרא פנים כי להיותו חסר אור אזן העליונה מן ב' אורות אחרים
לכו החסרון הנמשך מצדו הוא גדול כי הוא הבחי' העושה אותו פב"פ. והנה מוחין אלו שהם
חו"ג הם נמשכין לאו"י דא"א עם הכלים דנה"י דא"א דוגמת מוחין דז"א שבאים עם נה"י דאו"א
נה"י אלו ירדו למטה ובערך שבאו מא"א נמצא כי זה נקרא חסרון בא"א עצמו. וכבר ביארנו
הטעם כי מה שגרם לו עניו זה הוא לסבת לקיחתו אור האזן בסופו לא בתחלה. ואמנם בערך
שכר לקחו או"א לא יקרא חסרון דא"א חסרון זה אלא חסרון דאו"א עצמן. והנה בעניו
העקודים כבר נת"ל עניו בחי' טנת"א שבהם ונבארם פה בבחי' הנקודים ונאמר כי בחי'
הנקודים הם האורות הראשונים שיצאו בראשונה והאותיות הם הכלים ואח"כ כשנשברו
הכלים ונפרדו איש מעל פני מתו האורות נשארו בבחי' תגין על האותיות שהם הכלים
והטעמים הוא שם מ"ה החדש שיצא אח"כ מאור המצח לתיקון המלכים כמ"ש בע"ה. וזה טעם
הס"ת שיש לו בחי' כתיבת אותיות ותגין וחסרים ממנו טעמים ונקודות כי כבר ידעת כי ס"ת
הוא בחי' היסוד דאבא וכבר נודע בזוהר בהרבה מקומות דבמחשבה איתברירו כלהו ולכן הס"ת
)ב"א ולשוו ס"ת(מורה על זה הנ"ל וע"י מה שהש"ץ קורא הפ' בתורה בטעמים ונקודות לתקן
מה שחסר ממנו לכן תמצא כי הטעמים יש בהם הוראה בהוצאת הבל הפה כי יש ניגון פרטי
לכל טעם בפ"ע בהוצאתן מהפה ולחוץ וכו הנקודות יש להם הברת כמו **אָ אַ אֶ אֱ אָ אֵ אֱ או**
אבל)ב"א כי(התגין אין להם שום תנועה ונדנוד בעת קריאת האותיות והטעם כי בחי' הטעמים
והנקודות הם מורים בזמן שהאורות בתוך הכלים ולכן הם נרגשין ונדנדים בעת קריאת
האותיות יעו כי ע"י הנקודות והקריאה הם מאירין בתוך כליהם שהם האותיות אבל התגין
מורים על זמו היות האורות ע"ג האותיות וחוץ להם שאז אין לאותיות שום נדנוד ותנועה כי
רוחניותם נסתלק מתוכם)מו הכלים הנקודים(אמנם עומדין עליהם מרחוק להאיר להם הארה
מועטת כדמיון התגין העומדים זקופים על האותיות לא בתוכן. עוד יש שינוי אחר כי הטעמים
והנקודות יש מהם הרבה שעומדין תוך האותיות כגון דגש ורפה ופסק ומקף בטעמים ושורק
בנקודות ויש מהם שעומדים תחת האותיות אבל התגין כל בחינתם אינם אלא ע"ג האותיות
תמיד מבחוץ להם אמנם עכ"ז עומדים אצלם להאיר להם אף על פי שאינם בתוכם כמ"ש.
ואמנם למטה בע"ה נבאר סדר או"א ומציאותן ושם נאמר כי אבא כולל י"ס וכו אמא כלולה
מי"ס וכו זו"ן מי"ס. והנה כמו שז"א הנקרא ישראל כלול הוא מי"ס ונחלק לב' נגד לאה ורחל

ונמצא שרגלי לאה עד שליש ת"ת דז"א שהוא בחזה שלו ומשם ולמטה מתחיל ראש רחל כן העניין באו"א כ"א מהם נחלק לב' חצאין וב' חצאי העליונים של או"א נקרא או"א עלאין וב' חצאי התחתונים נקרא יש"ס ותבונה וכאשר נעריך כל זה בבחי' א' נמצא כי ראש יש"ס ותבונה הם בחזה ספי' שליש ת"ת דאו"א עלאין עיין לקמן. ונחזור לעניין ונאמר ענין סדר ירידת ז' כלים של מלכים איך נשברו וירדו הנה אמרנו לעיל כי בתחלה יצאו כל הכלים ואח"כ יצאו כל האורות כלולים בכתר ואח"כ כולם בחכמה ואח"כ כולם בבינה ואז היו ז' מלכים אלו במעי הבינה כדמיון העובר בבטן המלאה ונבאר ענין יציאתן משם הנה נת"ל כי אדה"ר גרם ע"י מעשיו חזרת פב"פ לזו"ן כי קודם שנברא אדה"ר היו זו"ן אב"א. ודע כי א"א לעולם לחדש שום זווג אפילו בבחי' אב"א אם לא ע"י מצות מעשיות התחתונים ואמנם קודם בריאת אדה"ר בעת האצילות היה בהכרח שאותו פעם ראשון תהיה מאליו הזווג שלא ע"י מצות כי אדם אין עדיין עד אחר הזווג ההוא אמנם לא היה אלא בבחי' אב"א וכשנולד אדה"ר ע"י הזווג ההוא החזירה פב"פ ע"י מצותיו ומעשיו אמנם מאז ולהלאה אנו צריכין לעשות כל הבחינות אפילו בחי' זווג אב"א על ידינו כמ"ש בברכת אבות. והנה כל זה אינו אלא בזו"ן אבל באו"א לא הוצרכו מעשה ידי אדם כי על ידי עצמן מאליהן שלא ע"י אדה"ר חזרו פב"פ והנה זה הזווג הא' טרם שנברא אדה"ר עליו נאמר בזוהר פעמים רבות וז"ל כד סליק ברעותא למברי עלמא פי' כי אז לא היה עדיין התעוררו' התחתונים אלא מאליו סליק הכי ברעותא וזה היה להכרח כי אדם אין לכן היו האורות התחתונים עולין למעלה בסוד מ"נ תמורת מה שעושין נשמות הצדיקים עכשיו שהם עולין בסוד מ"נ וז"ש כד סליק ברעותא שהוא העלאת מ"נ כי אז היו עולין שלא ע"י מעשה התחתונים.

פרק ו' מ"ת

דרוש זה מקורו מספר אוצרות חיים וצריך לכתוב מ"ת בראש הדרוש.

ונבאר עתה ענין הכלים של **אזווריים דאו"א** דנקודים **שגם**[38] **הם נפלו ונשברו** לא
כמו זו"ן, אלא בערכם[39] ובערך[40] מה שלמעלה מהם, אבל בערך הפרטי של כל בחינה הם התבטלו[41] ונפלו בגבול
האצילות, אם כי זאת לא היתה שבירה ומיתה ממש באו"א כמו בשבעה תחתונות דנקודים.•

לפני[42] שהרב ז"ל מבאר את מציאות האחוריים דאו"א, הוא מבאר את בחינת פנים ואחור דאו"א, אבל כדי לבאר את
הבחינות האלה, יורד הרב ז"ל מדרגה ומבאר את בחינת הפנים ואחור דזו"ן, ודרב אגב מבאר גם את בחינת האדם
הראשון, ומהם **המעיין והמשכיל יבין מדעתו** את בחינות דפנים ואחור דאו"א, ומזה יבין גם את בחינת אחוריים דאו"א

38

כרם שלמה ש"ח פ"ו אות א' – מה שכתב שגם הם נפלו ונשברו וכו', לא יפול באחוריים דאו"א לא שם נפלו
ונשברו, כי השבירה לא נקרא אלא כד נחית לעולם אחר, אבל האחוריים דאו"א הם נפלו באצילות, אלא נקט
הלשון בלא דקדוק. אבל כד דייקת שפיר נקט זה הלשון, כדי ללמדנו שגם בהם יפול שם נפילה ושבירה לגבי
העליון מהם, כמו שכתב **הרש"ש** בהקדמתו היקרה.

39

רחובות הנהר ד"ב ע"ג – ונמצא כי כל מקום שכתב הרב דג"ר יצאו שלימות, וז"א יצא בששה חלקי הנקודה
לבד, ונוקבא בחלק אחד מלכות שבה לבד. **היינו בג"ר ובזו"ן דכל אחד ואחד מחמשה נקודות הכוללות
דכל פרצוף**, אבל החמשה נקודות כולליות דאותו פרצוף יצאו שלימות, וכמבואר בפרק ו' משער שבירת
הכלים, וז"ל - ואל תתמה אם יצאו התחתונות אחר שבירת העליונות, וגם איך כל ג"ר שבכל נקודה של חמשה
נקודות לא נשברו, והשבעה תחתונות דנקודות ראשונות נשברו, התשובה היא כי בכל נקודה ונקודה יש מין
אור אחד שוה לערך הנקודה ההיא, ואז האור שלהם של הג"ר יוכלו לקבל, ושבעה תחתונות שבו לא יכלו
לקבל. וכן על דרך זה בכל נקודה ונקודה מהחמשה נקודות אירע כך, עד כאן. **באופן דכל דרושי הרב
המדברים בפרצופי עתיק וא"א ואו"א וזו"ן, אינו מדבר על הכוללים, כי אם בחמשה פרצופים דנקודה
אחת, דעשר ספירות דפרצוף אחד מפרצופי אבי"ע, וממנה נקיש אל השאר.**

40

תרשים ו – א.

41

שער ההקדמות, דרוש בבטול האחוריים של או"א ד"כ ע"ב – ואחר שביארנו ענין שבירת הכלים של
שבעה תחתונות של הנקודים, נבאר עתה גם כן ענין **ביטול** האחוריים של או"א דנקודים, עם שאיננו שבירה
גמורה ומיתה, כמו שהיה בשבעה תחתונות כנזכר לעיל.

42

כרם שלמה ש"ח פ"ו אות א' – ומה שכתב כאן בתחילה צריך לבאר הקדמת אחור באחור ופנים בפנים.
הלשון חסר מעט כאן, והלשון שם בשער ההקדמות הוא היטב, וז"ל שם אחר בלשון המובא לעיל, וז"ל שם -
וענין בחינת הפנים של הכלים שלהם כבר נתבאר לעיל סדר אצילותם, ולהבין ענין זה צרכין אנחנו להודיעך
בתחילה הקדמה אחת בביאור ענין מציאות פנים בפנים, ואחור באחור, מה ענינו, עד כאן לשונו. נמצא מה
שהובאה זאת ההקדמה כאן הוא כדי להבין הקדמה של פנים של או"א, ואגב ביאר הרב באורך ההקדמה זאת
של זו"ן ושל אדם הראשון. ועוד כדי להבין הטיב פירוש האחוריים דאו"א, לכן צריך לבאר הקדמה פנים
בפנים ואחור באחור, **כדי שלא תטעה שהאחורים דאו"א שנפלו הם כפשוטם**, אחוריים ממש, ולכן מבאר
הקדמה של אחור באחור ופנים בפנים, כדי שאבין האחוריים דאו"א מה פרושם.

שנפלו באצילות. **ותזכה. צריך לבאר הקדמה** חשובה והיא מה הם בחינת **פנים בפנים,**
ובחינת **ואחור באחור. והענין כנזכר לעיל** בהרחבה שער[43] העקודים **כי[44] מקום** יניקת
הקליפות והחיצונים הם[45] **אחורי נוקבא דז"א**, ולא שהם עומדים מאחוריה ממש ומשם הם
מקבלים את חיותם, אלא הם במקומם נמצאים, בעולמות בי"ע, ומקבלים דרך אחורי הנוקבא דרך מדרגות שהם רבוע

43

ע"ח ש"ו פ"ח דכ"ב מ"ב דכ"ט ע"א – ענין אחור ופנים, וחיצוניות ופנימיות, כפי)מה שמוכרח(הנראה מוכרח
שהכל ענין דבר אחד. והענין שבהתפשט האור להאיר למטה, הוא שיש לו חשק להשפיע תוספת)ל"ג לתועלת(
נשמות חדשות בתחתונים, מה שלא היה עד עתה, ואם כן יהיה האור רחמים גמורים, כי לולי שהתחתונים
ראויים אל הרחמים לא היה יורד ומתפשט למטה, להאיר תוספת נשמות שלא היו עד עתה, ולכן נקרא אור זה
אור ישר, שבא ביושר מעילא לתתא, כי כן דרכו ויושרו להאיר בתחתונים, ומטבע החסד והרחמים הוא להיות
מטיבים בעולם, ונקרא אור של רחמים גם כן לסיבה הנזכרת לעיל, ונקרא אור זכר, כי כן דרך הזכר להשפיע
לזולתו שהיא הנקבה. ועוד כי טבע של הזכר הוא להשפיע נשמות חדשות ממש, ונקרא אור הפנים, כי הוא
מביט בעין יפה ובפנים מאירים אל התחתונים, ועל כן הופך פניו אליהם, ונקרא אור של פנימיות, שהרי
הנשמות מזווג הפנימית של המוחין באים, **והם שמות של הוי"ה המורים רחמים, ולא שמות אלהי"ם
המורים דין**. אמנם כשאין התחתונים ראוים האורות, מסתלקים וחוזרין למעלה, שאינם רוצים להאיר למטה,
אמנם עם כל זה לא יחפוץ המאציל ב"ה בהשחתת העולם, ומאיר לתחתונים שיעור חיות ומזון ושפע הראוי
לעצמם בלבד, ולא להוציא תוספת נשמות חדשות, וכיון שהשפעת אור זה בלתי רצונו, הנה הוא ממשיך אליהם
אור מחיצוניותו בלבד, שהוא אור מספיק לחיות העולמות די הכרחן ולא יותר, על כן נקרא אור חיצוניות,
ונקרא אור האחור, שהוא היפך פניו בכעס עמהם, בסוד - דומה דודי לצבי, ומאיר להם אור ההכרח עם היותו
מסתלק, ואינו נותן להם האור אלא בהפיכת האחוריים אל התחתונים, ונקרא אור דין, לסבה זו ונקרא אור
חוזר, כי בעת חזרתו והסתלקות למעלה שלא להשפיע בהם שפע גדול, אז נמשך להם אור ההכרחי הזה. ונקרא
אור נקבה לב' סבות על דרך הנזכר לעיל, אם לפי שהוא כדרך טבע הנקבה שמקבלת ואינה משפעת, ואם
בסבה שאין בה כח להוליד נשמתין כמו הזכר, אלא בחינת המזון לבד, כמו שכתוב - ותתן טרף לביתה וגו',
שהם שמות אלהי"ם שהוא דין. גם יש עוד חילוק אחר שאור ישר כמעט שהוא נפרד ממקומו כדי לרדת
ולהשפיע לתחתונים, לכן הוי הוי"ת שלהם פשוטות ומלאים כולם הם הוי"ת באותיות נפרדות זו מזו. אמנם אור
החוזר הוא רבוע כזה א' א"ל אל"ה אלהי"ם, שתמיד האותיות הם מחוברים להורות שהם עולין
ומחוברים זו בזו, עד שמתחברין עם שרשם ומאצילם, כי רצונם להסתלק מן התחתונים. גם יש חילוק אחר כי
המוחין של בחינת חיה הבאים בז"א אשר הם מחכמה הגורמים זווג זו"ן, כדי להוציא נשמות חדשות, והם
בחינת פנים, כי הוא זכר, והמוחין דז"א מצד אימא הנקרא נשמה הם ענין אחור, והם נקבה.

44

כרם שלמה ש"ח פ"ו אות א' – מה שכתב כי מקום הקליפות והחיצונים הם אחורי נוקבא דז"א ושם הם
נדבקים. אל תחשוב כי מקומם ממש שם אחרי נוקבא דז"א דאצילות,ושם הם נמצאים באצילות ח"ו, כי שם
כתיב - לא יגורך רע וכו', אלא הם למטה במקומם, והשפע שנמשך להם הוא מאותו מקום שאחרי נוקבא
דאצילות. והואיל וכן הוא שהשפע נמשך להם משם, לכן נקראים שהם שם נדבקים אחורי נוקבא דז"א
דאצילות. והטעם ששמש השפע נמשך להם, מפני שהוא סוף האצילות, ולכן ממנה נמשך להם השפע, ואפילו
המשכה הזאת דרך המדרגות הוא מאחוריה ולא מפניה ח"ו. לכן אמר כי מקום הקליפות והחיצונים הם
אחורי נוקבא דז"א, **אחורי** דייקא.

45

בית לחם יהודה ש"ח פ"ו דכ"ה ע"ד – הם אחורי הנוקבא דז"א ושם הם נדבקים. אם זו"ן הם אחור
באחור, לא יתכן לומר ושם הם נדבקים, מאחר שעור אחד לשניהם, עד שצריכין נסירה. ועוד כי כל עיקר
הטעם היותם אחור באחור הוא כדי שלא יוכלו הקליפות לינק מאחוריהם, כמבואר בפרק ב' דעקודים, ובפרק
ו' דשער ל"ו, ובסמוך. אלא ר"ל שמקום אחיזתן הוא באחוריים דנוקבא, ואם יהיו עומדים פנים בפנים טרם
ברוא אלהי"ם אדם על הארץ, אם כן יהיו הקליפות נאחזים באחוריים המגולים, לכן היו עומדים אחור באחור,
וכדמפרש ואזיל.

שמות אלהי"ם, **ושֵׁם** [46] **הם נדבקים** אבל את חיותם הצריך להם הם, מקבלים דרך מאחורי דרך קשר של לאה של תפילין.

נחבטו המפרשים במאמר זה של הרב ז"ל אם גם באחורי ז"א יש אחיזה לחיצונים, **צריך לדעת** כי לא מדובר כאשר זו"ן עומדים פנים בפנים, זאת מפני [47] שכאשר זו"ן ביניקה הם עומדים אחור באחור, הציור הוא כי בפנים שלהם יש אלוהי"ם שמות, ובאחור שמות אלהי"ם, ורק משמות אלהי"ם לחיצונים יש אחוזה, וכאשר זו"ן מקבלים מוחין דבינה, הנקרא גדלות א' הם עומדים אחור באחור, עם כל זאת בפנים שלהם מתלבשים שמות הוי"ה. וכאשר זו"ן מקבלים מוחין דחכמה, הנקרא גדלות ב' הם עומדים פנים בפנים, לזו"ן שמות הוי"ה גם בפנים וגם באחור, ומשמות הוי"ה אין החיצונים יכולים לאחוז, בסוד [48] לא יתיצבו הוללים לנגד עיניך, לכן מדובר כאן כאשר זו"ן עומדים אחור באחור. דעת [49] הכרם שלמה כי יש אחיזה באחורי ז"א כאשר אין מעשים טובים בבני ישראל. דעת השד"ה וכן הבית יהודה המעתיקים **בשתיקה** את דברי רבי מאיר פאפרוש מספר אור זרוע היא שמדובר בזמן שז"ן ורחל הקטנה עומדים אחור באחור מהמחזה דז"א ולמטה, הגוף של רחל מכסה את כל הנה"י דז"א, אבל הראש [50] של רחל הקטנה הוא עגול וצר בערך התפארת דז"א, ובמקום [51] שאין ממלא ראש רחל הקטנה את התפארת דז"א שם יש אחיזה לחיצונים בז"א, ופירוש זה

---

[46]

ע"ח ח"ב של"ז פ"ב מ"ת דנ"ט ע"ב – והטעם לפי שכבר נתבאר לעיל כי כל טעם היות רחל אחור באחור עם ז"א, **מפני כי הנה היא נקבה אשר היא דינין קשים, ובפרט שהיא אחרונה שבאצילות, וקרובה אל החצונים, ורגליה יורדת מות**. ואנו יראים מן החצוניים שלא יתאחזו באחוריים, ועל כן היא באחור עם ז"א כנזכר לעיל. אבל לאה שהיא עומדת למעלה באחורי ג"ר דז"א, אין החיצונים יכולין להתאחז בה כמו ברחל העומדת במקום ארבעה תחתונים)נ"א שבעה תחתונות(דז"א. ועוד כי אינננה כרחל נוקבא דז"א העיקרית, ועוד כי אינננה מכלל העשר ספירות הכוללים כל האצילות. אמנם היא אחוריים של הספירה השלישית, ואין קפידה כל כך אם יתאחזו בה החיצונים כמו ברחל. ועוד כי הנה הוא אחוריים של אמא, אשר נודע כי אמא היא הדוחה את הקליפות ובורחין ממנה, ולכן אין בה האחיזת החצונים כמו ברחל. ואם תאמר והרי אם לא יועיל לא יזיק, והלא טוב יותר הוא שתהיה אחור באחור. והתשובה הוא כי נתבאר לעיל **כי הקליפה צורך גבוה**, כדי שיהיה שכר ועונש בעולם הזה וכמאמר רז"ל - טוב מאד זה מלאך המות. ומוכרח שגם הקליפות יקחו חלקם חיותם, וראה המאציל כי הבחינה היותר מועט שיש בכולן שהיא אחורי לאה, הניח שם כל כך אחיזה כמו באחורי המלכות רחל כנזכר לעיל, ולכן הניח אחורי לאה נוטין לחוץ בגילוי, כדי שיתאחזו שם החיצונים, וינקו משם כדי חיותן בלבד, **מה שאין כן אם היו נאחזין ברחל, שהיא אחיזה גדולה.**

[47]

תרשים ו – ב.

[48]

תהילים ה' ו' – לא יתיצבו הוללים לנגד עיניך שנאת כל פעלי און.

[49]

כרם שלמה ש"ח פ"ו אות א' – ואמנם לפעמים, **והוא כשלא יש מעשים בישראל**, נמשך גם כן מאחורי הז"א, אבל לא כל כך כמו שנמשך מאחורי המלכות, וזהו שכתב ואמנם גם כן באחור ז"א יש קצת אחיזה.

[50]

שער מאמרי רשב"י דנ"ו ע"ג – והנה נוקבא דז"א הנקראת רחל אינננה מלבשת את ז"א כדרך שז"א מלביש את אימא, אבל היא עומדת מאחריו דבוקה אחור באחור מן החזה שלו ולמטה. ואמנם כל אורך גופא הוא שטחיי ורחב הוא מתדבק בו. **אבל ראשה שהוא עגול מאחוריו, אינינו מתדבק כל שטח רוחב אחורי ראשה בתפארת דז"א, רק באמצעו לבד, אבל שתי צדדיו אינן מתדבקים מצד ימין ושמאל עם אחורי התפארת דז"א, ונשאר אויר פנוי בשתי הצדדין**. וכשנסתכל ונשער מקום דבקותו יהיה באחורני המוח דדעת שלה היושב באמצע, אבל אחורי תרין מוחין דחכמה ובינה הם נפרדים מאחורי התפארת דז"א, והם שם בלתי מתדבקים. **עוד אם נסתכל נראה כי ראש הנקבה הוא עגול וצר, ואחורי התפארת דז"א הוא רחב ושטחיי,** ובהכרח נשאר מקום פנוי באחורי התפארת דז"א, **שאין ראש הנקבה מתדבקת שם. כי אין רוחב ראשה ורוחב התפארת שוים.**

[51]

קשה מאוד, כי בשער[52] מאמרי רשב"י ובספר[53] עולת תמיד מבואר כי מקום זה מכוסה על ידי קוצא דשערי של ז"א היורדים ואחוריו ומבטשים במקום הפנוי שנשאר, ושערות אלו מכסים את האזור שראש רחל הקטנה לא מכסה, לכן כל החלקים שהראש של רחל הקטנה לא מכסה את התפארת דז"א מכוסים על ידי קוצא דשערי דז"א, **זאת ועוד** הרב ז"ל מבאר[54] כי עיקר הסיבה שקצא דשערי מתפשטים באחור דז"א הוא כדי[55] לשמור אותו ואת לאה מאחיזת החיצונים, לכן לא שייך לומר כי במקום זה יש אחיזה לחיצונים. והחיות[56] הנמשך לחיצונים משתלשל שפע **למקומם בבי"ע** מהאחורים

52

שער מאמרי רשב"י דנ"ו ע"ד – ונמצא כי כאשר קצה התחתון דההוא קוצא דשערי דז"א מכה במצח דרחל, היושבת בסוד אחור באחור, ונמצא כי קוצא דשערי הנזכרים נוגע במצחא אבל אינו מכה במצחא, **רק מן הצדדין באחורי התפארת דז"א עצמו**, במקום שאין שם התדבקות רישא דנוקבא כנזכר. עוד סיבה שלישית והיא כי זה הקוצא דשערי ודאי שיותר היה חפץ להתדבק בגופו עצמו, **ולכן אינו מכה אלא באחורי תפארת גופא דז"א משתי צדדי רישא דנוקביה**. ואם קוצא דא"א לא הכה בגופו עצמו אלא ברישא דז"א היה לפי שא"א נעלם ומתלבש גופו בתוך אבא ואימא, ובתוך ז"א, ואיננו יכול לפגוע ולנגוע בו, אבל כאן שאין הנקבה מלבשת את גופא דז"א, נמצא שזה הקוצא דשערי שלו יכול להתדבק בגופו עצמו דז"א, וכיון שכן מתקרב אצל עצמו, ושם מאיר בו, ומכה ובוטש להאיר בו היטב.

53

עולת תמיד דל"א ע"ב – כן הוא הענין כאן, כי גם ברישא דזעיר אנפין יש חד קוצא דשערי, **ומתפשט דרך אחוריו עד מקום אחורי החזה שלו עצמו, אשר שם היא רישא דרחל באחורי ז"א**, ושם מסתיים ונגמר ההוא קוצא דשערי, כנגד המצח של רחל ממש כנזכר לעיל בדרוש הציציות. לפי שהיא עומדת באחור עם ז"א ונמצאים פניה כלפי ההוא קולא דשערי. והנה רחל אינה מלבשת את ז"א ממש, רק עומדת באחוריו בלבד. ואף על פי שגופה היא מחוברת ודבוקה ממש בגופו של ז"א. אמנם הראש שלה שהוא עגול אינינו דבוק ומחובר לגמרי כולו בתפארת דז"א רק אמצעית עיגול ראשה בלבד הוא המתחבר, אמנם ב' צדדי הראש בימין ובשמאל אינן מחוברין, ויש שם מקום פנוי וחלל ואויר ביניהם. ונמצא אם כן כי מקום הדעת שלה בלבד העומד באמצע, הוא הנדבק באחורי ז"א, חבל חו"ב שבה אינם דבוקים עמו. גם יש ענין אחר, והוא כי הראש שלה הוא קטן אך רוחב מקום החזה שלו הוא יותר רחב מן רוחב הראש שלה כנודע, וכאשר ראשה נדבקת בגופו באחורי הז"א, יעדיף רוחב גופא דז"א מב' צדדי ראש הנקבה. **ונמצא כי ההוא קוצא דשערי דרישא דז"א נחלק לב' ומכה בגופא דז"א עצמו מב' צדדי המצח של הנקבה**, ואינו מכה במצחא דנוקבא כמו שמכה קוצא דשערי דאריך בראש ז"א עצמו, לפי ששם היה הז"א מלביש את אריך שם, והיה סיבוב ראשו מפסקת בין ההיא קוצא דשערי להההוא גופא דאריך, אבל כאן שיש מקום בגופא דז"א עצמו מב' צדדי ראש הנקבה כנזכר, לכן כל מה שיכול להתחבר עם בחינת עצמו של ז"א הוא מתחבר, ומאיר שם. ועוד כי שם בז"א היא קוצא דשערי דאריך מכים בעורף דז"א, מקום שערות כמותם, אבל כאן שהוא מצח דנוקבא אינו מכה.

54

ע"ח שכ"ג פ"ד מ"ת דק"ז ע"א – נמשך ומלביש ומלביש עליהם בחינת חד קוצי דשערי, הנמשך מראש הא"א דרך עורפו, בין תרין כתפין כנזכר לעיל בי באדרא דף קכ"ט ע"ב, ונמשך גם כן עד החזה דז"א, כדי לכסות הכתר מחשוף הלבן אשר שם, **ולכן נמשך קוצי דשערי דרך אחור ז"א**. ועוד טעם שני, כדי שלא לכסות הפנים של ז"א, לכן נמשך דרך אחוריו. ודע כי הנה נתבאר כי קוצי דשערי מלביש ההוא חוורא שהם נה"י החדשים, והנה למטה מן ההוא חוורא יצאת לאה אשת יעקב באחורי ז"א, מחציו ולמעלה, ומסתיימת עד החזה גם כן, כי לאה יוצאת תכף במקום הדעת של ז"א מאחוריו כנודע. וכאשר נכנסו המוחין תוך ז"א תכף יוצאת דרך אחור בחינת לאה כנזכר לעיל, וכאשר הונח הכתר על ראש ז"א ירד גם הוא, ונתפשט ונמשך עד החזה כנזכר לעיל, והלביש וכיסה את לאה העומדת שם, פניה נגד אחורי ז"א, והכתר מלביש ומכסה אחור לאה, **ועל ידי זה אין חיצונים שולטין באחורייים שלה**. וגם הלובן ההוא **ממתק הגבורות והדינין הקשים שבאחוריים של לאה** כנודע. וזהו הטעם שבספר הזוהר קרא אל לאה עלמא דאתכסיא, אבל רחל היוצאת אחר סיום הכתר הזה מהחזה ולמטה נקרא עלמא דאתגלייא.

55

56

דשמות אלהי"ם שבאצילות, ולא ח"ו שהחיצונים עולים באצילות, בסוד[57] לא יגרך רע. **מרן הרש"ש** מבאר[58] כי מדובר כאן על זו"ן הגדולים שהם ישראל ולאה הגדולה, הנקראים[59] גם ו"ק דמ"ה וב"ן, ולא על ז"א ורחל הקטנה, כמו[60] שמבואר באורך וברוחב בפרק ח' דשער העקודים שזו"ן הנזכרים הם זו"ן הגדולים, וגם כאן מרן הרש"ש מפרש כי הג"ר דזו"ן שנתקנו ועמדו פנים בפנים הם הג"ר דמ"ה וב"ן דזו"ן, ועדיין צריך היה האדם הראשון לברר ולתקן את הו"ק דמ"ה וב"ן דזו"ן, שעומדים אחור באחור עד זמן תיקונם. לסיכום הסוגיה. בין אם מפרשים על שמדובר על ז"א ורחל הקטנה, או על זו"ן הגדולים שהם ישראל ולאה הגדולה, **אין אחיזה ח"ו באחורי ז"א**, אלא החיות הניתן לקליפות הוא יורד להם **למקומם בעולמות בי"ע**, ולא ח"ו שהם עולים באצילות, והחיות אשר הם מקבלים הוא כאשר

ע"ח ח"ב שמ"א פ"ב דפ"ז ע"ד – לכן הוכרחו להיות אחור באחור, ר"ל שימשכו אליה המוחין על ידיו, ואז הוא מוכרח להיות דבוקים. ואחר כך מסתלקין ממנו וניתנים אליה. כי משלה הם, שהם הגבורות, ונשארין בה וגדולת כל האחור כולו, ואחר כך באים מוחין חדשים יותר גדולים אל ז"א, והם חסדים בסוד אתי חסד, ופריש לון והרי הגבורות לחלקה ומוחי החסדים הם לחלקו, ואז חוזרין פנים בפנים. כי האחוריים שלו כיון שעתה הם מבחינת חסדים, וגם שחשמ"ל של עתה אינו כחשמ"ל הראשון, ואינן יכולין לינק משם. אמנם מהחשמ"ל שבאחוריה שאינו רק מהארת חשמ"ל העור דז"א יונקים משם, אלא שהוא החיות המוכרח לקליפות בצמצום. **כי מלכותו בכל משלה, וחפץ הוא בקיומם המוכרח**, וסוד ענין זה דעהו כי הנה מוכרח להמשיך חיות להמלכים שלא נתברר, כי הם הניצוצין הקדושה, **אך אינו נותן בהם רק די ספוקם לבד**, אך לא דבר שנותר שיוותר אל הקליפות, אמנם כיון שהקליפות הם מחוברים יחד, בסוד הקליפות החופפים בעור, לכן גם הם ניזונים באמצעיות צמצום קטן מאד. לכן כשישלמו להתברר אז אינו חפץ בקיום הקליפות, ולא ימשוך להם אור כלל ועיקר, ואז יתבטלו הקליפות, וזה סוד - בלע המות לנצח......ונחזור לענין ז"א כי הנה בג' הכלים של הגדולות יש נר"ן אך בעיבור ויניקה אין בהם רק הבל דגרמי **הם שמות אלהי"ם** כנזכר לעיל, וזה קוסטא דחיותא פירושו בהיות בעיבור ז' כלים אלו כולם הם דקים בחינת עור לבד, ובתוכם הבל דגרמי דאלהי"ם, ואחר שנולד התחילה הנפש דגדלות ליכנס, והוא נפש דנפש והוא הנקרא רשימו דנפש הנפש דגדלות.........
57

תהילים ה' ה' – כי לא אל חפץ רשע אתה לא יגרך רע.
58

רחובות הנהר ד"ה ע"ד – וכן היה בתיקון זו"ן, והוא בהיות שעדיין לא נתקנו הזו"ן, כי אדם אין, שהוא אדם הראשון להעלות את הבירורים שלהם למ"ן לישסו"ת להתתקן, ולכן סליק ברעותא דישסו"ת למברי עלמא דזו"ן, ואז עלו הבירורים דג"ר דזו"ן מאליהם לרעותא דישסו"ת, שהם הג"ר הנזכרים שלהם, ואז נזדווגו ישסו"ת בזיווג דרעותא ותיקונם, וחברו עמהם הראוי להם מחלקי אורות וכלים דג"ר דפרצוף ו"ק דמ"ה, ואחר שכבר נתקנו הג"ר הנזרים דזו"ן, אז העלו הם מ"ן מהבירורים דו"ק דישסו"ת, ונזדווגו הג"ר הנזכרים דישסו"ת ותיקונם, וחברו עמהם הראוי להם מחלקי אורות וכלים דו"ק דפרצוף בינה דמ"ה. וידוע כי בהתתקן זו"ן נתקנו בי"ע, כי אינם עולמות גמורים בפני עצמם, כמו עולם האצילות, כי אינם אלא התפשטות כחות הנוקבא וחייליה וצבאיה, כמו שמבואר במבוא שערים ש"ב ח"ג פ"ח. ומה שכתבת במקום אחר נגד זה, הוא בבי"ע הכוללים ועיין היטב. הרי נתקנו **הג"ר דו"ק דמ"ה וב"ן דזו"ן**, ועדיין **הו"ק דו"ק דמ"ה ודב"ן דזו"ן** לא נבררו ולא נתקנו. ואחר שנתברר ונתקן כל מה שהיה צורך להעשות מהם כל חלקי פרצופי ארבעה עולמות אבי"ע כנזכר לעיל, אז נברא אדם הראשון ממחצב הנשמות, **להעלות מ"ן מבירורי ו"ק דזו"ן**, וכל שארית הבירורים על ידי מעשיו ומצותיו ותפלותיו.
59

תרשים ו – ה.
60

ע"ח ש"ו פ"ח מ"ב דכ"ט ע"ד – נמצא כי מה שביארנו בענין זו"ן שעומדין פנים בפנים או אחור באחור, אז הענין הוא שכשבאו המוחין דז"א שהם בחינת חיה לחכמה שבו, אז האור ההוא נקרא יושר, שהם אלו המוחין עצמן שהם נשמה לנשמה, ואז הכלים שלהם נקרא פנים בפנים. אך כל זמן שאין לו מוחין בבחינת חכמה, שהם עיקר אור יושר שלו, ומסתלק למעלה, ובהכרח שמשם מאיר בו בבחינת נ"א אז מאיר בו(אור חוזר, שהם הדינין שהוא שאר חלקי האור ז"א שמתחת מדריגת חיה ולמטה, ואז הז"א עומד אחור באחור, ומקבל בכלי של אחוריים שלו, ואז אינו יכול להזדווג.

זו"ן עמדים אחור באחור, ובכל אחור יש שמות אלהי"ם, שמהם משתלשל החיות לקליפות בסוד[61] ומלכותו בכל משלה.
[62]**ואמנם** [63] [64] **גם כן באזור** הדכורא ז"א **יש** לפעמים **קצת אחיזה** לחיצונים משמות האלהי"ם הנמשכים אליהם, כאשר ז"א עומד אחור באחור עם הנוקבא.

והנה[65] **טרם ברא אלהי"ם אדם על הארץ** בירר המאציל משבעת המלכים שמתו ונשברו ברורים, מהטוב שבהם נעשה ז"א ונוקבא כמו שמבואר לקמן, עם[66] כל זאת לפני שנברא האדם הראשון **היה כח בקליפות לינק שפע שפע מקדושה** מאחורי זו"ן, **בסוד**[67] הפסוק[68] **ואדם אין לעבוד את**

61

תהילים ק"ג י"ט – הוי"ה בשמים הכין כסאו ומלכותו בכל משלה.

62

איפה שלימה, שער הנקודים פ"ו ד"ח ע"ד)א(– ואמנם גם באחורי הדכורא וכו'. בע"ח כתב יד נ"ב א"מ נראה לי שהוא במקום שאין גוף הנוקבא ממלא, כי ראשה עגול, וגוף ז"א רחב, ומאותן הצדדים יש פחד. וכך כתב בספר ע"ח בסוד עץ הדעת, עד כאן לשונו.

63

בית לחם יהודה ש"ח פ"ו דכ"ה ע"ד – ואמנם גם כן באחורי ז"א יש קצת אחיזה. בע"ח כתב יד נ"ב א"מ נראה לי שהוא במקום שאין גוף הנוקבא ממלא, כי ראשה עגול, וגוף ז"א הוא רחב, ומאותן הצדדים יש פחד. וכך כתוב בספר ע"ח בסוד עץ הדעת, עד כאן לשונו)אש"ל(. ודברי **א"מ** הנזכר כתבם רז"ל בשער מאמרי רשב"י, בפרשת אדרא זוטא דף נ"ו ע"א, ובהנדפס מחדש הוא בדף נ"ו סוף ע"ו יעו"ש. ונראה לעניות דעתי שאין כוונת רז"ל הכא כפירוש **א"מ**, דהא קאמר הכא שהם נדבקים באחורי הנוקבא דז"א, ועל זה מסיים ואמנם גם כן באחורי דז"א יש קצת אחיזה וכו', ואי קai על כל זמן שעומדים זו"ן אחור באחור כדפירוש **א"מ**, אם כן אין אחיזה באחורייים דנוקבא כלל, אלא כוונת רז"ל הכא, כמו שכתוב בדבור הקודם.

64

שמן ששון ש"ח פ"ח דח"י ע"ד אות א – ואמנם גם באחורי ז"א יש קצת אחיזה, עיין שער החשמל פרק ב'.

65

כרם שלמה ש"ח פ"ו אות א' – ומה שכתב והנה טרם ברא אלהי"ם אדם על הארץ היה כח בקליפות לינק שפע מהקדושה, ר"ל כי זו"ן נעשו מברורי השבעה מלכים, והטוב שבהם נעשו ממנו ז"א ונוקבא, והפסולת שלהם נעשו ממנו הקליפות והחיצונים, והואיל והם משם נעשים, לכן היה להם כח לינק משם שפע טרם בא אדם הראשון.

66

שער ההקדמות, דרוש בבטול האחורים של או"א ד"כ ע"ב – והנה קודם שנברא אדם הראשון היו ז"א ונוקבא מדבקים אחור באחור, כדי שלא יהיה מקום אל החיצונים להתאחז באחוריים שלהם, כי מן הפנים אין כח בחיצונים לינק משם כלל, ובהיות האחוריים דבוקים יחד, אין שם מקום כניסה אל הקליפות ליכנס שם ולהתאחז בהם, לינק מן הקדושה.

67

כרם שלמה ש"ח פ"ו אות א' – ומה שכתב בסוד ואדם אין, ר"ל וזה מפורש בכתוב באומרו ואדם אין לעבוד את האדמה, והאדמה היא המלכות כנודע, ואחד מעבודות האדמה היא כיסוח קוצים מן הכרם, ר"ל שהקליפות הם נקראים קוץ מכאיב, והקדושה שהם זו"ן נקראים כרם, בסוד כרם היה לשלמה וכו', והחיות של הקליפות היא נמשכת להם מן הקדושה, ובלא קדושה הם מתים. ולזה המנעת שפעם כדי שלא ינקו נקרא כיסוח קוצים מן הכרם, כי הם נשארים בלא חיות. והכסוח שלהם סגולתו הוא נעשה על ידי מצות של בני אדם, ולכן **אדם אין לעבוד את האדמה**, שהוא אדם הראשון, ולא אדם הראשון דווקא, אלא כל מן אדם.

68

האדמה שהיא קרקע האצילות, ר"ל כי שנבראו זו"ן הם עמדו אחור באחור מפחד החיצונים כנזכר לעיל, ולא היה עדיין אדם לקיים מצוות מעשיות כדי לברר את הברורים, ולעלותם למ"ן, ושנברא האדם הראשון, והוא העלה מ"ן[69], **ואזהר**[70] **מעבודת האדמה הוא כיסוח קוצים** שהם הקליפות **מן הכרם** שהם זו"ן, **אשר לזה צריך מצות**[71] **מעשיות** ומצות התלויות בדיבור, כגון תפילה ותלמוד תורה. **אבל**[72] ר"ל **וכאשר נאצלו שבעה תזתתונות עדיין לא היה אדם הראשון התזתתון נברא בעולם** כי[73] הזו"ן הם שהאצילו את האדם הראשון, לכן[74]לפני שנברא האדם **יצאו זו"ן** הגדולים

בראשית ב' ה' - וכל שיח השדה טרם יהיה בארץ וכל עשב השדה טרם יצמח כי לא המטיר הוי"ה אלהי"ם על הארץ ואדם אין לעבד את האדמה.
69

רחובות הנהר ד"ה ע"ד - ואחר שנתברר ונתקן כל מה שהיה צורך להעשות מהם כל חלקי פרצופי ארבעה עולמות אבי"ע כנזכר לעיל, וכמו שנתבאר לקמן בע"ה. **אז נברא אדם הראשון ממחצב הנשמות להעלות מ"ן** מבירורי ו"ק דזו"ן, וכל שארית הבירורים, על ידי מעשיו ומצותיו ותפילותיו.
70

אמת ליעקב, מערכת ז' אות כ' - זו"ן יצאו אחור באחור מפני פחד החיצונים, שלא ינקו, יען שעדיין לא נברא אדם הראשון התחתון, בסוד ואדם אין לעבוד את האדמה, ואחת מעבודת האדמה הוא כיסוח קוצים מן הכרם, ולזה צריך מצות מעשיות, וכאשר נברא אדם הראשון, ועשה מצות מעשיות, החזירם פנים בפנים, ואז לא היה פחד מן הקליפות, כי כבר חפר ועזק הכרת קוצים מן הכרם.
71

כרם שלמה ש"ח פ"ו אות א' - ומה שכתוב מצות מעשיות, לא לאפוקי מצות התלויות בדיבור, כמו האמור במקום אחר. אלא ר"ל בין מצות התלים בדיבור, ובין מצות התלים במעשה, הואיל **ונעשה** על יד האדם, שהוא האדם הראשון נקראים **מצות מעשיות**. והראיה המצות שעשה אדם הראשון שעל ידי כיסח קוצים מן הכרם היא תפילה, **שהיא מצוה התלוים ההדיבור**, כמשמע ממקום אחר, ומאמר רז"ל שאמרו - עד שבא אדם הראשון והתפלל עליהם ויצאו. שדרשו על זה פסוק, ואף על פי כן קרא אותו כאן מצות מעשיות, אלא פירוש מעשיות ר"ל שנעשה על ידי האדם, ופשוט.
72

כרם שלמה ש"ח פ"ו אות א' - ומה שכתב אבל כאשר נאצלו שבעה תחתונות וכו', **אבל** אינה מייישבת, וכאילו אמר **וכאשר** נאצלו שבעה תחתונות. פירוש, שהם שבעה תחתונות דאצילות, שהם הז"א ונוקבא, עדיין לא היה אדם הראשון התחתון נברא בעולם. והטעם כי אדם הראשון נברא על ידי זו"ן, ולכן לא נברא אדם הראשון עמהם אלא אחר אחר כך, והוא על ידיהם. אחר שנבראו הם אז נברא הוא, אבל בעת אצילותם של הזו"ן יצאו ונאצלו אחור באחור, ר"ל אחוריים דז"א מדובק באחוריים דנוקבא, כדי שיהיו האחוריים שלהם מכוסים, ולא ימשך שפע ממש להחיצונים שהם תחתונים מהם. ולכן יצאו מדובקים בבחינת אחור באחור, כדי שלא ינקו מהם, בסוד - אחד באחד יגשו ורוח לא יעבור ביניהם, שהוא רוח החיצונים.
73

שער הכללים פי"א ד"ט ע"א - והנה עם מה שביארנו לעיל כי זו"ן מתחברים בכותל אחד, מה שאין כן יעקב, בזה תבין סוד מה שאמר משה לישראל בכניסתן לארץ ישראל - ואתם הדבקים בהוי"ה אלהיכם חיים כולכם היום. **כי הוי"ה אלהיכ"ם הוא זו"ן**, וישראל הנכנסין לארץ ישראל היו מבחינה זו, אשר הם דבוקים אחור באחור, וזהו ואתם הדבקים בהוי"ה.

ע"ח שי"א פ"ו מ"ת דנ"ב ע"ג - ועתה צריך לתת טעם אל כל הנזכר לעיל, מה נשתנו נקודות זו"ן מנקודות הג"ר. דע כי כל העולם כולו מתנהג על ידי זו"ן, וכמו שהם נקראו בנים של או"א, **גם אנחנו נקראים בנים של זו"ן**, בסוד **בנים אתם להוי"ה אלהיכ"ם** וגו'. וגם כי הכתוב אומר כי אמרתי עולם חסד יבנה, ר"ל שהעולם מבחינת החסד ואילך, שהם שבעה תחתונות, שהם שבעה כללות זו"ן, וזה סוד שבעה ימי בראשית כנודע,

אזור באזור מפני פזוד הזויצונים, שלא יינקו מהם, **כי אם היו עומדים** זו"ן הגדולים **פנים בפנים** ועדיין לא נמשכו מוחין דהוי"ת, אלא רק מוחין דאלהי"ם, **היה לקליפות** מקום להתאחזז, במקום אזיזתן שהבמה אזווריים, ואז היו יכולים **לינק** שפע גדול מהאחורריים דזו"ן ששם יש שמות אלהי"ם, **כי מפנים** שהם שמות הוי"ה **לא יוכלו לינק**, ולכן הוצרכו להיות מתדבקים אזור באזור זו"ן הגדולים, כדי שלא יוכלו הזויצונים לינק משם. **וכאשר** [75] זו"ן שעמדו אחור באחור, ועלו לחיק או"א, וחזרו פנים בפנים,

---

ולכן כל הפגם שגורמים התחתונים על ידי מעשיהם הרעים אינו מגיע בג"ר, שהם א"א ואו"א, רק בשבעה תחתונים, שהם זו"ן.

ע"ח ח"ב של"ב פ"ג דל"ו ע"ד – ובזה תבין טעם גדול למיתת משה ודור המדבר, ולא נכנסו לארץ כנען, ובניהם דרא אחרינא נכנסו, וזה תימא גדול. והנה בזוהר פרשת בראשית דף כ"א ביארו דבניהם היו מסטרא דיהושע, דאיהו סיהרא, שהוא רומז ברחל נוקבא דז"א, והיא הנקראת ארץ ישראל, לכן נכנסו שם, אבל משה ודורו שהיו מבחינת ג' האורות הנזכרים לעיל שיש להם מעלה יתירה, לכן בהסתלקותן נסתלקו גם הם משם שרשם, כי בעודם קיימים לא היו זו"ן מזדווגים, רק אלו יעקב ולאה הנקרא דור המדבר, אשר משם יצאו נשמות דור המדבר מן הזווג הנזכר לעיל. וכשנסתלקו, נסתלקו גם הם, ובניהם שהיו מזווג רחל וישראל שזכו ליכנס לארץ ישראל, כי ארץ היא נקבה כנודע, וישראל הוא בעלה דז"א, וזהו ארץ ישראל. וזהו ענין אמר משה לישראל לאותן שזכו לארץ ישראל - **ואתם הדבקים בהוי"ה אלהיכ"ם**, פירוש כי **הוי"ה אלהיכ"ם הוא הז"א ורחל**, והנה דור המדבר לא היתה דבוקה בז"א, אבל רחל היא אחור באחור בהתדבקות גמור עם ז"א, עד שצריך נסירה להפרידן כנודע. ואמר להם ואתם הדבקים ממש בהוי"ה אלהיכ"ם, לפי שאתם מבחינת רחל הדבוקה עמו, לכן חיים היום כולם לכנוס לארץ ישראל, שהוא כנגד רחל, אבל דור המדבר אבותיכם תמו, כולם ומתו, כי אין להם אותו התדבקות, ולכן אינם נכנסים לארץ ישראל, שאינם מבחינה זו, וזהו ואתם הדבקים למעוטי אבותיכם.
74

איפה שלימה, שער הנקודים פ"ו ד"ח ע"ד)ב(– לכן יצאו זו"ן אחור באחור וכו'. עיין במאמרי רשב"י פרשת קדושים, ובשער המצות פרשת בהר, שכתב שם הרז"ל כי קודם שנברא אדם הראשון היו זו"ן או"א עילאין. ואחר שנברא אדם הראשון, ועשה מעשים טובים, ועל ידי תפלותיו ומצותיו, אז אחר שעה חמישית, העלה את זו"ן במקום א"א, יעו"ש. אם כן אחר שהיו זו"ן מלאים כל טוב, והיו בהם מוחין גמורים, אפילו מא"א, איך לא חזרו פנים בפנים, ונשארו אחור באחור עד שנזדווג אדם הראשון בערב שבת, ועל ידי זווגם החזירם פנים בפנים לפי שעה, ונענש על זה מפני שנזדווג בחול. אמנם יובן על פי מה שכתב הרש"ש ז"ל בספרו הטהור נהר שלום דכ"ט ע"א, בכוונת ליל שבועות, וז"ל בקיצור השייך לעניינינו - כי בליל שבועות מקבלים הזו"ן מוחין מא"א מגולגלתא ומוחא סתימאה, ויום שבועות על ידי תפלת שחרית ומוסף לחש וחזרה, בא להם מוחין דפנים מישסו"ת ואו"א וא"א. עוד כתב שם, וז"ל - ואין תימה איך נמשכים מוחין דאחור דבחינות עליונות, קודם שתשתלם בחינה התחתונה בפנים בפנים, כי כן הוא הסדר האמתי, שכיון שאנו צריכים להמשיך כל הבחינות שנכנסו בליל פסח, אחור ופנים, הרי הם מדרגה אחת, שצריך להמשיך בתחלה בחינת האחור, ואחר כך בחינת הפנים כנודע וכו', יעו"ש. וידוע דעניני ימי העומר הם תיקון חטא אדם הראשון, ואם כן אפילו שקבלו זו"ן מוחין מא"א ואו"א, עדיין לא קבלו כי אם מוחין דאחור שלהם, ועד ליל שבת יבואו מוחין של הפנים דכל בחינה, כמו שביאר הרש"ש ז"ל שכולם הם בחינה אחת, דומיא דעומר ושבועות, שתתחלה באים כל האחורריים, ואחר כך באים כל בחינת הפנים.
75

ע"ח ח"ב שט"ל דרוש א' מ"ק דס"ו ע"א – ועתה יש ב' מניעות, כי היה צריך לברא את האדם וחוה, כדי שעל ידם יתבררו מ"ן של כל הנשמות כנ"ל, ולזה היה צריך זווג, **ואי אפשר להם להזדווג אם לא יחזרו פנים בפנים**, ולחזור פנים בפנים אי אפשר לסבה כנ"ל, כדי שלא יתאחזו הקליפות באחורריים דנקבות. ולכן כדי לבטל ב' המניעות האלו מה עשו או"א, נסרו את הנוקבא העומדת אחורי ז"א, ואחר כך העלו זו"ן הננסרים

והזדווגו לפי שעה **נברא אדם הראשון,**[76] **ועשׂה**[77] **מצות מעשיות** ומצות התלויות דיבור, כגון הקריב[78] קורבנות, התפלל[79], למד תורה[80], זאת ועוד קיים[81] האדם הראשון את כל תרי"ג המצוות באופן[82] יותר רוחני.

למעלה בהיכל או"א עצמה, ששם אין כח לקליפות להתאחז באחורי הנקבה, וזה ההיכל דאו"א הוא **בחינת החופה של זו"ן**, חתן וכלה. ושם יוכלו לחזור פנים בפנים, ושם נזדווגו זו"ן יחד. וכל ענין זה תבינהו בזוהר פרשת בראשית, מה שכתוב בפסוק ויבן הוי"ה אלהי"ם את הצלע, שהוא ענין הנסירה. ואחר כך - ויביאה אל האדם, מהכא ילפינן דבעאן או"א לאעלאה לכלה ברשותא דחתן, כמה דאיתמר - את בתי נתתי לאיש הזה, מכאן ואילך ייתי בעלה לגבה דהא ביתא דילה, היא דכתיב ויבא אליה. **פירוש ענין זווג הראשון דזו"ן בעת אצילותן איננו כשאר זווגים של אחר כך**, והוא כי הזווג הזה לא היה למטה, **רק או"א העלו את ז"א בחיקם**. ואחר כך העלו את הנוקבא בסוד - ויביאה אל האדם, ושם נזדווגו כמו שנבאר בע"ה. ואמנם כל שאר הזווגים דזו"ן דבחינת פנים בפנים הוא למטה בביתא דילה של הנוקבא, שהוא בהיכל הנוקבא, ושם יורד הז"א להזדווג עמה. והנה אז לא היה מ"ן של הנוקבא מבוררים ומתוקנים כנ"ל, ונמצא כי מ' שהעלתה מלכות לגבי ז"א הם המ"ן דבינה, אשר הם שמשו אל הנוקבא, ועל ידי מ"ן אלו יצאו אדם וחוה כל כך מעולין, ונאחזין עד למעלה כמו שנבאר בע"ה. ואחר כך ירדו זו"ן במקומם למטה, ושם הוכרחו לחזור אחור באחור כנ"ל, ולסבה הנ"ל שלא יתאחזו החיצונים. ואז בהיותן אחור באחור הוציאה הנוקבא וילדה לנשמה דאדם וחוה, **וזכור כלל זה בכל מקום אשר נאמר כי אדם וחוה על ידי זווג דאחור באחור יצאו, אין הכוונה כפשוטו, כי אי אפשר לעולם להזדווג, כי אם פנים בפנים.** אך הכוונה לומר כי לא יכלו לעמוד זו"ן פנים בפנים במקומם למטה להזדווג ולהוציא אדם וחוה, והוצרכו לעלות למעלה בחיק או"א כנ"ל, ונזדווגו שם פנים בפנים על ידי מ"ן דבינה שהעלתן המלכות. וכאשר חזרו במקומן וירדו למטה, הוכרחו להיות אחור באחור, ואז יצאו נשמת אדם וחוה אז בהיותן זו"ן אחור באחור. ועיין בדרושי אבי"ע בענין חטא דאדם הראשון, ותבין סדר מעלות מדרגות העולמות איך היו בעת שנברא אדם הראשון, ושם תבין איך היו הזו"ן עליונים במקום או"א, ושם היו בבחינת אחור באחור, ונזדווגו שם להוציא אדם הראשון, וע"ש היטב. **וזכור כלל זה לכל המקומות שנזכר ענין זווג אחור באחור שאין הענין כפשוטו אלא על דרך הנ"ל.** והוא כשיש בישראל מצות ומעשים טובים, שעל ידיהם יגרמו שיוכלו להזדווג זו"ן פנים בפנים, ועל ידיהם היא יכולה להעלות מ"ן לגבי מ"ד דדכורא, ואם אין ח"ו בישראל זכות, אין כח בנוקבא דז"א להעלות מ"ן שלה לגבי בעלה, כנודע כי אין המ"ן עולין אלא על ידי נשמות התחתונים, ולכן כדי לזווגם היא צריכה לעלות עם ז"א למעלה באו"א, והיא מעלה מ"ן דאמא, ומזדווגים יחד. ונמצא כי כמעט זווג זה אין נקרא על שמם, רק על שם או"א, כי עד שם עלו ובכחם, ועל ידי מ"ן שלהם הם מזדווגים, ואלו בעת ההיא היו רוצין לירד למטה למקומם, לא היה יכולת וכח להם לעמוד פנים בפנים, אלא אחור באחור. ונמצא ודאי שאי"ן שום זווג אלא בהיותן פנים בפנים. אבל מה שאנו קורין אותו זווג אחור באחור, ר"ל שאם היו אז יורדין למקומן למטה, לא היו יכולין לעמוד אלא אחור באחור, כי על כן עלו למעלה כדי שיוכלו להיות פנים בפנים.

76

בית לחם יהודה ש"ח פ"ו דכ"ו ע"א – ועשה מצות מעשיות. כי לכסוח הקוצים מן הכרם צריך מצות מעשיות, כמו שכתוב בתחלת דבריו. מבואר מזה שמלבד שהתפלל אדם הראשון על הדשאים וצמחו, כמו שכתוב במסכת חולין דף ס' ע"ב, עוד עשה גם כן מצות מעשיות. וכך כתב באמצע פרק ה' דשער מ"ז, וכמו כן כתב בשער הקדמות דף ע"ג סוף ע"ב, וז"ל - והנה אחר שנוצרו אדם וחוה, על ידי תפלותיו ומעשיו גדר הכרם, וכרת כל הקליפות משם, והחזיר לזו"ן פנים בפנים וכו'. וכן כתב עוד שם דף ע"ד סוף ע"ב, וז"ל - ואחר שנברא אדם הראשון, על ידי תפלותיו ומעשיו החזירה פנים בפנים עמו, ביום השישי בערב שבת כנודע, יעו"ש. מכל זה מבואר שאדם הראשון עשה גם מצות מעשיות. וצריך להבין מה הם מצות מעשיות שעשה, כי מה שהקריב שור פר, זה היה אחר החטא, לאחר שנטרד מהגן, כמבואר במסכת עבודה זרה דף ח' ע"א, יעו"ש. ולכאורה היה אפשר לומר שקדש את החודש, כמו שכתוב בתוספות ראש השנה דף ח' ע"א, יעו"ש. או מה שקרא שמות לבהמות ולחיות ולעופות. אמנם מלשון שער הקדמות הנזכר לעיל מבואר שמצות מעשיות הנזכרים הם היו אחר שננסרה ממנו חוה. אמנם ענין זה יובן ממה שכתב רז"ל בפרק א' דשער ט"ל, וז"ל - וכאשר חטאו אדם וחוה, גרמו שלא נתבררו המ"ן דנוקבא דז"א, לכן אף על פי שעל ידי זווג אדם וחוה גרם להחזיר זו"ן פנים בפנים במקומם למטה, הנה לא היה דבר של קיום תמיד, כי לא היה מספיק בחזרה ההיא רק בשעת זווג לבד, ותכף היתה הנוקבא חוזרת אחור באחור עם ז"א, יעו"ש. וכך כתב במאמרי רשב"י פרשת

פקודי דף ל"ד ע"א. מבואר מזה שזווג אדם הראשון ביום, ערב שבת, למצוה יחשב, שהרי על ידי זה חזרו זו"ן פנים בפנים במקומם למטה. וקשה, והא במבוא שערים דף ס"א סוף ע"ד, ובשער ההקדמות דף ע"ז סוף ע"א כתב רז"ל שצווי על אכילת עץ הדעת, הכוונה היא על הזווג, שלא יזדווג ביום שישי עד ליל שבת. וכך כתב בשער הכוונות בדרוש א' דראש השנה, יעו"ש. ואם כן היאך על ידי הזווג חזרו זו"ן פנים בפנים. ויש לומר כי בודאי עיקר הזווג הוא מצות עשה, אלא שציויהו להמתין מלהזדווג עד ליל שבת, שאז יתבררו המ"ן דנוקבא לגמרי, ואם כן כאשר נזדווג בערב שבת הוה ליה מצוה הבאה בעבירה, ולכן מצד המצוה גרם לזו"ן שיחזרו פנים בפנים בערב שבת, ומצד העבירה גרם שלא יהיה דבר זה של קיום, ותכף חזרו פנים אחור באחור. ומעתה יובן מה שכתב רז"ל הכא, ועשה מצות מעשיות וכו', שהכוונה היא על מצות הזווג הזה, ובזה יבוא בדקדוק לשון שער ההקדמות הנזכר, כי לא מצינו בשום מקום שהחזיר אדם את זו"ן פנים בפנים, כי אם על ידי שנזדווג עם חוה בלבד. ועיין עוד בפרק ב' דשער ל"ו ד"ה ואלו לא חטא אדם הראשון וכו'. ועוד בסוף פרק ד' דהתם, ד"ה אז על ידי תפלתו וכו'.
77

הגהות וביאורים)ב(– לאו דוקא, דגם התפלל תפלה. כן כתב בשער ההקדמות, ובשער הכוונות ראש השנה, וכן כתב בנהר שלום. ועיין בשער פנימיות וחיצוניות פרק ב', דשם כתב דמצות מעשיות הם וברכותיהם הם בחיצוניות העולמות, ומצות שהיא דיבור כגון תפלה ולימוד תורה הוא בפנימיות העולמות. יעיין שם איך נמצא דתקון אדם הראשון, היה בין בחיצוניות ובין בפנימיות העולמות.
78

גמרא חולין ד"ס ע"א – ואמר רב יהודה, שור **שהקריב** אדם הראשון קרן אחת היתה לו במצחו, שנאמר ותיטב לה'"ה משור פר מקרין מפריס, מקרין תרתי משמע, אמר רב נחמן מקרן, כתיב ואמר רב יהודה שור שהקריב אדם הראשון קרניו קודמות לפרסותיו, שנאמר ותיטב לה'"ה משור פר מקרין מפריס, מקרין ברישא והדר מפריס.

ע"ח שמ"ז פ"ה מ"ה דק"ז ע"ד – ואחר שבא אדם הראשון, **ותיקן על ידי תפלתו את העולמות,** בסוד לעבדה ולשמרה.

גמרא חולין ד"ס ע"ב – רב אסי רמי כתיב - ותוצא הארץ דשא בתלת בשבתא, וכתיב - וכל שיח השדה טרם יהיה בארץ במעלי שבתא. מלמד שיצאו דשאים ועמדו על פתח קרקע, **עד שבא אדם הראשון ובקש עליהם רחמים,** וירדו גשמים וצמחו, ללמדך שהקדוש ברוך הוא **מתאוה לתפלתן של צדיקים.**
80

סיפרי, פרשת עקב פיסקא מ"א - ולעבדו, זה תלמוד, אתה אומר זה תלמוד או אינו אלא עבודה ממש. כשהוא אומר - ויקח הוי"ה אלהי"ם את האדם ויניחהו בגן עדן לעבדה ולשמרה, וכי עבודה לשעבר ומה שמירה לשעבר. **הא למדת לעבדה זה תלמוד, ולשמרה אלו מצות.** וכשם שעבודת המזבח קרויה עבודה, כך תלמוד קרויה עבודה.
81

שער מאמרי רשב"י דל"ד ע"א – והנה אם אדם הראשון לא היה עובר על מצותו יתברך, היה כח בידו להכניע את הקליפות אשר באחורי הנוקבא דז"א, על ידי מצותיו ומעשיו הטובים, כמו שאמר הכתוב - **לעבדה ולשמרה, ואלו מצות עשה ומצות לא תעשה.** והיה מחזיר את ז"א ונוקביה במקומם למטה בבחינת פנים בפנים, ואז היו מתבררין גם חלק המין נוקבין של נוקבא דז"א הנתונים בין הקליפות בתכלית הבירור, עד שלא ישאר שום ניצוץ קדושה בהם, ואז היו הקליפות מתבטלות מן העולם לגמרי, כי ניצוצות הקדושה הם המחיים אותם, וכיון שיסתלק חיותם ימותו, והרשעה כולה בעשן תכלה, ובלע המות לנצח, והיה העולם על דרך מה שאנו מקוים ומצפים שיהיה בימות המשיח לעתיד לבא במהרה בימינו.

בראשית ב' ט"ו – ויקח הוי"ה אלהי"ם את האדם ויניחהו בגן עדן **לעבדה ולשמרה.** מתרגם **רבי יהונתן בן עוזיאל** ודבר הוי"ה אלהים ית אדם מן טור פולחנא אתר דאתבריא מתמן ואשרה בגינוניתא דעדן למהוי פלח באוריתא ולמנטר פקודהא.
82

ועל[83] ידי בתפילה התורה והמצות שעשה האדם הראשון העלה מ"ן, וגרם שיקבלו זו"ן מוחין מעולים, ועל ידי זה **הזדווגים** ר"ל]את זו"ן [דט"ל ע"ב 77] **פָּנִים בְּפָנִים** כדי להזדווג, **וְאִם לֹא הָיָה פְּזוּד מִן הַקְּלִיפוּת** מפני דגם בפנים וגם באחור דזו"ן יש שמות הוי"ה, **כִּי כְּבָר זְפַּר** בכרם, **וְעִזַּק**[84] ועשה גדר, **סְקַּל** את האבנים, **וְכָרַת** וקצץ **קוֹצִים** שהם הקליפות **מִן הַכָּרֶם**, כך[85] בעבודה ובתפילה של ישראל הקדושים הם מתקנים ומחזירים את זו"ן פנים בפנים.

הרב ז"ל חוזר[86] ומפרט את ענין עמידת זו"ן אחור באחור, וחזרתם פנים בפנים בפרטות. **הענין הוא**[87] כי לפרצופי זו"ן יש גדלים שונים התלויים בהמשכת המוחין אליהם, אם המוחין בבחינת עיבור, יניקה, או גדלות. וגם לגדלות יש מספר

שער מאמרי רז"ל, פרקי אבות דט"ז ע"ג – היסוד ולהבין כוונתינו, נקשה עוד בענין בריאת אדם הראשון, ששמו הקדוש ברוך הוא בגן עדן **לעובדה ולשומרה, ואמר מורי זלה"ה שהם מצות עשה ומצות לא תעשה**, והרי זה היה קודם שחטא, וקודם שנגזר עליו מיתה כנזכר. אם כן איך אפשר לקיים מצות התורה אדם כי ימות באהל, לא תשימו קרחה בין עיניכם למת, או כי יגח שור את איש וכו', וכמה מצות שהם הפשט שלהם זה היה כפי מה שיש לנו עתה, לא היה אפשר לקיימם כלל, **והוא היה חייב ודאי לקיימם, רמ"ח מצות עשה כנגד איברים, ושס"ה מצות לא תעשה כנגד שס"ה גידים**, ואיך אפשר. אבל אמיתות הענין, דע כי כמו שבריאת אדם הראשון קודם שחטא היה גופו זך וגבוה יותר ממה שהיה אחד שחטא, כן גוף התורה שאז הושם בגן עדן לעבדה ולשמרה לקיים מצותיה, ר"ל **פשט מצותיה היה באופן אחר, יותר רוחני**. ולכן כל מה שאדם טורח ועושה פשט המצות אשר לנו בעולם הזה הוא לכשיוכל ליכנס לגן עדן הארץ עם הלבוש הזה, ושם יטרח לעבור ולשמור על דרך שהיתה כוונתו יתברך בבריאת אדם הראשון, אם זכה.
83

שער ההקדמות, דרוש בבטול האחוריים של או"א ד"כ ע"ב – וכאשר נברא אדם הראשון מבחינת זיווג אחור באחור, **עשה מצות, והתפלל תפילות**. וקצץ וכרת את החיצונים על ידי מעשיו, שלא יתדבקו באותם האחוריים, ואז הוחזרו ז"א ונוקבא פנים בפנים, כי כבר לא היה כח בחיצונים להתאחז באחוריים שלהם, אף שהיו בגילוי.
84

ישעיהו ה' א'- ב' – אשירה נא לידידי שירת דודי לכרמו כרם היה לידידי בקרן בן שמן. **ויעזקהו ויסקלהו** ויטעהו שרק ויבן מגדל בתוכו וגם יקב חצב בו ויקו לעשות ענבים ויעש באשים.
85

זוהר שמות ד"ד ע"א – **ואלה שמות** שמות רבי)**אלעזר(** יוסי פתח ואמר - **גן נעול אחותי כלה גל נעול מעין חתום**, פירוש **גן נעול** דא זאת **כנסת ישראל** והיא המלכות, **שהיא גן נעול**, דאמר רבי אלעזר, מה הגן הגשמי **הזה** שצריך **לשמור** את גידוליו, **לעדור** ולעשות בו בית קבול לקבל את מי ההשקיה, ואחר כך **ולהשקות** את הגן, **ולזמור** את הקוצים הסובבים את השושנה. **כך כנסת ישראל** שהיא השכינה הקדושה **צריכה** ר"ל שצריכים בני ישראל הקדושים **לעדור** ר"ל לתקנה על ידי המצוות המעשיות, **ולשמור** את כל מצוות לא תעשה כדי שלא תהיה אחיזה אל החיצונים, **ולהשקות** אותה מימי התורה הקדושה ולימוד סודותיה, **ולזמור** את הקליפות השושנה העליונה. ועל ידי זה יגרום שהקדוש ברוך הוא, הנקרא ז"א יפתח את אוצרו הטוב להשקותה מנחל עדניו. **ונקראת** השכינה **גן, ונקראת** השכינה **כרם, מה הכרם הזה צריך לעדור** ולעשות לו בית קבול לגשמים, **ולהשקות** אותו בגשמי ברכה, **ולזמור** את הזמורות הרעות הגורמות לחורבן הכרם, **ולחפור** ולעקור את האבנים המזיקות את הכרם, **כך ישראל** הקדושים אשר לומדים תורה מתפללים ומקימים מצוות, מתקנים את השכינה ליחוד עם ז"א, **הדא הוא דכתיב - כי כרם הוי"ה צבאו"ת בית ישראל, וכתיב - ויעזקהו ויסקלהו וגו'**.
86

כרם שלמה ש"ח פ"ו אות ב' – בא ללמדנו הרב ז"ל כאן, והוקשה לו כי מה היו הזו"ן חסרים, ולא יכלו לחזור פנים בפנים, ונשארו אחור באחור, ואיזה דבר גורם להם התדבקותם אחור באחור, והלא בנקל יוכלו לחזור פנים בפנים ונשארו אחור באחור, ולזה כתב **כי בהיותם אחור באחור אין להם רק כותל אחד**. ר"ל אין להם ב' אחוריים, שהם ב' כותלים, כותל אחד לזה, וכותל אחד לזה, כי כשיתפרדו אחד מחברו אז לכל אחד

בחינות. הבחינה הראשונה היא שזו"ן הם בבחינת עיבור בבטן דאימא, ויש להם רק מוחין מבחינת נפש, והם בחינת פרצוף דנה"י[88]. אחר כך בלידת זו"ן, זו"ן נמצאים בבחינת יניקה[89], ומקבלים מוחין דרוח, שהם בחינת פרצוף חג"ת נה"י, שהם שמות אלהי"ם בפנים ובאחור, והם עומדים אחור באחור מפחד יניקת החיצונים. וכאשר בחינת הבינה שהיא אימא, והם פרצופי ישסו"ת מזדווגים, הם ממשיכים לזו"ן הגדולים מוחין[90] דגדלות א', הנקראים נשמה, שהם שמות הוי"ה, ועל ידי מוחין אלו נגדלים פרצופי זו"ן לפרצוף שלם, וז"א מקבל את בחינת הג"ר הפרטים שלו. עם כל זאת זו"ן עומדים אחור באחור, כי אפילו שזו"ן קבלו מוחין דנשמה, שהם שמות דהוי"ה, שמות אלו הם בפנים, אבל באחור עדיין יש להם שמות דאלהי"ם, שבהם החיצונים יכולים לאחוז, עם כל זאת יעקב ורחל הקטנים, שהם בחינת מלכויות דזו"ן הגדולים, חוזרים ועומדים פנים ומתיחדים, כי כאשר זו"ן מקבלים את מוחין דנשמה, בערכם של יעקב ורחל הקטנים הם בחינת מוחין דחיה, וזהו סוד הזיווג דתפילות שביום חול. וכאשר בחינת החכמה שהוא אבא, והם או"א עילאין מזדווגים, הם ממשיכים לזו"ן הגדולים מוחין[91] דגדלות ב', הנקראים חיה, וגם הם שמות הוי"ה, ושמות אלו דוחים את שמות אלהי"ם מאחורי זו"ן, כך שלזו"ן יש עתה שמות הוי"ה גם בפנים וגם באחור, וכאשר יש שמות הוי"ה גם באחור, החיצונים לא יכולים לאחז באחור, בסוד הפסוק - לא יתיצבו הוללים לנגד עיניך, לכן זו"ן יכולים לחזור פנים בפנים וליתיחד, וזהו סוד תפילת מוסף דשבת קודש. את בחינת המוחין דיחידה מקבלים זו"ן במנחה דשבת, והם באים מבחינת הכתר שהוא פרצוף א"א, וזה הוא בחינת שלמות זו"ן. **והנה**[92] **בהיותם** אז **אחור באחור**

יש לו אחור אחד, ולא ישאר אחד מהם בלא כותל, כדמיון השותפים שהם ב' בתים שהם משתמשים בכותל אחד מפסיק בין ב' הבתים. וכשרוצה האחד להיפרד מחבירו, מוכרח הוא שישאר בלי כותל, והכא אין להם כי אם כותל אחד מספיק בין שניהם, ולכן אין יכולים לחזור פנים בפנים, כי אין לכל אחד כי אם חצי אחור, ואז הקליפות יש להם שליטה בחצי האחור, ונחשב כאלו הם בגלוי עומדים. **ולכן האדם יש לו כח על ידי מעשיו** לעשות ולהשלים חצי כותל החסר לזה, וחצי כותל החסר לזה, ונעשים כל אחד יש לו כותל אחד שלם, ואז כשהם חוזרים פנים בפנים אז אין פחד מן החיצונים עוד, כי אינם בגילוי, כי לכל אחד יש לו כותל שלם, ולכן יכולים לחזור פנים בפנים.
87

ע"ח ח"ב שכ"ה דרוש ג' ד"ח ע"א – הנה הז"א לא היה רק בעל ו' ק הנקרא קטן, והוא גדל והולך עד תשלום י"ג שנה ויום אחד על ידי ה' החסדים כנ"ל בדרוש הקודם לזה, שהם ה' חסדים של הדעת התחתון הנ"ל, הנקרא מים, וטבע המים להגדיל האילן ולהחיותו, ולטעם זה נקרא ז"א אילנא דחיי. וכבר נתבאר במקום אחר ענין ג' בחינות שיש לז"א, שהם עיבור ויניקה ומוחין, והנה אחר היניקה שהם ב' שנים דיניקה כנודע, אז מתחילין לבא המוחין ולהתגדל מעט מעט, עד תשלום י"ג שנה ויום אחד, כמו שנבאר בע"ה, וכל זמן זה הוא זמן המוחין דז"א, הבא אחר זמן היניקה. **ודע כלל זה** כי כל מה שאנו מדברים בו שצריך זמנים לגדלות דז"א, **כל זה היה בעת אצילות הראשון**, אך משם ואילך אחר שנאצל ז"א בעת אצילות ונתקן, הנה אף על פי שבכל יום ויום חוזר לקבל מוחין חדשים כבתחילה, כמו שכתוב בדרושים אחרים, שאין פה מקומם, הנה אין צריך להמתין זמן, כי ברגע אחד נעשה ולא בזמנים ארוכים הללו, **ושמור כלל זה בידך.**
88

תרשימים ו – ו.
89

תרשים ו – ז.
90

תרשים ו – ח.
91

תרשים ו – ט.
92

שער ההקדמות, דרוש בבטול האחוריים של או"א ד"כ ע"ב – והנה בהיות זו"ן אז אחור באחור, לא היה להם ב' אחוריים, זולתי אחור אחד, וכותל אחד המפסיק בין שניהם, חציו לזה וחציו לזה, וזה סוד כותל שבאמצע שני שותפים הנזכר בריש מסכת בתרא. ואחר אשר החזירם אדם בפנים פנים, אז נעשו להם ב' כותלים, והם ב' אחוריים שלמים, אחור שלם לז"א ואחור שלם לנוקבא. ואז יכלו לעמוד פנים בפנים, ואחוריים בגילוי בלי פחד שיתאחזו החיצונים שם.

אֵין לזו"ן רק כותל אֶחָד לשְׁנֵיהֶם בסוד[93] השותפים שרוצים לעשות מחיצה בונים כותל אחד באמצע, ובסוד[94] הגויל הנחלק לב' חלקים קלף ודוכסוסטוס, **וכותֶל אֶחָד לבד מַפסיק** ומספיק **בֵּין שְׁנֵיהֶם, ומשתמשין בכותל אֶחָד, זֶהֵצִי כותל לז"א, וחֶצִי כותל לנוקבא. וכאשֶׁר** נברא **הָאָדָם** הראשון **הַזְּזוֹזִירם** (נ"א וכשֶׁאָדם מזווזירם) **פנִים בְּפָנִים** עַל ידי מצות ומעשים הטובים שקיים, **אָז נגמר ונשלם** כותל **אֶזוֹר אֶחָד שלם לזֶה** ר"ל לז"א, **וכותל אֶזוֹר אֶחָד שלם לזֶה** ר"ל לנוקבא, **ויכולין לְהַזְּזוֹזִיר** זו"ן **פָּנִים בְּפָנִים** ולהזדווג, ואין יותר פחד מהחיצונים שינקו מהאחוריים דזו"ן, כי גם באחוריים דזו"ן יש שמות הוי"ה. **וְטַעַם**[95] **הָדָּבָר** והסיבה שיכולים זו"ן להשתלם ולחזור פנים בפנים כדי להזדווג ולהוליד נשמות, **כִּי**[96] **הָאָדָם התחתון עַל ידי מַעֲשָׂיו** הטובים. שהם תורתו מצוותיו והתפילתו **גוֹרֵם לְזִוּוּג עֶלְיוֹן** דאו"א, ומזיווג זה ויורדין **טִפִּין עֶלְאִין** דחו"ב והו"ג **לְמַטָּה** בז"א, **שֶׁהֵם בְּזִינֵת הַמּוֹחִין דז"א**, והמוחין[97]

93

גמרא בבא בתרא ב' א' – השותפין שרצו לעשות מחיצה בחצר **בונין את הכותל באמצע**. מקום שנהגו לבנות גויל גזית כפיסין לבינין בונין. הכל כמנהג המדינה. גויל זה נותן ג' טפחים וזה נותן ג' טפחים. בגזית זה נותן טפחיים ומחצה, וזה נותן טפחיים ומחצה. בכפיסין זה נותן טפחיים, וזה נותן טפחיים. בלבינין זה נותן טפח ומחצה, וזה נותן טפח ומחצה. לפיכך אם נפל הכותל המקום והאבנים של שניהם וכן בגינה מקום שנהגו לגדור מחייבין אותו אבל בבקעה מקום שנהגו שלא לגדור אין מחייבין אותו אלא אם רצה כונס לתוך שלו ובונה ועושה חזית מבחוץ לפיכך אם נפל הכותל המקום והאבנים שלו ואם עשו מדעת שניהם בונין את הכותל באמצע ועושין חזית מכאן ומכאן לפיכך אם נפל הכותל המקום והאבנים של שניהם

94

שער מ"א פ"א מ"ב דפ"ו ע"ד – והנה על הג' כלים האלו מכסה העור, והנה הנשמות נמשכות מפנימיות הכלים שהם נר"ן, והעולמות נמשכים מג' כלים עצמן, והעור הוא חיצוניות שני בפני עצמו, והוא חיצוניות אל החיצוניות, והם האחורים חיצוניות, וזה העור הוא עצמו עור אחד עב, שהם ב' עורות דבוקים, נקרא גויל (ודוכסוסטוס), והוא הכותל שמפסיק בין ז"א לנוקבא, והוא כולו מן שמות אלהי"ם הנקרא כורסייא דשביבין בפרשה נשא באדרא. **ואחר הנסירה נחלק זה העור וננסר לשנים כנודע** כי אין חבור בבשר אלא בעור, כי כל אחד היה לו גוף בפני עצמו ואינם דבוקים אלא בעור, ואז נחלק הגויל, ונעשה ב' עורות קלף ודוכסוסטוס, לז"א קלף לתפלין, ודוכסוסטוס למזוזה למלכות.

95

כרם שלמה ש"ח פ"ו אות ג' – ומה שכתב **וטעם הדבר**, ר"ל על ידי איזה דבר אז משתלם אחוריים דילהון על ידי האדם התחתון. ולזה אמר **כי האדם התחתון על ידי מעשיו**. פירוש, מעשיו הטובים, שהם מצותיו ותפילותיו, **גורם זיווג עליון**. פירוש זיווג דאו"א שהם נקראים זיווג עליון, כי הם עליונים מזו"ן, כמו שמפורש בשער ההקדמות, ואז נותנים או"א **טיפין עילאין**. פירוש, שהם המוחין של החו"ג אשר הם עיקר המוחין, שהם המגדלין ושמשמש נמשכת הטיפה, והם מתלבשים בדעת דז"א.

96

שער ההקדמות, דרוש בבטול האחוריים של או"א ד"ך ע"ב – והנה סיבת היות נעשה להם עתה ב' אחוריים שלמים היה באופן זה, כי על ידי מצות ומעשים טובים של אדם התחתון גרם זיווג עליון באו"א, וחזרו לתת להם לזו"ן בחינת מוחין אחרים, שהם בחינת החסדים והגבורות של דעת דז"א, והם עיקר סוד הטיפה דיהיב או"א בזווגם כנזכר.

97

שער ההקדמות, דרוש בבטול האחוריים של או"א ד"ך ע"ב – והטעם הוא כי תרין מוחין דז"א הנקראים חו"ב אין אורותיהם מתגלים בז"א, כי הם מלובשים תוך נצח הוד דאבא, ואין יוצא מהם רק הארה מועטת,

דחו"ב המלובשים תוך נצח הוד דאו"א, ומתפשטים בחח"ן בג"ה דז"א, וחו"ג **שהם בזינת החסדים**
וגבורות אשר בסוגיה זאת **הם (נ"א משם) עיקר** המוחין **והטפה** אשר מגדלין את ז"א,
מתלבשים בדעת דז"א **כנודע.** [98] **כי אין יוצא מיסוד דבינה** המתלבש בדעת ומסתיים בחזה דז"א [99]
רק חסדים [100] **וגבורות, כי** [101] **מן החכמה ובינה דז"א** המתלבשים בתוך נצח הוד דאו"א,
ומתפשטים בתוך חח"ן בג"ה דז"א **אינו יוצא רק הארה בעלמא,** ורק **שנמכים** [102] **החסדים**
המגולין שם ומוציאין אורותיהן לזווג [103], **והנה בבא אלו החסדים וגבורות**

בכח הכאת האורות החסדים המגולים, שמכים בהם ומוציאים קצת הארה מהם לחוץ כנודע, מה שאין כן
בחסדים וגבורות המתלבשים בתוך יסוד דאימא המסתיים בחזה דז"א, ומשם מתגלים בגלוי גמור, ויוצאים
לחוץ תוך ז"א, ומאירים בו. ולכן העיקר הם החסדים והגבורות כנזכר.
98

איפה שלימה, שער הנקודים פ"ו ד"ח ע"ד)ג(– כי אין יוצא מן היסוד דבינה רק חו"ג וכו'. עיין בהרב
שמן ששון אות ד', ובהגהות וביאורים אות ג'. שכתבו כאן יש קיצור לשון, ובשער ההקדמות דף כ' ריש ע"ג
מבואר יותר, וז"ל - והטעם הוא כי תרין מוחין דז"א הנקראים חו"ב, אין אורותיהם מתגלים בז"א, כי הם
מלובשים תוך נצח הוד דאימא, ואין יוצא מהם רק הארה מועטת, בכח הכאת אורות החסדים המגולים, שמכים
בהם ומוציאים קצת הארה מהם לחוץ כנודע. מה שאין כן בחו"ג המתלבשים ביסוד דאימא המסתיים בחזה
דז"א, שמשם מתגלים בגילוי גמור, ויוצאים לחוץ תוך ז"א, ומאירים בו ולכך העיקר הם החו"ג וכו', יעו"ש.
99

תרשים ו – י.
100

הגהות וביאורים)ג(– הנה כאן יש קיצור לשון, ובשער הכוונות דף כ"א, והוא דרוש אחור דאו"א, שם
נתבאר יותר, וז"ל - כי על ידי מצות מעשיות של אדם תחתון גרם זיווג עליון באו"א, וחזרו לתת להם לזו"ן
בחינת מוחין אחרים. שהם בחינת חו"ג של הדעת דז"א, אשר הם עיקר הטיפה דיהיב או"א בזיווגם כנזכר.
והטעם הוא כי ב' מוחין דז"א הנקרא חו"ב, אין אורותיהם מתגלים בז"א, כי הם מלובשים תוך נצח הוד דאבא,
ואין יוצא מהם רק הארה מועטת בכח הכאת האורות החסדים המגולים שמכים בהם, ומוציאים קצת הארה
מהם לחוץ כנודע. מה שאין כן החו"ג המתלבשים בתוך יסוד דבינה, המסתיים בחזה דז"א, ומשם מתגלים
בגילוי גמור, ויוצאים לחוץ תוך ז"א, ומאירים בו. ולכן העיקר הם החו"ג הנזכר. עיין בשער כ"ה פרק ב' כלל
ג', ופרק ג', ועיין לקמן שער השבירה פרק ב'. שמן ששון.
101

בית לחם יהודה ש"ח פ"ו דכ"ו ע"א – כי מן חו"ב דז"א אין יוצא רק הארה בעלמא. יותר מבואר בשער
ההקדמות דף כ"ג ריש ע"ג וז"ל - והטעם הוא כי תרין מוחין דז"א הנקראים חו"ב אין אורותיהם מתגלין בז"א,
כי הם מלובשין תוך נצח הוד דאימא)והנצח והוד דאימא הם סתומין, כי אין בהם פתח כמו היסוד, כדי שעל
ידי כך יתגלו אורות החו"ב תוך ז"א(, ואין יוצא מהם רק הארה מועטת בכח הכאת החסדים המגולים, שמכים
בהם ומוציאין קצת הארה מהם לחוץ כנודע)וכמבואר בפרק ב' דשער כ"ה בכללי החו"ג, כלל י"ד(, מה שאין
כן בחו"ג המתלבשין תוך יסוד אימא, המסתיים בחזה דז"א, ומשם מתגלים בגילוי גמור, ויוצאים לחוץ תוך
ז"א, ומאירים בו, לכן העיקר הם החו"ג)אש"ל, ושמן ששון והגוב"י(.
102

הגהות וביאורים)ד(– עיין בשער כ"ה בפרק ב' כלל ג', ודרוש ג'.
103

ע"ח ח"ב שכ"ה דרוש ב' מ"ב כלל ג' ד"ו ע"ב – ויש שהחסדים אינן נכנסין תוך היסוד,
אלא חוזרין ועולין מחוץ הדפנות דיסוד אמא, ומפסיקין בין גופא דז"א ליסוד דאמא)וחלל(שביניהן, והם גם
כן עולין בקו ימין ושמאל, ומקיפין לנצח הוד דאמא על דרך הנזכר לעיל. ונמצא שהאורות המוחין הפנימים
שבשני הקוים שבתוך נצח הוד דאמא, מאירין מבפנים, והארת קו האמצעי שבתוך היסוד אמא מאירין מבפנים,

בראש ז"א, כדין אז **איהו נקיט** ר"ל אוחז ז"א **החסדים ומשתלים** ונשלם **אזור**[104] **דידיה** שלו, **ואיהי** הנוקבא **נקטא** אחזת בגבורה, **ומשתלים** ונשלם **אזור דידה** שלה, **וכדין אתהדרו** ועל ידי זה חזרו **פנים בפנים, כמו שמבואר בברכת אבות**.[105]

והרי[106] **בארנו איך** יש תועלת בכניסת **החסדים וגבורות** בז"א, **וגורמין הגדלת אזוריים** דזו"ן, **ועל ידי כך יכולין לזוזור פנים בפנים,** יוצא[107] כי יש ב' בחינות של תועלת בכניסת החסדים והגבורות, האחת גורמים להגדלת והשלמת האחורים דזו"ן, והשניה הם גורמים שזו"ן יחזרו פנים בפנים להזדווג.◆

הרב[108] ז"ל מבאר כאן כי ב' פעמים נתנו או"א האהרות לזו"ן, בפעם הראשונה כדי להאציל אותם, ובפעם השניה להחזירם פנים בפנים, והשאלה היא איזו מה' האהרות אלו היא החשובה יותר. **נמצא**[109] **כי בודאי הוא**

ואלו החסדים העולין ומקיפין מאירין מבחוץ, ומכים זה בזה, ומתגדלות הארתן ונתוספו מאד. וזה סוד הגדלה, ומקום קו האמצעי המגולה מקיפין ליסוד אבא, אשר שם והיסוד דאבא הוא שד"י, במלואו תתי"ד, והוא יסוד אבא שבתוך ז"א.
104

הגהות וביאורים)ה(– עיין תורת חכם דף קמ"ח ע"א.
105

שער הכוונות, דרושי קריאת שמע, דרוש א' די"ט ע"ב – ואמנם אותם המוחין שנמשכו בתפלת שחרית אל זו"ן מיחוד או"א בעת הקריאת שמע כנזכר, הנה נפסקו המוחין ההם, וכבר הולידו והוציאו נשמות מתוספת המוחין ההם, וכבר נפסקו. האמנם להיות כי היחוד ההוא **היה נעלם ומעולה מאד, עד שהועיל אל זווג זו"ן פנים בפנים**, לכן נראה שהיה כחו גדול והוא מספיק אל זווג המנחה, לפי שאינו רק זווג אחור באחור, ולכן אין צריך לומר קריאת שמע פעם אחרת במנחה, אבל זה הזווג דמנחה אף על פי שהוא אחור באחור הנה הוא מעולה עד מאד, ואיננו כשאר הזווגים דאחור באחור, ולכן צריך בו נפלת אפים. והענין הוא שעתה עולה המלכות אחור באחור שיעור קומתו ממש, אבל בערבית אין המלכות עולה רק אחור מן החזה שלו ולמטה בלבד, שהוא שיעור קומת תנה"י בלבד, ולכן אין צורך לנפילת אפים בערבית, כי מאחר שהיא אינה עולה למעלה במקום המוחין שלו עד או"א, אם כן אין תועלת בעלית מ"ן של הנשמות בנפילת אפים. אבל במנחה שהיא עולה עד או"א כמוהו, אף על פי שהיא אחור באחור, היא צריכה אל מ"ן מנשמות הצדיקים, וזה סוד אומרם ז"ל - לעולם יהא אדם זהיר בתפלת המנחה, שהרי אליהו לא נענה אלא בתפלת המנחה. והטעם שלא יש שום זמן שתהיה היא והוא אחור באחור, ותהיה שיעור קומתה שוה לו, אלא במנחה.
106

שער ההקדמות, דרוש בבטול האחוריים של או"א ד"כ ע"ג – והנה נמצא כי תועלת כניסת החסדים והגבורות בז"א היתה לב' סיבות שהם, אחת כי הם מגדילים ומשלימים האחוריים דזו"ן, ועוד שעל ידי כך חוזרים פנים בפנים.
107

כרם שלמה ש"ח פ"ו אות ד' – מה שכתב ועל ידי כך יכולים לחזור פנים בפנים. ר"ל כי ב' תועליות עשו אלו הח"וג השניים. כי תועלת **אחת** הוא שהשלימה אחוריים, ותועלת **השניה** שהוחזרו אז פנים בפנים.
108

שער ההקדמות, דרוש בבטול האחוריים של או"א ד"כ ע"ג – ונמצא כפי הקדמה הנזכרת, כי בבחינה אחת תהיה זו ההארה שבאה עתה מן אלו החסדים וגבורות שבאו עתה מחדש, יתירה ומעולה וגדולה על ההארה הראשונה שכבר היתה אל זו"ן, לפי שאותה הראשונה האצילם בבחינת אחור באחור בלבד, **זו הארה החדשה החזירם פנים בפנים**. ולכן זו ההארה החדשה תהיה נקראת בחינת פנים בפנים. **אבל בבחינה אחרת תהיה הארה זו החדשה גרועה מן ההארה הראשונה**, לפי שההארה הראשונה עשתה והאצילה כל פרצופיהם, וזו ההארה החדשה לא עשתה רק בחינת הגדלת חצי האחורים שלהם כנזכר, ומה שהחזרו פנים בפנים אתיא

(נ"א הלא) שבערך בזמנה זו יותר גדולה הארה השניה של החסדים וגבורות, הבאים להם במזמ"ש כדי להחזירם פנים בפנים מהארה שהיתה להם בראשונה שהיתה כדי להאצילם, לפי שהארה ראשונה הנזמ"ש את זו"ן בבזמנת אזמור באזמור, והארה זו החדשה של החסדים והגבורות הזמזמירם פנים בפנים, נמצא כי זו הארה המזמודשת היא נקראת פנים בפנים בערך ההארה הראשונה. אבל בערך בזמנה אזמרת לא תקרא הארה החדשה אלא בזמנת אזמור באזמור, לפי שלא הגדילה רק בזמנת אזמוריים על ידי החסדים והגבורות כנזכר לעיל שהשלימה ההארה השניה רק את חצאי האחוריים דזו"ן, וממילא הוזמזרו פנים בפנים מאליהם, ובבזמנה זו תהיה הארה זו החדשה פזמותה וגרועה מההארה הראשונה, כי ההארה הראשונה תיקנה ועשתה כל פרצופים כולם שלימים, וזאת לא עשתה רק הגדלת החזמי אזמוריים, כנזכר[110] לעיל, לכן בבחינה אחת ההארה השניה של החסדים והגבורות, היא גדולה בערך ההארה שהאצילה את זו"ן אחור באחור, כי הארה זאת החזירה אותם פנים בפנים, כדי שיכלו להזדווג. עם כל זאת ההארה הראשונה שהאצילה את זו"ן גדולה יותר, כי היא האצילה את זו"ן, וההארה השניה מעמידה אותו פנים בפנים רק לפי שעה, ואחר כך חוזרים זו"ן להיות אחור באחור, לכן ההארה השניה היא יותר גרועה.

הרב ז"ל ביאר את בחינת הגדלת האחוריים דזו"ן כדי שמזה נבין איך בחינה זאת היתה גם באו"א, וגם נתבאר בחינת אחור באחור דזו"ן, וחזרתם פנים בפנים על ידי טיפת החסדים והגבורות, והרב ז"ל כתב בתחילת הדרוש **ונבאר עתה ענין אחוריים דאו"א שגם הם נפלו ונשברו**[111] יבין ראשית דבר מאחריתו. **צריך לדעת** כי[112] כל פרצוף

ממילא. ולכן זו הארה החדשה תהיה נקראת בחינתו אחור באחור, כי תועלתה היה הגדלת חצי האחוריים לבד כנזכר.
109

כרם שלמה ש"ח פ"ו אות ד' – ומה שכתב נמצא וכו', שבאים להם מחדש מהארה שהיתה להם בראשונה וכו'. פירוש, כי ב' פעמים נתנו או"א מוחין לצורך זו"ן, **אחת** הוא כדי להאציל אותם ולבנותם, עד שנעשו פרצופים שלמים, ונשארו אחור באחור. ופעם **שנית** הוא עכשיו, נתנה להם מוחין מחדש כדי שישתלם האחוריים שלהם ויחזרו פנים בפנים. ובא לומר כאן שהואיל והארה הזאת החדשה החזירה אותם פנים בפנים, היא גדולה מן ההארה שבאה להם בראשונה, והואיל ועל ידה חזרו פנים בפנים ויכולים להזדווג, מה שאין ההארה הראשונה, שלא יכלה לחזור אותם פנים בפנים.
110

הגהות וביאורים)ו(– נראה לי שזה סוד שמביא האר"י ז"ל, שמשה רבינו ע"ה העלה את המלכות באחורי ז"א, עד החזה. ואחר כך בא שלמה המלך ע"ה, ומצא אותה מתוקנת, אז בנקל להחזירה פנים בפנים, והיתה הלבנה במילואה. אם כן העיקר היה משה רבינו ע"ה, והטפל הוא שלמה המלך ע"ה)מע"ח כתב יד של החסיד בעל יסוד ושורש העבודה(.
111

ע"ח ש"א ענף ב' מ"ת די"ב ע"ד – ואין לנו רשות לדבר יותר במקום גבוה כזה, והמשכיל יבין ראשית דבר מאחריתו.
112

רחובות הנהר ד"ב ע"ג – גם נודע כי המלכים יצאו בתחילה בבחינת כלים דנפש לבד, שהם המלכות דכל מלך, וכל מלכות כלולה מעשר. וגם הג"ר יצאו בבחינת כלים דנפש, אלא שכל אחת מהג"ר כלולה מעשר מלכיות, וכל מלכות כלולה מעשר. אמנם זה הכלליות שהיה בהם עדיין לא היה מברר ומתוקן כראוי, עד שיצא שם מ"ה החדש ותיקנם בבחינת פרצוף כראוי כמו שנבאר בע"ה. והכלים דשבעה תחתונים דזו"ן דעתיק וא"א

42

הוא בחינת זו"ן בערך[113] הפרצוף שמעליו, לכן[114] בכל הפרצופים היו אותם בחינות של אחור באחור, וכל פרצוף תחתון אחרי שנברא החזיר את האחוריים של הפרצוף העליון לבחינת פנים בפנים, כמו שהאדם הראשון עשה לזו"ן. ולכן והרב

ואו"א וזו"ן, דכל נקודה נפלו הפנים שלהם לבריאה, והאמצעי ליצירה, והחיצון לעשיה, כל פרצוף לפרצוף שכנגדו בבי"ע, כלים דזו"ן דעתיק לעתיק דבי"ע, ודא"א לא לא דבי"ע, וכן כולם. וכלים דאחוריים דג"ר, שהם א"א ואו"א דעתיק, וא"א, ואו"א, וזו"ן, דכל אחד מהם באצילות עצמו, ולא אתקרי בהו מיתה, **וזה בערך זו"ן, אמנם בערך הפרצופים העליונים מהם גם הם נקראו זו"ן, אף על פי שכלולים הם מעשר ספירות בנרנח"י שלמים, אותו הכללות הוא בערך הפרצופים התחתונים, מהם אבל בערך הפרצופים העליונים מהם, כל אותו הכללות אינו כי אם פרטי הו"ק לבד, לכן גם הם נקראו זו"ן, ומקום זו"ן בערכם הוא כמו בי"ע בערך זו"ן.** וכן א"א בערך עתיק, ועתיק בערך מה שלמעלה ממנו, ודי למשכיל וכמו שנבאר בע"ה. **כי הכל מיוסד על ערכי הכינויים לבד,** אבל אין ביניהם שינוי כלל, אלא לפי זכות האורות ושינוי עילוי המקומות, כך הוא שינוי מיעוט הרגשתם בתחתונים, ודי למבין ראשית דבר מאחריתו.
113

תרשים ו – י"א.
114

רחובות הנהר ד"ה ע"ג – וכן נתבאר גם כן בתחילת פרק ד' משער מ"ד ומ"ן, וז"ל - ונחזור לענין ראשון כי הנה בדוגמא מה שביארנו בענין ארבע עולמות אבי"ע בכללותם. כן הדבר בכל עולם ועולם, מהם ונתחיל בעולם האצילות, ונאמר כי הנה היותר משובח מכל בירורי האצילות שהותברר מהשבעה מלכים כנזכרין, הנה אז עלה והוברר בעתיק, והגרוע ממנו באריך אנפין, והגרוע ממנו הוברר באו"א, וכן על דרך זה בבי"ע. וכן על דרך זה בעשר ספירות עצמם שהם בכל פרצוף ופרצוף, וכן על דרך זה בפרטי פרטים, והדברים מובנים. והנה א"א עדיין לא נתקן, כי אדם או"א המעלים תמיד הבירורים דא"א לעתיק למ"ן, ואי אפשר לבירורים להעלות למ"ן אם לא על ידי הבנים שכבר יצאו ונתקנו, שהוא הפרצוף שלמטה ממנו, שנקרא בן אליו, ועדיין לא נתקן. **ואז סליק ברעותא דעתיק למברי עלמא הוא הא"א,** ר"ל כי השלשה פרצופי דחב"ד הנזכרים דמ"ה וב"ן, הנקראים רעותא דעתיק, מאליהם בלי מה שיעלה להם מ"ן, ביררו היותר מובחר מכל שארית חלקי אורות הנזכרים דב"ן, אורות הראוים לשלשה פרצופי הפנימיים שהם חב"ד דא"א דאצילות דכל פרט, והעלו אותם למ"ן להם, ונזדווגו החב"ד הנזכרים דעתיק, ותיקנו את אורות הנזכרים דחב"ד דא"א, וחיברו עמהם את הכחב"ד דפרצוף חכמה דמ"ה, ונתקנו החב"ד דא"א, שהם הג' פרצופים הפנימיים, הנקראים רעותא דא"א. ואחר שנתקנו הג"ר הנזכרים דא"א, הנקראים בנים לעתיק, **אז הם העלו מ"ן מהבירורים דו"ק דעתיק לג"ר דעתיק.** ונזדווגו הג"ר דעתיק, ותיקנום וחברו עמהם הראוי להם מחלקי אורות וכלים דו"ק דפרצוף כתר דמ"ה. וכן על[ל] דרך זה היה בתיקון או"א, ואדם אין שהם ישסו"ת להעלות הבירורים שלהם למ"ן לא"א, **ולכן סליק ברעותא דא"א למברי עלמא הם או"א,** והוא כי עלו בירורים דג"ר דאו"א מאליהם לרעותא דא"א שהם הג"ר הנזכרים דא"א. ונזדווגו הג"ר הנזכרים דא"א. ותיקנום וחברו עמהם הראוי להם מחלקי אורות וכלים דכחב"ד דפרצוף בינה דמ"ה, וכמו שנבאר לקמן, ואז הג"ר הנזכרים דאו"א אחר שנתקנו, **הם העלו מ"ן מהבירורים דו"ק דא"א לג"ר שלו,** ונזדווגו ותיקנום וחברו עמהם הראוי להם מחלקי אורות וכלים דו"ק דפרצוף חכמה דמ"ה. וכן היה בתיקון ישסו"ת בהיות שעדיין לא נתקנו ישסו"ת, ואדם אין שהם הזו"ן להעלות הבירורים שלהם למ"ן לאו"א, **ואז סליק ברעותא דאו"א למברי עלמא הוא ישסו"ת,** והוא כי עלו הבירוריים דג"ר של ישסו"ת מאליהם לרעותא דאו"א, שהם הג"ר הנזכרים דאו"א, ונזדווגו הג"ר הנזכרים דאו"א ותיקנום, וחזרו עמהם הראוי להם מחלקי אורות וכלים דג"ר דו"ק דפרצוף בינה דמ"ה, ואז הג"ר הנזכרים דישסו"ת אחר שנתקנו, **הם העלו מ"ן מהבירורים דו"ק דאו"א לג"ר שלהם.** ונזדווגו הג"ר הנזכרים דאו"א. ותיקנום וחברו עמהם הראוי להם מחלקי אורות וכלים דו"ק דפרצוף בינה דמ"ה. וכן היה בתיקון זו"ן, והוא בהיות שעדיין לא נתקנו הזו"ן. **כי אדם אין שהוא אדם הראשון** להעלות את הבירורים שלהם למ"ן לישסו"ת להתתקן, **ולכן סליק ברעותא דישסו"ת למברי עלמא דזו"ן,** ואז עלו הבירורים דג"ר דזו"ן מאליהם לרעותא דישסו"ת, שהם הג"ר הנזכרים שלהם, ואז נזדווגו ישסו"ת זיווג דרעותא ותיקנום, וחברו עמהם הראוי להם מחלקי אורות וכלים דג"ר דפרצוף ו"ק דמ"ה. ואחר שכבר נתקנו הג"ר הנזכרים דזו"ן, **אז העלו הם מ"ן מהבירורים דו"ק דישסו"ת.** ונזדווגו הג"ר הנזכרים דישסו"ת, ותיקנום וחברו עמהם הראוי להם מחלקי אורות וכלים דו"ק דפרצוף בינה דמ"ה. וידוע כי בהתתקן זו"ן נתקנו בי"ע, כי אינם עולמות גמורים בפני עצמם כמו עולם

43

וְהִנֵּה[115] **מַה** ז"ל ביאר כאן את הבחינות דזו"ן, ומהם אפשר להבין מה קרה גם בפרצופים שמעל זו"ן.
שֶׁכָּתוּב שֶׁנָּפְלוּ הָאֲחוֹרַיִים דְּאוּ"א, הוּא[116] עַל בְּזִיַּנַת הַחֲסָדִים וְגְבוּרוֹת אֵלּוּ[117]
הַמַּגְדִּילִים הָאֲחוֹרַיִים דְּאו"א וּמַחֲזִירִים אוֹתָם פָּנִים בְּפָנִים ולא על האחוריים דאו"א עצמם,
רק על מה שבא בבחינת תוספת, ולא הכלים דאו"א לפי הפשט, אבל בְּעוֹמֶק נפלו גם חלקים של הכלים עם החסדים
והגבורות, כמו שיתבאר לקמן בפרקין, לָכֵן[118] אַל[119] תִּתְמַה אִם אָנוּ אוֹמְרִים וּמְכַנִּים

האצילות, כי אינם אלא התפשטות כחות הנוקבא וחייליה וצבאיה, כמו שמבואר במבוא שערים ש"ב ח"ג פ"ח.
ומה שכתב במקום אחר נגד זה הוא בבי"ע הכוללים, ועיין היטב. הרי נתקנו הג"ר דו"ק דמ"ה וב"ן דזו"ן,
ועדיין הו"ק דו"ק דמ"ה ודב"ן דזו"ן לא נבררו ולא נתקנו. ואחר שנתברר ונתקן כל מה שהיה צורך
להעשות מהם, כל חלקי פרצופי ארבע עולמות אבי"ע כנזכר לעיל, וכמו שנתבאר לקמן בע"ה, **אז נברא אדם
הראשון ממחצב הנשמות** להעלות מ"ן מבירורי ו"ק דזו"ן, וכל שארית הבירורים על ידי מעשיו ומצוותיו
ותפלותיו.
115

שער ההקדמות, דרוש בבטול האחוריים של או"א ד"כ ע"ג – והנה בענין הקדמה זו יתבאר לך, ותבין
ותשכיל את אשר יתבאר מכאן והלאה בענין נפילת אחוריים דכלים דאו"א. והענין הוא דע כי בחינת אלו
החסדים והגבורות המגדילים אחוריים דזו"ן, הוא ענין בחינת האחוריים של
או"א שנפלו כנזכר לעיל. ולכן אל תתמה אם פעם אחת נקרא לבחינה זאת פנים, ופעם אחת נקרא אחור. והוא
על אלו חסדים וגבורות עם הבחינה שהגדילו באחוריים, הכל נפל למטה, והוא על בחינת החסדים והגבורות
שלוקחים או"א מן א"א, כדי שיחזרו פנים בפנים כנודע. כי גם באו"א היתה בהם בחינת עמידתם אחור באחור
כמו שיתבאר.
116

כרם שלמה ש"ח פ"ו אות ה' – מה שכתב הוא על בחינת חו"ג המגדילים האחוריים וכו', ר"ל הואיל
והקדמנו לך כי האחוריים הם נבנים ומשתלמים על ידי החסדים וגבורות של העליון מהם, והוא כי כבר ביארנו
אותם על זו"ן, ומזה תבין לאו"א, שאחוריים שלהם הם כן נבנים על ידי החסדים והגבורות של הכתר,
שלמעלה מהם. ואלו החסדים וגבורות שמגדילי האחוריים שלהם, הם נפלו למטה.
117

כך הגרסה באוצרות חיים.
118

מבוא שערים ש"ב ח"ב פ"ד ד"ז ע"א – והנה בהיות או"א, טרם יציאת המלכים האלה מבטן המלאה, כבר
היו אפין באפין, ובשלמו אחוריהם על ידי המוחין שבהם, החסדים והגבורות שנמשכו בהם **מזווג הכתר מיניה
וביה**, כנזכר לעיל פ"ו מחלק א'. כי פעם הראשונה חזרו או"א פנים בפנים, שלא על ידי מעשה התחתונים,
ובלי מיין נוקבין. ואז ניתנו באימא שבעה מלכין, והיו בה זו אחר כך בסוד מיין נוקבין, להעמיד או"א על עומדם,
באותם המוחין ופנים בפנים. אמנם אחר הפעם הראשונה, אי אפשר לשום זווג פנים בפנים, רק על ידי העלאת
מיין נוקבין, ולכן אם כאשר יצאו שבעה המלכים היו קיימים, ולא היו מתים, היו מעלין תמיד מיין נוקבין
בבינה, כי הבנים הם הם המעלים תמיד המיין נוקבין, והיו מעמידין תמיד את או"א קיימים פנים בפנים
במוחיתיהם. אמנם במות אלו המלכים, חסר בחינת מיין נוקבין באימא, ולכן לא נתקיימו המוחין באו"א,
הגורם להם בחינת פנים בפנים כנזכר לעיל. **ואז אותה הבחינה של החסדים והגבורות של או"א המגדלת
אחוריהם, ירדה גם היא למטה, וחזרו או"א אחור באחור**, נמצא כי האחוריים שנפלו מאו"א, הם בחינת
החסדים והגבורות שהיו בהם, אשר השלימו אחוריהם כנזכר לעיל, וירדו החסדים והגבורות, וגם בחינת חצי
האחוריים שלהם, שגדלו על ידי החסדים והגבורות הנזכר. והנה להיותם או"א חסרים אור האזן, הגדול מן
שאר האורות חוטם ופה, ולכן גם חסרונם היה גדול, שהם החסדים וגבורות, שהם הבחינה המחזרתם פנים
בפנים.
119

בְּזִיוּנָה זו של או"א שנפלו פַּעַם פָּנִים בְּפָנִים, וּפַעַם אָחוֹר בְּאָחוֹר, וְהוּא[120] עַל בְּזִיוֹנַת הַחֲסָדִים וּגְבוּרוֹת שלוקחים או"א אֵלּוּ (צריך לגרוס[121] שֶׁהֵם הַבְּזִיוֹנוֹת שֶׁהִגְדִּילוּ הָאֲחוֹרַיִים, וְכָל זֶה נָפַל לְמַטָּה באצילות) וְהוּא (צריך לגרוס עַל) בְּזִיוֹנַת חֲסָדִים וּגְבוּרוֹת שֶׁלּוֹקְחִים או"א מִן הַכֶּתֶר, שֶׁהוּא א"א שהזדווג מיניה ביה כְּדֵי לְהַחֲזִירָם פָּנִים בְּפָנִים, וזאת כדי שהבינה תתעבר בשבעה המלכים, ולכן אם כאשר יצאו שבעה המלכים היו קיימים, ולא היו מתים, היו מעלין תמיד מ"ן לבינה, כי הבנים הם הם המעלים תמיד המ"ן, והיו מעמידין תמיד את או"א קיימים פנים בפנים במוחותיהם, ובגלל[122] שלא לקחו השבעה תחתונים מאור האוזן כנזכר לעיל, רק מאורות החוטם פה משבולת הזקן ולמטה, לא נתקיימו שבעת המלכים, ומתו ונשברו, וגרמו כִּי[123] גַּם בָּאוּ"א הָיָה בָּהֶם בְּזִיוֹנַת אָחוֹר בְּאָחוֹר בשלב[124] מסיים כמו בזו"ן כְּמוֹ שֶׁנִּתְבָּאֵר בע"ה בשער השבירה.

כרם שלמה ש"ח פ"ו אות ה' – ור"ל כי אמת הוא כי בחינת האחוריים לגבי או"א, והם באו להם מן הכתר כמו שסיים אחר כך, אבל עושים בחינת פנים בפנים לצורך הזו"ן כנודע, כי אחוריים של מעלה הם בחינת פנים בפנים למטה, ופשוט. וזהו שסיים שם **ולכן אל תתמה** אם פעם נקרא בחינה זאת פנים ופעם נקרא פנים אחור, והוא על אלו החסדים והגבורות שלוקחים או"א מן א"א, כדי שיחזרו פנים בפנים, כנודע כי גם באו"א היתה בהם עמידתם בחינת אחור באחור כמו שנבאר.
120

בית לחם יהודה ש"ח פ"ו דכ"ו ע"א – והוא על בחינת החו"ג אלו עם הבחינה שהגדלו האחוריים כל זה נפל למטה והיא בחינת החו"ג שלוקחים או"א וכו'. כך צריך לגרוס, כן הוא במבוא שערים דף ז' ע"ב)אש"ל(. ור"ל כי כותל האחד שהיו או"א משתמשין בו תחלה, זה לא נפל כלל, רק מה שנתוסף חצי כותל לאבא, וחצי כותל לאימא, על ידי החו"ג. הנה תוספת הנזכר שהגדלו האחוריים, וכן בחינת המגדלים שהם החו"ג כל זה נפל למטה באצילות עצמה, במקום עמידת השבעה מלכים.
121

איפה שלימה, שער הנקודים פ"ו ד"ט ע"א)ד(– עם הבחינות שהגדילו האחוריים וכו'. וכן הוא במבוא שערים ש"ב ח"ב פ"ד דף ז' ע"ב, יעו"ש.
122

ע"ח ש"ח פ"ב מ"ת דל"ו ע"ג – אבל שבעה תחתונות אינן לוקחין רק מב' אורות לבד, **שהם חוטם ופה משבולת ולמטה** עד הטבור, כי אור אזן העליונה כבר נגמרה ונסתמה בשבולת הזקן, ולכן גדולה היא הארה ג' נקודות עליונים מן השבעה תחתונות. ולסבה זו ג' מלכים הראשונים לא מתו, לפי שיש להם הארה גדולה והכלי שלהם מעולה מאד, לפי שנעשה מבחינת אזן העליונה ומהחוטם ופה, כי בהסתכלות העין באורות האזן חוטם פה נעשו הכלים שלהם כנזכר לעיל, כי לקחו כליהם ממקום שעדיין אורות האזן שהם בחינת נשמה נמשכים שם, שהוא עד שבולת הזקן כנזכר לעיל. אמנם השבעה מלכים מתו, **לפי שכליהם נעשו מהסתכלות עין בחוטם פה לבד, והיה חסר מהם אור האזן העליונה.**
123

בית לחם יהודה ש"ח פ"ו דכ"ו ע"ב – כי גם באו"א היה בהם בחינת אחור באחור. אבל לא היה זה מפחד הקליפות, כי עדיין לא נשברו הכלים כדי שיתהוו מהם הקליפות, אלא מפני שאימא לא יכלה לקבל אור אבא, כמבואר בפרק א' דשער ט'.
124

ע"ח ש"ט פ"א מ"ת ד"מ ע"א – ונחזור אל הכוונה ונאמר, כי הלא או"א היו מתחלה פנים בפנים, לפי שנעשה להם מוחין מהכתר כנזכר לעיל. אמנם מ"ן שלהם הגורם להם העמדה וקיום הבחינת דפנים בפנים היו מציאת שבעה מלכים אלו אשר היו במעי בינה, ואלו היו מ"ן דילה, כי כן הוא תמיד שהבנים הם מ"ן דאמא. ובעוד שאלו השבעה מלכים היו תוך הבינה, היו מעלין מ"ן וגורמין זווג לאו"א, ונמשכו להם מוחין, והוחזרו או"א פנים בפנים, ונזדווגו יחד כדי להוציא שבעה מלכים אלו. ובעת צאת המלכים אלו, אם לא מתו אלא שהיו קיימים, היו מעמידין לאו"א פנים בפנים אפילו שיצאו למטה, והיו מועילין למ"ן שלהם. אמנם יען שנשברו

45

וכבר[125] **ידעת**[126] **כי הטפה** של החסדים והגבורות יש ב' תפקידים, אחת **המצ'יירת את הולד**
במעי[127] אימא, ואימא[128] היא הוי"ה בנקוד ציירי, כמו שרמזו חז"ל[129] אין ציור כאלהינ"ו, **ו**הבחינה השניה היא
מגדילת אתו, היא משלימה את הכלים דיליה, כי[130] שלשה שותפים באדם, הקדוש ברוך הוא נותן נשמה בוולד, אבא
נותן את בחינת הלובן, ואימא את בחינת האודם, **והוא הבחזינה זו (נ"א זהו הזזו"ג)** של **הזוסדים**
וגבורות שהם בחינת הלובן והאודם, **ואלו הם סוד** כ"ב **האותיות שמהם נוצר הולד,**
ועוד[131] הכללי הוא **כי האותיות תמיד לעולם הם בבזינת הכלים כנודע** בין[132]

ומתו, **לכן גם או"א האחוריים שלהם המעמדת אותם פנים בפנים ירדו למטה, ואז חזרו להם אחור**
באחור, כי כבר אין להם מי שיעלה להם מ"ן ומקיים חזרתן פנים בפנים. והנה פשוט הוא שלא נגמרו אחוריים
דאו"א לירד עד כלות שבירת שבעה כלים.
125

כרם שלמה ש"ח פ"ו אות ה' – ומה שכתב וכבר ידעת כו'. כי הוקשה לו, והלא אמרנו במקום אחר כי החו"ג
הם יורדים לצייר צורת הולד ולהמציאו בעולם, ואיך אנחנו אומרים כאן שהם משלימים את הכלים, שהם
אחוריים דאו"א. ולזה אמר כי יש בהם ב' בחינות. בחינה אחת היא המציירת את הולד ומגדילו, ועוד שהיא
המשלמת את הכלים דאו"א.
126

בית לחם יהודה ש"ח פ"ו דכ"ו ע"ב – וכבר ידעת כי הטיפה המציירת את הילד ומגדיל. ב' דברים עושה
הטיפה, שבהיותו במעי אמו, היא מציירת אותו, כמבואר בריש פרק ג' דטנת"א, וגם מגדלת אותו, כי החו"ג הם
בחינת המים המגדלין את האילן, כמבואר בפרק ד' ובפרק ה' דשער ל"ה בדרוש אטב"ח.
127

ע"ח ש"ה פ"ג מ"ב דכ"ב ע"ב – על ידי אימא עלאה הנקרא חותם, שהוא יסוד שבה הנקרא חותם כנודע,
כי שם נחתמים **ונצטיירין כל הציורין.**
128

ע"ח ח"ב שמ"ב פי"ב מ"ב דצ"א ע"ג – ונודע הטעם כי אבא נקרא מחשבה, ואין בו שום תפיסה, **אבל**
בינה היא נוקבא ונקרא ציירי, כי בה כח ציור לצייר הכלים, והיא יותר גשמית מהחיה, לכן נקרא בינה לשון
בנין, **והבן זה.**
129

גמרא ברכות ד"י ע"א – יהושע בן לוי אמר ליה מאי דכתיב ברכי נפשי את הוי"ה וכל קרבי את שם קדשו,
אמר ליה בא וראה שלא כמדת הקדוש ברוך הוא מדת בשר ודם, מדת בשר ודם צר צורה על גבי הכותל, ואינו
יכול להטיל בה רוח ונשמה קרבים ובני מעים. והקדוש ברוך הוא אינו כן, צר צורה בתוך צורה, ומטיל בה רוח
ונשמה קרבים ובני מעים, והיינו דאמרה חנה אין קדוש כהוי"ה כי אין בלתך, ואין צור כאלהינ"ו. **מאי אין**
צור כאלהינ"ו, אין צייר כאלהינ"ו.
130

גמרא נידה דל"א ע"א – תנו רבנן שלשה שותפין יש באדם, הקדוש ברוך הוא, ואביו ואמו. **אביו מזריע**
הלובן שממנו עצמות, וגידים, וצפרנים, ומוח שבראשו, ולובן שבעין. **אמו מזרעת אודם** שממנו עור, ובשר,
ושערות, ושחור שבעין. והקדוש ברוך הוא נותן בו רוח, ונשמה, וקלסתר פנים, וראיית העין, ושמיעת האוזן,
ודבור פה, והלוך רגלים, ובינה, והשכל. וכיון שהגיע זמנו להפטר מן העולם, הקדוש ברוך הוא נוטל חלקו,
וחלק אביו ואמו מניח לפניהם.
131

כלל – כי האותיות תמיד לעולם הם בחינת הכלים.
132

כרם שלמה ש"ח פ"ו אות ה' – לזה אמר כי באותיות תמיד לעולם הם בחינת הכלים כנודע. ר"ל בין
בבחינת הפנים ובין בבחינת האחוריים, הם נעשים מן האותיות.

לבחינת הפנים ובין לבחינת האחוריים. **ואלו**[133] החסדים והגבורות שניתנו מהפרצוף העליון **נעשים כלים לאו"א בסוד האזוריים** כנזכר שהם בחינת חצי האחוריים שנוספו באו"א. **ואלו**[134] **הם שיירדו למטה**[135] עם שארית הזוסדים והגבורות (נ"א האורות הזו"ג) **היורדין לצייר**[136] את **הכלים של הולד, שהם שבעה מלכים דבחינת זו"ן.**[137] **והנה**[138] כל אלו הם בבחינת כ"ב **אותיות התורה**, שמהם נבנו הכלים של האחור ופנים דאו"א וזו"ן בכללות. **צריך לדעת**[139] כי בפרטות כל פרצוף ופרצוף הוא נבנה מכ"ב אותיות, **ושבעה**[140][141] אותיות **מהם**

133
בית לחם יהודה ש"ח פ"ו דכ"ו ע"ב – ואלו נעשים כלים לאו"א. שהם בחינת חצי האחוריים שנתוספו באו"א.

134
בית לחם יהודה ש"ח פ"ו דכ"ו ע"ב – ואלו הם שירדו למטה עם שארית החו"ג היורדים לצייר את הכלים של הולד שהם שבעה מלכים. מה שכתב שירדו למטה עם שארית החו"ג וכו', אינו ר"ל שירדו למטה לבי"ע, אלא כל אחד כדינו, כי אחורי או"א וחו"ג שלהם נפלו באצילות, ופנים ואחור דשבעה מלכים עם חו"ג שלהם נפלו בבי"ע.

135
איפה שלימה, שער הנקודים פ"ו ד"ט ע"א)ה(– עם שארית החו"ג היורדים לצייר את הכלים וכו'. הנה הכלים של הולד של זו"ן דנקודים הם נעשו קודם שנכנסו האורות, אפילו בכלים של הכח"ב, ואחר שנכנסו גם האורות בתוך השבעה מלכים, אז המשיכו חו"ג בתוך או"א. ואם כן איך אומר ששארית החו"ג הם יורדים לצייר את הכלים של הילד, שהם השבעה מלכים דבחינת זו"ן. אלא דוגמת התיקון עולם נקט הכא, עם שאינו שייך הכא.

136
בית לחם יהודה ש"ח פ"ו דכ"ו ע"ב – לצייר את הכלים של הולד. ציור זה הוא הגדלת הכלים, שהרי בחינת הכלים דשבעה מלכים הם נעשו מקמי ביאת האורות. והכוונה על אותיות שעטנ"ז ג"ץ המגדלין פנים ואחור דשבעה מלכים, כמבואר בסמוך.)עיין אש"ל(.

137
טעמי המצות למהרח"ו, האזינו דק"ט ע"א – מורי זללה"ה צוה להר"מ רומי שיעשה לו ספר תורה אחת כשאר ספרי תורה שבמדינה, על פי פתוחות וסתומות של הרמב"ם ז"ל, ולא היה חושש על הפתוחות וסתומות של אותן המחמירין המשנים אותם. גם צוה שיניח לו מקום כל שמות הויו"ת חלק לפי שהוא ז"ל היה רוצה לכתוב אותם בידו, בתענית ובטבילה ובכוונות שנתבארו בשער התפלין. **ובענין ציור התגין שעטנ"ז ג"ץ בד"ק חי"ה היה מחמיר מאוד**. וסוד התגין על האותיות אלו דוקא נתבאר אצלינו בשער טנת"א, ובשער הנקודים.

138
כרם שלמה ש"ח פ"ו אות ו' – מה שכתב כל אלו כ"ב אותיות התורה וכו', ר"ל כי הואיל ואמרנו שבין הכלים דאו"א ובין הכלים דזו"ן הם בחינת אותיות, שהם הטיפה של החו"ג, לכן צריך להודיעך כי חיבור כל אלו האותיות שהיא חו"ג שמהם נבנו הכלים דאחוריים דאו"א ודפנים שלהם, ודאחוריים ודפנים דזו"ן, וחיבור כללותם הם כ"ב אותיות.

139
ע"ח ש"ה פ"ז מ"ב דכ"ד ע"א – והנה נודע מן הכתוב לעיל כי **אמ"ש** הם ג"ר, שהם יסודות אל שבעה תחתונות. **ובג"ד כפר"ת** הם שבעה תחתונות, יען שיש בהם דין ורחמים. שהם אור ישר ואור חוזר, שהם בחינת עצמן רחמים. ובחינת מלכות שבכל אחד ואחד הוא דין, לכן הם כפולות, **וי"ב** פשוטות הם ספירת תפארת לבד, שהוא אחד משבעת כפולות עצמן, נחלקת לי"ב חלקים שהם י"ב פשוטות.... הכלל העולה כי עשר ספירות יש בהם עשר אותיות, אות אחת בכל ספירה, על סדר זה, והם עשר אותיות הנזכר **אמ"ש, בג"ד**

מתוך כ"ב האותיות **הֵם כֵּלִים לְשִׁבְעָה מְלָכִים** שהם זו"ן, וט"ו( )חֲמִשָּׁה עֶשֶׂר אותיות **מֵהֶם הֵם כֵּלִים לָאו"א** וכנזכר לעיל, והסיבה היא **כִּי**[142] **יוֹתֵר גְּדוֹלִים הֵם או"א מִכָּל זו"ן**[143] והוא מפני שאו"א הם פרצופים שלמים כל אחד בין עשר ספירות, וזו"ן הם שבעה נקודות של ב' ספירות, ששה

כֶּפֶר"ת, א' הוא כתר, שהוא אחד, והוא אות א' מן אל"ף בי"ת, ות' במלכות שהיא אחרונה, וכן ת' היא אחרונה בא"ב. נמצא כי ד' שהוא בתפארת, ובתפארת זה יש בו י"ב אותיות פשוטות, שהם בחינת ז' אותיות בג"ד כפ"רת כפולות, ועתה הם י"ב פשוטות.
140

איפה שלימה, שער הנקודים פ"ו ד"ט ע"א)ו(– ושבעה אותיות מהם הם שבעה כלים לזו"ן וכו'. עיין להרב אמת ליעקב דף ב' אות מ"ט, שהקשה מפרק ז' דשער תנ"א, ששם מחלק רז"ל הכ"ב אותיות באופן אחר, יעו"ש. ויש לומר כי הנה בכל פרצוף יש בו כ"ב אותיות, ושם בשער תנ"א מדבר בפרטות פרצוף אחד, שהכ"ב אותיות שבו בעצמו מתחלקים באופן ההוא שזכר שם הרב ז"ל, והכא מדבר בכללות או"א וזו"ן שמחלק את הכ"ב אותיות ביניהם בין כולם, ואז או"א יקחו לחלקם ט"ו אותיות, שהם אוכ"ל מספר ט"ו ובד חי"ה, וזו"ן לוקחים אותיות שעטנ"ז ג"ץ.
141

בית לחם יהודה ש"ח פ"ו דכ"ו ע"ב – ושבעה מהם הם כלים לשבעה מלכים וט"ו מהם הם כלים לאו"א. כי טיפת החו"ג היא בחינת המוחין הנמשכין מכתר לאו"א, לצורך הגדלת הכלים דאו"א, וגם לצורך הגדלת הכלים דפנים ואחור דשבעה מלכים. ואותה טיפת החו"ג הנמשכת מהכתר היא כוללת כ"ב אותיות, ושבעה מהם הם לצורך הגדלת הכלים דפנים ואחור דשבעה מלכים, וט"ו מהם הם לצורך הגדלת הכלים דפנים ואחור דאו"א, וכמבואר בסוף פרק ג' דשער תנ"א, יעו"ש.
142

כרם שלמה ש"ח פ"ו אות ו' – ואל יקשה לך אם זו"ן שהם שבעה ספירות בין שניהם לקחו שבעה אותיות דווקא, ואו"א שהם שתי ספירות לקחו ט"ו אותיות, לזה אמר **כי יותר גדולים הם או"א מכל זו"ן**. ור"ל כי או"א כל אחד יש לו עשר ספירות שלמים, אבל הזו"ן אינם כי אם **שבעה נקודות דשתי ספירות דווקא**, כנודע משער המלכים, ולכן או"א הואיל והם כל כך גדולים, לכן נטלו ט"ו אותיות.
143

ע"ח שי"א פ"ה מ"ת דנ"א ע"ד – הקדמה כוללת ענין אלו המלכים כולם, הכוללים כל עולם אצילות, ונתחיל מן המאוחר אל המוקדם, ונאמר כי נודע כי שעולם אצילות הנזכר בכל ספר הזוהר הנה הוא נעשה מבחינת אותם העשרה נקודות היוצאין מנקבי עינים של א"ק, הנזכר בדף הנזכר לעיל באורך, ותחלה יצאו בלתי תיקון, ואחר כך נתקנו באופן זה שנתבאר בקיצור. **והוא כי הנקודה א' שנקרא כתר**, נתקנה עתה והיתה בג' בחינות, שהם ג' רישין, דא לעילא מן דא, הנזכר בתחלת אדרא זוטא, והם כתר נחלק לב' רישין, והם עתיק יומין וא"א, תחתיו אשר גם הוא מכלל כתר וא"א זה הנקרא כתר, יש בו בתוכו רישא תליתאי, שהוא מוחא סתימאה שבו, הנקרא חכמה, כמבואר ענינים באורך בדרוש עתיק לקמן. וג' אלו נתלבשו זה תוך זה. ואחר כך מן **הנקודה הב' והג' חו"ב, נעשו עתה ב' פרצופים הנקרא או"א**, וגם הם מלבישים עתה את חג"ת דא"א כנזכר שם. ואחר כך מן **השׁשה נקודות שהם ד' ה' ו' ז' ח' ט' הנקרא חג"ת נה"י נעשה עתה פרצוף אחד הנקרא ז"א**. ואחר כך מן **הנקודה עשירית הנקרא מלכות, נעשה פרצוף אחד הנקרא נוקבא דז"א**.

מבוא שערים ש"ב ח"ב פ"א ד"ה ע"א – ותחילה צריך שנבאר הקדמה אחת גדולה, כוללת רוב מאמרי הזהר, וסיימנוה בהקדמת מבוא שערים. הלא היא העשרה ספירות דאצילות, עם שהם עשרה, אינן נחלקים רק לחמשה פרצופין, כי הכתר פרצוף קומת אדם שלם. וכן החכמה, פרצוף זכר אחד. וכן הבינה, פרצוף נקבה אחד. ומחסד עד יסוד, פרצוף זכר אחד. והמלכות פרצוף נקבה אחת. הרי הם חמשה פרצופים. ואלו החמשה הם סוד הוי"ה אחת. הכוללת כל העשרה ספירות דאצילות. קוץ היו"ד, בכתר. והיו"ד עצמה חכמה. וההה"א בינה, והששה הם ששה קצוות, מהחסד עד יסוד. וה' אחרונה מלכות. אמנם בהצטרף אלו החמשה פרצופים בכללות, יהיה מהם פרצוף אחד לבד, כי כ"ח הם ראש האצילות, והשבעה תחתונות גוף האצילות.

נקודות דז"א ונקודה אחת דמלכות, וכן[144] הוא לפי דרוש הדעת[145], [146]**וסימן**[147] **לאותיות**[148] **או"א הם י"ה, כי או"א הם גם כן סוד** שם י"ה שבשם הוי"ה **כנודע,** והוא שאבא הוא אות י' שבשם הוי"ה, ואימא היא אות ה' הראשונה שבשם הוי"ה. **ואותיות ז"א** והמלכות **הם שעטנ"ז ג"ץ** מתייגים כל אות ואות בג' תגין, **והט"ו אותיות הנשארים הם**[149] **דאו"א,** והם מתחלקים בדרך זאת, **ששה מהם הם אזווריים דאו"א, שהם בד"ק חזי"ה** אותיות שמתייגים תג אחד על כל אות ואות,

---

¹⁴⁴
נהר שלום, דרוש הדעת ד"מ ע"ד – דע כי אף על פי שהוזכר תמיד היותם עשר ספירות, אינם רק חמשה ספירות, וכל ספירה הוא פרצוף אחד וכולל עשר מדות, והם א"א, ואו"א, וזו"ן. וזה פרטם, כי ספירת הכתר כוללת עשר מדות, ונקראת **א"א.** וספירת החכמה כוללות עשר מדות, ונקראת **אבא.** וספירת בינה כוללת עשר מדות, ונקרא **אימא.** וספירת הדעת דחסדים כוללת עשר מדות, ונקרא **זעיר,** אך כשנאצל לא היו בו רק שש מדות, חג"ת נה"י שבדעת, והם הם החג"ת נה"י הנקרא אצלינו מכלל העשרה ספירות, אבל אינו רק מדות ולא ספירות כמו הג' ספירות הראשונים. וספירת הדעת דגבורה כוללת עשר מדות, ונקרא **נוקבא דזעיר,** אך כשנאצלה לא היה בה רק מדה אחת לבד העשירית, והיא מלכות שבדעת הנזכר, והיא היא המלכות הנקראת אצלינו מכלל העשרה ספירות, אבל אינה רק מדה אחת, ולא ספירה. ואלו החמשה פרצופים נרמזו בשם ההוי"ה, בקוצו של יו"ד ובארבעה אותיותיו, ולפי שהכתר אינו מכלל העשרה ספירות, והושם ספירת הדעת במקומו, לכן נרמז בקוץ היו"ד ולא באות ממש. ונמצא כי עיקר הפרצופים הם ארבעה, או"א וזו"ן, והם ארבעה אותיות ההוי"ה, והם נכללות בשלשה ספירות בלבד, שהם חב"ד, ודעת כלול מב' עיטרין. וזה סוד פסוק - הוי"ה בחכמה יסד ארץ, כונן שמים בתבונה, בדעתו תהומות נבקעו.

¹⁴⁵
תרשים ו – י"ב.

¹⁴⁶
מבוא שערים ש"ב ח"ב פ"ז ד"ט ע"ד – ונבאר ענין האותיות שהם הכלים, כנזכר לעיל ש"א ח"א פ"א, והם הם החסדים והגבורות שנמשכין בטיפת הזכר להוליד את הולד, להיותו נוצר על ידיהם ציור איבריו, והם הם הכ"ב אותיות, ואלו הכ"ב אותיות הם בחינת כלים דאו"א וזו"ן, כי החסדים והגבורות הם הכ"ב אותיות, ונכנסים באו"א, ומהם מצטיירים הכלים דאו"א פנים ואחור, ומשארית החסדים שהם שאר האותיות, נוצרים הכלים דזו"ן. וזה פרטן, תשעה אותיות אוכ"ל מספר"ת הם הכלים של פנים לאו"א. ושש אותיות בד"ק חי"ה, הם הכלים דאחורייים דאו"א, הנזכר בזוהר בכתיבת יד, שמתייגים עליהם תג אחד בכל אות מהם. ושבעה אותיות הנשארים, הם שעטנ"ז ג"ץ, הם כלים דזו"ן, שבעה המלכים. אך אותיות או"א האחורייים הם ט"ו, כמנין י"ה שהם או"א, י"ה משם ההוי"ה. ולהיות או"א גדולים כפלים מן הזו"ן, לכן הוצרכו לקחת אותיות כפלים יותר ממה שלקחו זו"ן. והנה באותיות אוכ"ל מספר"ת, שהם פנים דאו"א, אין בהם שום תג עליהם, יען נשארו האורות בתוכם. אכן ששה אותיות בד"ק חי"ה שהם אחורייים דאו"א, מתייגים על כל אחד מהם תג אחד, להורות כי נפלו כלי האחורייים, וחסר מהם אור האזן העליונה דא"ק, אשר לכן נפלו, כנזכר לעיל בפרק ד'. ואותו האור חופף עליהם אחר נפילתם.

¹⁴⁷
כרם שלמה ש"ח פ"ו אות ו' – ומה שכתב וסימן לאותיות דאו"א הם י"ה, ר"ל ומספר האותיות האלו דאו"א שהם ט"ו, הם כמנין י"ה, ושפיר לקחו י"ה אותיות, מפני שהם ב' אותיות **י"ה** שבשם הוי"ה כנודע, כי אבא הוא אות **י',** ואימא היא אות **ה'.**

¹⁴⁸
הגהות וביאורים)ז(– עיין בשער תנת"א פרק ג' שגם בששה תחתונות דאו"א, בינה דאבא ובינה דאימא, אבל חכמה דאבא וחכמה דאימא הם נקודות, והוא פתח, ושם לא היה ביטול. ועיין לעיל בפרק א' מ"ק ד"ה יש כאן קושיא.

¹⁴⁹
הגהות וביאורים)ח(– עיין לעיל בשער תנת"א בהתחלת פרק ז', וצריך עיון)אמת ליעקב(.

וכנזכר בתקונים[150] ובזהר, ושאר **אותיות** שלא מתייגים שום תג **הם אוכ"ל**[151] **מספר"ת**[152] או לפעמים נקראים גם מלאכ"ת[153] סופ"ר, **הם פנים דאו"א**, והטעם שבחר כאן הרב ז"ל להשתמש בתיבות אוכ"ל מספר"ת, כי תיבות אלו בלשון[154] החכמים הם לשון[155] זיווג. **וזהו**[156] **הטעם של**

150

תיקוני זהר חדש דק"מ ע"ב תרגום וביאור – **ואיהו ספר תורה** וזהו סוד ספר תורה, **צדיק איהו ספר** צדיק הוא סוד הספר ביסוד, **תורה עמודא דאמצעיתא** והתורה הוא העמוד האמצעי, סוד התפארת, ר"ל שהיסוד הוא הספר של התפארת שהוא סוד התורה. **ואתמר** למדנו כי **צדיקים יושבים ועטרותיהם בראשיהם**, היינו **אלין** אלו **תגין דספר תורה, דאבון** שהם על האותיות **בד"ק חי"ה** צריך לעשות להם תג אחד על כל אות, ואותיות **שעטנ"ז ג"ץ** צריך לעשות להם שלשה תגין על כל אות. **ואמרו מארי מתניתין** חכמי המשנה, **אלין תגין אינון זייניין** אלו התגין הם כעין אות ז' שביסוד, ואות ז' בנויה מאות ו' ועליה כעין אות י', שהוא סוד העטרה שביסוד, לכן אמרו צדיקים שהם ביסוד עטרותיהם בראשיהם, **כאדם שאוחז כלי זיין בידה** כאדם האוחז כלי נשק בידיו, **ומניע ליה לימינה ולשמאלה ולקמיה** ומניף אותו לימין ושמאל ובאמצע.

151

בית לחם יהודה ש"ח פ"ו דכ"ו ע"ב – אוכ"ל מספר"ת הם פנים דאו"א. יש עושים סימן אחר, והוא **מלאכ"ת סופ"ר**, ורז"ל בחר בסימן זה לפי שהוא לשון זווג, כמו אכלה ומחתה פיה, וכמשנה ואוכלת עמו משבת לשבת. גם מספרת היא לשון זיווג, כמו ואשה מספרת עם בעלה. וכן אמרינן על אימא שלום דביתהו דרבי אליעזר, וכשהוא מספר עמי אינו מספר עמי לא בתחילת הלילה. ונמצא לפי זה שבחינת חו"ג הנזכרים לא גרמו להגדלת האחוריים דאו"א בלבד, שהם **בד"ק חי"ה**, אלא הגדילו גם בחינת הפנים דאו"א, שהם אוכ"ל מספר"ת, שהרי אותם החו"ג הם כוללים כ"ב אותיות. ותדע שכן הוא, שהרי השעטנ"ז ג"ץ הגדילו הפנים ואחור דזו"ן, אם כן כמו שמגדילין האחוריים, כן הם מגדילין הפנים, כי החו"ג הם בחינת המים המגדילין את האילן, באין הפרש לפנים ואחור. רק השינוים היה בבחינת השבירה, כי באו"א לא נפלו כי אם בחינת האחוריים, עם חלקי החו"ג שבהם. ובזו"ן נפלו הפנים ואחור כולם.

152

הגהות וביאורים (ט) – נ"ב, ובספר הפליאה יש סימן אחר, והוא מלאכת סופר.

153

שולחן ערוך לאר"י ז"ל, נפילת אפים, סימן ד' ד"כ ע"ב – תגין ואותיות, הנה כ"ב אותיות התורה הם בחינת כלים, מהם שהם שעטנ"ז ג"ץ שהם כלים של זו"ן, והם שבע מלכים. והט"ו אותיות הם כלים של או"א, שהם י"ה גימטריא ט"ו, ומאלו ט"ו השׁשׁה הם בד"ק חי"ה, והם בחינת אחוריים דאו"א, ותשעה שהם אוכ"ל מספר"ת או **מלאכת סופ"ר** הם פנים דא"א.

154

גמרא ברכות ד"ג ע"א – תניא רבי אליעזר אומר, שלוש משמרות הוי הלילה, ועל כל משמר ומשמר יושב הקדוש ברוך הוא ושואג כארי, שנאמר, הו"ה ממרום ישאג וממעון קדשו יתן קולו, שאוג ישאג על נוהו. וסימן לדבר משמרה ראשונה חמור נוער, שניה, כלבים צועקים, שלישית, תינוק יונק משדי אמו, **ואשה מספרת עם בעלה.**

גמרא פסחים דפ"ו ע"א – שתי חבורות שהיו אוכלין בבית אחד, אלו הופכין את פניהם הילך, ואוכלין ואלו הופכין את פניהם הילך, ואוכלין והמיחם באמצע, כשהשמש עומד למזוג קופץ את פיו ומחזיר את פניו עד שמגיע אצל חבורתו ואוכל, והכלה **הופכת את פניה ואוכלת.**

גמרא כתובות ט"ז א' – ראוה **מדברת עם אחד**, ואמרו לה מה טיבו של איש זה, איש פלוני וכהן הוא, רבן גמליאל ורבי אליעזר אומרים נאמנת, רבי יהושע אומר לא מפיה אנו חיין, התם מאי מגו איכא הניחא לזעירי דאמר, **מאי מדברת נסתרה.**

גמרא נדרים ד"כ ע"א – שאלו את אימא שלום, מפני מה בנייך יפיפין ביותר, אמרה להן **אינו מספר עמי, לא בתחילת הלילה ולא בסוף הלילה, אלא בחצות הלילה. וכשהוא מספר,** מגלה טפח ומכסה טפח, ודומה עליו כמי שכפאו שד. ואמרתי לו מה טעם, ואמר לי כדי שלא אתן את עיניי באשה אחרת, ונמצאו בניו באין לידי ממזרות.

אלו אותיות של[157] שעטנ"ז ג"ץ צריכין ג' זיינין ותגין על כל אזזד מהם כי[158]

היו חסרים להם כל ג' אורות האח"פ משבולת הזקן ולמעלה, וקבלו רק אורות החוטם והפה למטה משבולת הזקן,

ואמנם[159] באותיות בד"ק חי"ה צריכה תג אזזד זאת[160] כי או"א קבלו רק מאורות החוטם פה

במקום שבולת הזקן, וקצת[161] הארה מאור האוזן, **על כל אזזד מהם** לכן נתבטלו האחוריים שלהם[162].

גמרא כתובות דס"ה ע"ב – מאי אוכלת, רב נחמן אמר אוכלת ממש, רב אשי אמר **תשמיש**. תנן אוכלת עמו לילי שבת, בשלמא למן דאמר אכילה, היינו דקתני אוכלת, אלא למאן דאמר תשמיש מאי אוכלת, **לישנא מעליא** כדכתיב **אכלה ומחתה פיה ואמרה לא פעלתי און**.

רמב"ם, ספר המדע, הלכות דעות פ"ה הלכה ד' – אף על פי שאשתו של אדם מותרת לו תמיד, ראוי לו לתלמיד חכם שינהיג עצמו בקדושה, ולא יהא מצוי אצל אשתו כתרנגול, אלא מלילי שבת ללילי שבת, אם יש בו כח וכשהוא **מספר עמה, לא יספר בתחלת הלילה**, כשהוא שבע ובטנו מלא ולא בסוף הלילה כשהוא רעב, אלא באמצע הלילה כשיתעכל המזון שבמעיו, ולא יקל בראשו ביותר, ולא ינבל את פיו בדברי הבאי, ואפילו בינו לבינה, הרי הוא אומר בקבלה - מגיד לאדם מה שיחו, אמרו חכמים אפילו שיחה קלה שבין אדם לאשתו עתיד ליתן עליה את הדין, ולא יהיו שניהם לא שכורים, ולא עצלנים, ולא עצבניים, ולא אחד מהן ולא תהיה ישינה, ולא יאנוס אותה והיא אינה רוצה, אלא ברצון שניהם ובשמחתם, יספר וישחק מעט עמה כדי שתתיישב נפשה, ויבעול בבושה ולא בעזות, ויפרוש מיד.
155

ע"ח שט"ז פ"ד מ"ק דפ"א ע"א – והנה בכאן תבין סוד רז"ל, כל דיבור שיצא מפי הקדוש ברוך הוא נברא מלאך אחד, כי הלא הוא סוד זווג ממש, לכן מצינו לרז"ל שכינו הזווג **בלשון דיבור**, ראוה מדברת בשוק, ולכן מטעם זה נקרא הזווג **בלשון אכילה**, אכלה ומחתה פיה.
156

מבוא שערים ש"ב ח"ב פ"ז ד"ט ע"ד – אמנם שבעה אותיות שעטנ"ז ג"ץ, שהם הכלים של שבעה המלכים זו"ן דמיתו ממש, יען חסד מהם כל ג' אורות דאה"פ בשרשם למעלה משבולת הזקן, כי אם למטה בגופא, כנזכר לעיל בפרק ד', לכן אנו מתייגים על כל אות מהם ג' תגין, להודות העדר ג' אורות מתוך האותיות שהם הכלים, ונשארו עליהם חופפים בסוד ונפשו עליו תאבל.
157

גמרא מנחות דכ"ט ע"ב   אמר רבא שבעה אותיות צריכות שלשה זיונין, ואלו הן **שעטנ"ז ג"ץ**.
שולחן ערוך, אורח חיים סימן ל"ו סעיף ג' – צריך לתייג לתייג **שעטנ"ז ג"ץ**, והסופרים נהגו לתייג אותיות אחרות. ואם לא תייג אפילו שעטנ"ז ג"ץ לא פסל.
158

ע"ח ש"ח פ"ב מ"ת דל"ו ע"ב – אבל שבעה נקודות התחתונים אין לוקחין רק ממה שנמשך מהסתכלות באורות החוטם והפה משבולת הזקן ולמטה, כנודע כי החוטם מגיע עד החזה, והפה עד הטבור, ולא משבולת הזקן ולמעלה. ונמצא כי לפי זה ג' נקודות לוקחין הארה לצורך הכלים שלהם מן ג' האורות שהם אח"פ בשבולות דוקא. אבל שבעה תחתונות אינן לוקחין רק מב' אורות לבד, שהם חוטם ופה משבולת ולמטה, עד הטבור.
159

בית לחם יהודה ש"ח פ"ו דכ"ו ע"ו – ואמנם באותיות בד"ק חי"ה צריכה תג אחד על כל אחד מהם. וטעם לזה וגם למה נשתנו. כך צריך לגרוס, וכך הוא בע"ח כתב יד, ובאוצרות חיים.
160

ע"ח ש"ח פ"ב מ"ת דל"ו ע"ג – והנה או"א אם היו מקבלים אור זה של חוטם ופה של א"ק, בהיותו למעלה קרוב אל מקום נקבי האזן, אף על פי שלא היו מקבלין מאורות האזן עצמה, רק קצת הארה היו מתקיימין האחוריים של כליהם. אבל כיון שאין מקבלין רק מסיום האזן, שהוא מקום שבולת הזקן לכן אף על פי **שלוקחין קצת הארה**, אינו מועיל להם ולכן נשברו האחוריים של כליהם.
161

ואותיות אוכ"ל מספר"ת אין שום תג, **וגַם**[163] **לְמָה נִשְׁתַנוּ אֵלוּ** (צריך לגרוס תשׁעַה) **הָאותיות**

אוכ"ל מספר"ת **מִשְׁאָר אותיות שֶׁאֵין בהם שׁום תגּ**, הטעם הוא משום שהם בחינת הפנים דאו"א,

שלא נתבטלו, וחלילה[164] להוסיף או לחסר מהתגין האלו שבאותיות שעטנ"ז ג"ץ או בד"ק חי"ה.

הגהה זאת היא מספר הדרושים וצריך לכתוב מ"ק בראש הדרוש.

מ"ק[165] **(אבל העָנִין הוא כנזכר למטה כי)** הביטּול דאֲחורי או"א, ושְׁבירת

כֵּלים וּנְפִילתָן דזו"ן לבי"ע **גרם**[166] **אֶל** מציאות **הַקְלִיפות** כי קודם לכן היו הקליפות מובלעים בתוך

הקדושה, ומבוטלים בה, ולא היה נראה כוחם, וכאשר נשברו הכלים דנקודים וירדו לבי"ע, אז נפרדה הקדושה

מהקליפות, והקליפות הראו את כוחם, **וזֶה**[167] **הָיה כדי שֶׁיהיה בזֶירה ורצוֹן** בידי האדם התחתון

לעבוד את המאציל או לא ח"ו, ויבחרו בטוב וימאסו ברע, ולכן **לא יצא הַתיקון מֵעִיקָרא, כי כן**

הוא מוכרז המאציל לתת בחירה בידי האדם התחתון לבחור בין טוב לרע, ושכר ועונש לצדיקים ולרשעים,

---

שער ההקדמות, דרוש בבטול האחוריים של או"א ד"כ ע"ג – אבל אותיות בד"ק חי"ה שהם כלים דאחוריים דאו"א, כאשר נתבאר לעיל, כי או"א לקחו ב' אורות חוטם ופה, **ולא חסר מהם אלא אור האזן בלבד**, ולכן לא ירד מהם רק בחינת האחוריים, כנגד אותו האור האחר של האזן שחסר מהם, לכן אנו מתיגין תג אחד לבדו על כל אות מהם, כי הוא לבדו נסתלק ממנו, עומד תלוי למעלה מן האות, שהוא הכלי.
162

כרם שלמה ש"ח פ"ו אות ז' – ר"ל כי הואיל וידענו עכשיו כי אותיות שעטנ"ז ג"ץ הם האותיות דזו"ן, ואותיות בד"ק חי"ה הם אותיות דאחוריים דאו"א, לכן עכשיו תבין למה אלו צריכים ג' תגין, ואלו תג אחד דווקא.
163

כרם שלמה ש"ח פ"ו אות ז' – ומה שכתב עוד וגם למה נשתנו וכו', כפי גירסתנו שגריס תשעה, הוא חוזר על התשעה אותיות, שהם אוכ"ל מספר"ת, שהם דפנים או"א, **למה אֵלו** התשעה אותיות **נשתנו** משאר הי"ג אותיות שהם בד"ק חי"ה ושעטנ"ז ג"ץ, **שאין בהם שום תג**. פירוש, לאלו התשעה אותיות של פנים דאו"א. אם כן **למה נשתנו** חוזר על התשעה אותיות דפנים דאו"א.
164

נהר שלום דל"ג ע"ג – בענין התגין חלילה להוסיף על שלשה בשעטנ"ז ג"ץ, ואחד בבד"ק חי"ה, ואין עוד מלבדם. **וכל המוסיף גורע**, ומגרעות חס ושלום.
165

הגהות וביאורים)י(– בכתב יד ליתא כל המוקף.
166

כרם שלמה ש"ח פ"ו אות י"ב – ר"ל כי קודם לכן היו הקליפות מובלעים, ומתבטלת הווייתם בתוך הקדושה של המלכים, אבל כאשר נשברו וירדו לעולם הבריאה שם נתראו, והשבירה גרמה להיפרד אלו מאלו, ויצאו הקליפות, ונראו כוחם.
167

כרם שלמה ש"ח פ"ו אות י"ב – ואם תקשה למה הפילם המאציל למטה, ויתפרדו הקליפות מהם, והלא היה יכול להשאירם למעלה כמקודם, לזה אמר **וזה היה כדי שֶׁיהיה בחירה ורצון**, ר"ל כדי שיתהוו הקליפות בעולם ואז יהיה שכר ועונש לצדיקים ולרשעים, ויבחרו בטוב וימאסו ברע, כי אם לא היה קליפות בעולם לא היה שום רע בעולם, הכל היה טוב. ואם כן איך ייפול שם בחירה ורצון בעולם כי זה יבחר בטוב, וזה יבחר ברע, לכן לסיבה זאת נשברו הכלים, כדי שיתפרדו הקליפות מהם, ויתראו בעולם, ואז יהיה בחירה ורצון כמו שהאריך הרב ז"ל בשער המלכים באורך וברוחב.

וְאֵין לְהַרְהֵר ולחקור אחרי רצון המאציל[168], וסיבת[169] השתלשלות העולמות זה מזה כדי לגלות את בחינת הקליפות, שהיא[170] חקירה מסוכנת, **דְּהַיְינוּ מַה לְמַעְלָה מַה לְמַטָה**, שהוא בחינת מקום אצילות העולמות, **מַה לְפָנִים מַה לְאָחוֹר**, על בחינת הזמן אצילות העולמות, ואם אתה מהרהר בזה **שׁוּב לְאָחוֹר**.

חלק זה הוא המשך מ"ת והוא מספר אוצרות חיים.

הרב ז"ל ביאר כי אותיות אוכ"ל מספר מ"ת ואותיות בד"ק חי"ה לקחום או"א, וזו"ן לקחו אותיות שעטנ"ז ג"ץ, כאן[171] הרב ז"ל מבאר מדוע נרמזו זו"ן באותיות שעטנ"ז ג"ץ. **אֲבָל הָעִנְיָן** הוא **כִּי** אלו שבעת **הָאוֹתִיּוֹת שעטנ"ז ג"ץ הֵם סוֹד** הכלים של **הַשִּׁבְעָה מְלָכִים שֶׁמֵּתוּ, וּלְפִי שֵׁם** הפסולת[172] שבהם **נִתְהַוּוּ וְיָצְאוּ הַקְּלִיפוֹת כַּנּוֹדָע, לָכֵן** אותיות צירוף אלו הם **אוֹתִיּוֹת שׁט"ן ע"ז ג"ץ,** כאשר **שׁט"ן** הוא הקליפות עצמם, **ע"ז** הם העזות פנים שיש בהם, ואת אותיות **ג"ץ** הרב ז"ל יבאר לקמן•]דט"ל ע"ג 78[**פֵּירוּשׁ,** שֶׁאותיות שעטנ"ז ג"ץ **הֵם תַּגְבּוֹרֶת וְזָוּוּק עוֹז הַדִּינִין הָעַזִּים, אֲשֶׁר יָרְדוּ** לבי"ע **וְנַעֲשׂוּ מֵהֶם** ר"ל מהפסולת שלהם **הַשָּׂטָן שֶׁהֵם הַקְּלִיפוֹת** והדינין הקשים שאי אפשר להמתיקם• הרב ז"ל מבאר את משמעות אותיות ג"ץ, **וּכְבָר**[173] **נוֹדָע מַה שֶּׁכָּתוּב בַּזּוֹהַר**

168

גמרא חגיגה די"א ע"ב – אין דורשין בעריות בשלשה, ולא במעשה בראשית בשנים, ולא במרכבה ביחיד, אלא אם כן היה חכם ומבין מדעתו. כל המסתכל בארבעה דברים ראוי לו כאילו לא בא לעולם, **מה למעלה מה למטה מה לפנים ומה לאחור**, וכל שלא חס על כבוד קונו ראוי לו שלא בא לעולם.

169

כרם שלמה ש"ח פ"ו אות י"ב – ור"ל העיקר הוא כדי שישתלשלו העולמות והאורות זה למטה מזה עד שבסוף יתברר הרע מן טוב מלמעלה, ואם באתה להעמיק בזה, שוב לאחור.

170

ע"ח ש"א ענף א' די"א ע"א – החקירה שניה היא קרובה אל שאלת - מה למעלה, ומה למטה, מה לפנים, ומה לאחור, במסכת חגיגה. פרק אין דורשין. **והנה לחיות השאלה זו עמוקה** מאד אשר **כמעט מסתכן האדם בהעמיק הסתכלותו בחקירה** זו. ועניינו כאשר הזכירו חז"ל במשנה הנכרת לעיל, כל המסתכל בארבעה דברים אלו ראוי לו שלא בא לעולם]מה למעלה, מה למטה, מה לפנים, מה לאחור, וכל שלא חס על כבוד קונו ראוי לו שלא בא לעולם[. ועל כן לא נוכל להרחיב ולהעמיק בחקירתם.

171

כרם שלמה ש"ח פ"ו אות ח' – בתחילה כתב הרמז שלהם, דאותיות עצמם למה דווקא אלו האותיות לקחו אותם זו"ן, ולא לקחו אותיות אחרים. לכן כתב הואיל ושמהם, ר"ל מהפסולת שלהם **יצאו ונבררו** הקליפות, שממנו נעשה השט"ן שהוא ע"ז פנים, וחוזק הדינים, כי הדינים אפשר להם שיתמתקו, ולכן יש דינא רפיא, אבל זה הקליפה הם תוקף הדינין, שהוא חלק החזק **והעז** של הדינין שמהם נעשה השט"ן. ולכן נרמזו באותיות **שעטנ"ז**, שהם אותיות שט"ן ע"ז, ונשאר עוד אותיות **ג"ץ.**

172

ע"ח ח"ב שמ"ח פ"א מ"ב דק"ח ע"ד – דע כי הקליפות בעולם אצילות אינם אחוזים אלא בזו"ן לבד, אבל מבינה ולמעלה אין להם אחיזה כלל, אבל בג' עולמות בי"ע יש אל הקליפות, אשר שם אחיזה ויניקה, אפילו מבינה ולמעלה של אותו עולם. **וסוד העניין דע כי הנה כל הקליפות לא נעשו אלא מן השמרים והברור של שבעה מלכים שמתו כנודע,** והנה אותן שבעה מלכים שמתו הם בחינת זו"ן דאצילות לבד, לפי שהמלכים של או"א לא מתו, כנזכר אצלינו, שנשארו למעלה במקום אצילות, ולא ירדו לעולם הבריאה, ועל כן לא היה בהם מיתה, אבל השבעה מלכים של הזו"ן שירדו בבריאה ושם מתו, אז נתעוררו ונתהוו הקליפות הנקרא מות.

173

בְּאִדְרָא זוּטָא וּבְסִפְרָא דִּצְנִיעוּתָא, באדרא[174] זוטא **דַף רצ"ב ע"ב** וּבספרא[175] דצנעותא דף קע"ו ע"ב, **כִּי אֵלּוּ הַשִּׁבְעָה מְלָכִים הֵם נִצּוֹצִין דְּאוֹדְרִיקוּ** ניצוצין שנזרקו לכל צד **כְּהַאי אוּמָנָא דְּאַכְתִּישׁ בְּפַרְזְלָא** כמו האומן חרש ברזל המכה בפטיש על הברזל **וְאַפִיק זִיקִין לְכֹל סְטַר** ומוציא ניצוצות של אש לכל צד, שהם סוד[176] **ש"ך נִיצוֹצִין**, עם כל זאת ניצוצין אלו יוצאים ודועכים

כרם שלמה ש"ח פ"ו אות ח' – והביא ראייה מן הזוהר וכו', כי המלכים האלו כשיצאו ונשברו הם היו בתגבורת הדין הקשה והאש החזק, וכמו שהניצוצין של האש הם נראים לפי שעה, **והם ש"ך נִיצוֹצִין**, ואחר כך בזמן מועט הם נדעכין ומתים, שהוא עד זמן ירדתם למטה, והם כדמיון הניצוצין שיוצאין מתחת הפטיש שמכה האדם על הברזל, ואחר כך לאלתר הם מתים, כך אלו הניצוצין שהם מלכו לפי שעה, ואחר זמן מועט הם מתו וירדו לעולם הבריאה.

174

ספר הזוהר, אדרא זוטא דרצ"ב ע"ב תרגום וביאור – **עד לא אברי עלמא** קודם שנבראו ונתקנו ז"ון דעולם האצילות, הנקראים עולם, והוא שזו"ן עדיין היו בעולם הנקודים, **לא הוו משגיחין אנפין באנפין** או"א לא היו מסתכלים פנים בפנים, כי עדיין היו עומדים אחור באחור. **ובגין כך עלמין קדמאי אתחרבו** לכן העולמות הראשונים, שהם שבעה המלכים דעולם הנקודים נחרבו, **ועלמין קדמאי בלא תקונא אתעבידו** והמלכים קדם, שהם השבעה מלכים דנקודים נעשו בלא תיקון, ר"ל שלא היו בבחינת תיקון פרצוף שלם בן ג' קווין. **וההוא דלא הוה בתקונא** ואותם שבעה מלכים לא היו בסוד התיקון. **אקרי זיקין נצוצין** ונקראים נצוצי אש בדין חזק, **כהאי אומנא** כמו האומן של חרש ברזל, **מרצפא** המכה ומרדד ברזל על הסדן, **כד אכתש במנא דפרזלא** שמכה בפטיש על הברזל שנמצא על הסדן, **אפיק זיקין לכל עיבר** הוא מוציא ניצוצי אש לכל הצדדים, **ואינון זיקין דנפקין להיטין ונהירין** ואותם הניצוצות היוצאים מהכאת הפטיש על הברזל הם לוהטים ומאירים, **ודעכין לאלתר** אבל מיד הם דועכים נכבים ומתבטלים. **ואלין אקרון עלמין קדמאי** ואלו נקראים העולמות הראשונים, כדמיון זה היו שבעה המלכים, שיצאו האירו ומלכו, ומיד מתו. **ובגין כך אתחרבו** ובגלל זה נחרבו, **ולא אתקיימו** ולא התקיימו.

175

ספר הזוהר, ספרא דצניעותא דקע"ו ע"ב תרגום וביאור – **תנא** למדנו, **דעד לא הוה מתקלא** עד שלא היה העולם כעין משקל, ר"ל לפני התיקון שזו"ן לא היו מתוקנים בפרצוף בעל ג' קווין, **לא הוה משגיחין אפין באפין** אז לא היו הפרצופים עומדים פנים בפנים, לא או"א ולא זו"ן, **ומלכין קדמאין מיתו** והמלכים הראשונים מתו, שהם שבעה המלכים שמלכו בארץ אדום, והם שבעה התחתונות דנקודים שמתו ונשברו הכלים שלהם, ונפלו לבי"ע, **וזיוניהון לא אשתכחו** והאורות שלהם לא נמצאו ולא נשארו במקומם, **וארעא אתבטלת** והארץ שהיא המלכות התבטלה.

176

ע"ח שי"ח פ"ה מ"ת דף"ח ע"א – והנה היותן מספר ש"ך ניצוצין הוא כי אלו הניצוצין הם מבחינת שבעה מלכים שמתו, והנה הם מבחינת ז"א, והנה ז"א נקרא אדם, לפי שהוא הוי"ה במלוי אלפין, גימטריא אד"ם, וכל מלך מאלו הוא אדם אחד, נמצא כי שבע פעמים אדם הוא גימטריא שט"ו, **אשר כולם הם ניצוצין של גבורה ודינין גמורים של מלכים שמתו**, וכאשר נתקנו במעי אמם כבר נתבאר שהיה על ידי טיפת אבא שנתן בה מחדש, והיא כוללת חמשה חסדים, ואמא גם כן נתנה בהם טיפת מ"נ, הכוללת חמשה גבורות, ועל ידו נתקנו אלו השט"ו הנזכרים לעיל, ובין כולם הם ש"ך ניצוצין דז"א, כי חמשה חסדים דאבא אינן ניצוצין רק חסדים, שהניצוצין הם גבורות בלבד, באופן שהשט"ו ניצוצין הם ישנות של המלכים וחמשה ניצוצין אחרים הם חדשות, וסך כולם הם ש"ך בז"א.

מבוא שערים ש"ב ח"ב פ"י ד"י ע"ב – אמר הצעיר חיים, הנה פעם אחרת שמעתי ממורי ז"ל, כי השבעה כלים של שבעת מלכים, הם השכ"ה דינין הנזכר בכל מקום, שהם שרשי הדין. והנה שבע פעמים אד"ם, בגימטריא שט"ו, שהם שבעה המלכים. ושרשם היא ה' דבינה, דמשם יצאו, הרי ש"ך. אמנם האחוריים והכלים של נקודות ג' הראשונות, אינן מכלל הש"ך דינין, עד כן לשון מורי זלה"ה. ונראה לעניות דעתי לפרש, כי הש"ך ניצוצין שהם שבע פעמים אדם, הם שבעה כלים של המלכים. והרפ"ח ניצוצין, הם רפ"ח

54

מיד, כך היו שבעה המלכים דנקודים דוגמת הניצוצין, הם מלכו, דעכו ומתו מיד, **וזהו** אותיות **ג'"ץ** שפרושו ניצוץ,

כמו[177] **שמבואר** בגמרא[178] **גץ היוצא מתחת הפטיש** והזיק חייב **כו'**, ומזה[179] אפשר להבין מדוע שבעה המלכים לקחו את אותיות **שעטנ"ז ג'"ץ**, כי אותיות אלו מורים על תגבורת חוזק הדין, הקליפות הם שם **שט"ן** והם בחינת **ע"ז**, ר"ל עזי פנים, והם בחינת **ג'"ץ** שהוא ניצוצין המאירים דועכים ומתים. הרב ז"ל ביאר את משמעות האותיות שעטנ"ז ג'"ץ, כאן הרב ז"ל מבאר מדוע[180] לאותיות שעטנ"ז ג'"ץ יש שלושה תגין, ולאותיות בד"ק חי"ה תג אחד בלבד. **וכבר נתבאר לעיל כי אלו שבעה מלכים לקזזו אורם** לכלים שלהם מהסתכלות אור העין במקום **מגוף א'"ק ש''מתחזת**[181] **שבולת הזקן** עד מקום הטבור דא'"ק, **ולא** משבולת הזקן **ומעלה**, ולקחו[182] רק האורות דחותם פה שמתחת לשבולת הזקן. **נמצא שהם חסרים בזויינת ג' אורות עליונים, שהם** עצמות אורות **אזו"ף** שנמצאים למעלה בשבולת הזקן,

---

ניצוצי אורה שבתוכם, ומעולים מן השכ"ה, שהם כלים ממש, כנודע כי יש הפרש בין שכ"ה לרפ"ח. וכללות שניהם נרמז בהיום הרת עולם.
177

כרם שלמה ש"ח פ'"ו אות ח' – ומפרש כי **ג'"ץ** של אותיות שעטנ"ז ג'"ץ הוא מלשון **ניצוץ**, כמו שכתבו בגמרא גץ היוצא **מתחת לפטיש**, וזהו כוונתו כל מה שכתב מראש הדיבור עד מלת הפטיש. כי כוונתו לומר הזו"ן לקחו אלו האותיות של שעטנ"ז ג'"ץ, ולא אותיות אחרים של כ"ב אותיות.
178

גמרא בבא קמא דס'"ב ע'"ב – גץ שיצא מתחת הפטיש והזיק חייב.
179

שער ההקדמות, דרוש בבטול האחוריים של או'"א ד'"כ ע'"ג – והענין הוא כי להיות ש**שעטנ'"ז ג'"ץ** הם בחינת שבעה מלכים דזו'"ן, אשר מסיגיהם נעשו והוברכו הקליפות הנקראים שט"ן ע'"ז, לכן נקראים שעטנ'"ז, שהוא חבור שט"ן ע'"ז, כמו שמבואר בזוהר להורות מתוקף הדין העז והחזק יצא השטן, שהם הקליפות. גם נקרא ג'"ץ לרמוז על מה שאמרו בספר הזוהר פרשת פקודי כי אלו המלכים הם סוד ש'"ך ניצוצין דאזדרקו כהאי אומנא דאתכתש בפרזלא, ואפיק זיקין וכו'.כמו שאמרו רבותינו ז"ל גץ היוצא מתחת הפטיש, וזהו שעטנ'"ז ג'"ץ.
180

כרם שלמה ש"ח פ'"ו אות ח' – ומה שכתב עוד כאן **וכבר נתבאר לעיל כי אלו שבעה מלכים** וכו', עכשיו בא לבאר למה האותיות שעטנ"ז ג'"ץ שהם האותיות של השבעה מלכים נעשו עליהם דוקא ג' תגין ולא יותר ולא פחות, ועוד למה אלו התגין נתנו למעלה על גבי האותיות, ולא בתוכם, ולא תחתיהם. וכן על דרך זה האותיות של בד"ק חי"ה, למה לקחו אלא תג אחד ולא שלושה ולא שתים. ועוד למה התג הונח למעלה על גבם, ולא בתוכם, ולא תחתיהם, לזה מבאר והולך כי הואיל והזו'"ן היו חסרים מן הג' אורות שהם אורות אח'"פ, לכן נתייגו עליהם ג' תגין וזיינין, כי אדרבא מגרעות נתן, כי התגין מורים על מנין חסרון האורות שנחסרו מהם. והואיל ונחסרו מהם ג' אורות, שהם אורות האח'"פ, לכן הונח עליהם ג' תייגין, להורות שאחר זמן שאלו הג' אורות שהם אח'"פ, שהם עכשיו חסרים מהם, אחר כך יכנסו בתוכם. ולכן הונחו עליהם, שהם על גבם להורות שהכלים הם למטה והאורות החסרים מהם שהם אח'"פ עדיין הם למעלה על גבם, ולא קנו אותם עוד.
181

בית לחם יהודה ש"ח פ'"ו דכ'"ו ע'"ב – שתחת שבולת הזקן ולא מלמעלה. באוצרות חיים נ"ב **שמ'"ן**, ולא למעלה בשבולת הזקן, כי לקחו אורות חותם ופה למטה, עד כאן לשונו.
182

ע'"ח ש'"ח פ'"ב מ'"ת דל'"ו ע'"ג – אבל שבעה תחתונות אינם לוקחין רק מב' אורות לבד, **שהם חוטם ופה, משבולת ולמטה עד הטבור**, כי אור אזן העליונה כבר נגמרה ונסתמה בשבולת הזקן.

שם גם אורות חוטם פה הם נעלים וחזקים כי מעורב בהם אור האזן, שהוא[183] בחינת הנשמה שלהם, **כי** מתחת שבולת הזקן נחלשו האורות דחוטם פה שלקחו השבעה מלכים התחין **לכן נשברו הפנים והאזוריים שלהם** ר"ל של זו"ן. **ואלו**[184] **הם בזוינת ג' תגין שיש למעלה על כל אות מאלו השבעה** האותיות **שעטנ"ז ג"ץ הנזכרים לעיל,** כי[185] **הם מורים על** חיסרון[186] והעדר באותיות אלו, שהם **הסתלקות האורות והזויות** של הנקודים **מן הכלים** שלהם, **שהם אותיות** שעטנ"ז ג"ץ **ונשאר האור** שלהם **למעלה מהם** באצילות **ולא בתוכם** בסוד רפ"ח ניצוצין, **כדרך צורת התגין** המונחים **על** גבי **האותיות,** וזהו דווקא באותיות **שעטנ"ז ג"ץ** שהם האותיות דזו"ן, שנחסרו מג' האורות דרפ"ח, ולכן נעשו להם ג' תגין. **אבל**[187] **האותיות בד"ק זזי"ה** שהם הכלים **דאזוריים דאו"א שירדו** באצילות מתיגין תג אחד בלבד, **וכבר ביארנו לעיל כי או"א לוקזזים ב' אורות של זזוטם פה,** ולא זזסר מהם רק עצמות אור

<hr>

183

ע"ח ש"ח פ"ב מ"ת דל"ו ע"ג – ולסבה זו ג' מלכים הראשונים לא מתו, לפי שיש להם הארה גדולה, והכלי שלהם מעולה מאד, לפי שנעשה מבחינת אזן העליונה ומהחוטם ופה, כי בהסתכלות העין באורות האזן חוטם פה נעשו הכלים שלהם כנזכר לעיל, **כי לקחו כליהם ממקום שעדיין אורות האזן שהם בחינת נשמה נמשכים שם**, שהוא עד שבולת הזקן כנזכר לעיל.

184

כרם שלמה ש"ח פ"ו אות ח' – ומה שכתב עוד כאן ואלו הם בחינת ג' תגין וכו'. ר"ל מה שהונחו למעלה על גבי האותיות ולא במקום אחר, כי הם מורים על הסתלקות האורות וחיות מן הכלים שהם האותיות, ונשאר האור למעלה מהם ולא בתוכם, כדרך צורת התגין שהם מונחים למעלה מן האותיות, שהם על גבם. וזהו דווקא באותיות **שעטנ"ז ג"ץ** שהם אותיות של הזו"ן, שנחסרו מכל הג' אורות **אח"פ**, לכן נעשו להם ג' תגין.

185

בית לחם יהודה ש"ח פ"ו דכ"ו ע"ב – כי הם מורים על הסתלקות האורות והחיות מן הכלים. פירוש, כי עמידת התגין על גבי האותיות היא הוראה לציאת האורות מתוך הכליהם, ומה שהיו ג' תגין, היא הוראה אחרת לרמוז שהיו חסרים מג' אורות אח"ף שלמעלה בשבולת. וגוף התגין עצמם הם בחינת הרפ"ח ניצוצין, וכמו שכתוב במבוא שערים דף ט' ע"ד.

186

שער ההקדמות, דרוש בבטול האחוריים של או"א ד"כ ע"ג – ולכן נתייגו ג' תגין בכל אות מהם להורות **חסרון והעדר** ג' מיני אורות הנזכרים מהם, שהם האותיות והכלים, ונשאר האור למעלה מהגופים, שהם האותיות ולא בתוכם.

187

שער ההקדמות, דרוש בבטול האחוריים של או"א ד"כ ע"ג – אבל אותיות **בד"ק חי"ה** שהם כלים דאחוריים דאו"א, אשר נתבאר לעיל כי או"א לקחו ב' אורות חוטם ופה, ולא חסר מהם אלא אור האזן בלבד, ולכן לא ירד מהם רק בחינת האחוריים, **כנגד אותו האור האחר של האזן שחסר מהם**, אנו מתייגים תג אחד לבדו על כל אות מהם, כי הוא לבדו נסתלק ממנו, עומד תלוי למעלה מן האות שהוא הכלי.

188

כרם שלמה ש"ח פ"ו אות ח' – אבל באותיות דאחוריים דאו"א שהם **בד"ק חי"ה** שלא נחסר מהם כי אם **האזן**, לכן אין מתייגין על הבד"ק חי"ה כי אם תג **אחד** דווקא, ושהוא גם כן על גב, והוא כטעם האמור בזו"ן, והוא שנשאר האור של האזן למעלה על גב ולא בצוכם, וזהו שסיים כאן **כנגד אותו אור הפרטי שחסר מהם**, ר"ל אור האזן שהוא פרט אחד דווקא שחסר מן הכלים דאחוריים דאו"א, שהם האותיות עצמם.

אזן, אשר על כן לא ירדו מהם רק בבזינת אזווריים, וכנגד[189] **אותו אור** הפרטי של האזן **שזזסר מהם, אנו מתייגים תג אזזד** דווקא **על כל אות מהם** שהם אותיות בד"ק חי"ה, **כנגד אותו אור הפרטי** של האזן **שזזסר מהם,** והתג עומד למעלה על אותיות **בד"ק חי"ה** שהם הכלים דאחוריים דאו"א. **נמצא** שיש[190] ג' בחינות של אותיות, אותיות **אוכ"ל מספר"ת** שלא נסתלק שום אור מהם, והם הפנים דאו"א, אותיות **בד"ק חי"ה**, הם האחוריים דאו"א, חסרים את אור האזן, לכן יש להם תג אחד, המורה על חסרון אור האזן, ואותיות **שעטנ"ז ג"ץ** שהם הפנים ואחוריים דזו"ן, חסרים את כל ג' אורות האח"פ, יש להם ג' תגין על כל אות.

הרב ז"ל ביאר לעיל[191] בפרקין כי הבחינה שמחזירה את או"א פנים בפנים הם החסדים והגבורות שירדו מא"א, וכאשר יורדים החסדים האלו בזמן השבירה דשבעה המלכים, ירדו החסדים והגבורות דאו"א למטה, וזה גרם לחזרת או"א להיות אחור באחור, לכן לפעמים נקראים אחוריים דאו"א פנים, ולפעמים אחור. **וכבר** ביארנו[192] **כי מה שיורד מאו"א הוא נקרא** בשתי שמות, גם **אזזור וגם נקרא פנים, כי כלהיותו זזסר אור אזן העליונה מן ב' אורות אזזורים, לכן הזזסרון הנמשך מצדו** של אור האזן **הוא גדול, כי הוא הבזזינה העושה** לא גורסים **אותו** צריך[193] לגרוס **אותם**, ר"ל את או"א **פנים בפנים.**

189

בית לחם יהודה ש"ח פ"ו דכ"ו ע"ב – וכנגד אותו אור שזזסר מהם אנו מתייגים תג אחד על כל אות מהם. ונראה לעניות דעתי שמטעם זה אין ראוי לתייג בספר תורה לאות הו' **דהוי"ה**, כמי שנהגו הסופרים. כי אדרבא התג הוא מורה על חסרון האור מהאות. ועיין באוצרות חיים שער נ"ב, אף על פי שחכמה חסר ממנה אור האזן, והבינה חסר ממנה אור אזן וחוטם, כמבואר בפרק ב' דלעיל, הנה כשמזזדווג חכמה עם בינה, נתן לה אור החוטם גם כן, ולכן די בתג אחד לבד, עד כאן לשונו.
190

תרשים ו – י"ג.
191

כרם שלמה ש"ח פ"ו אות ט' – ר"ל כי כבר ביארנו לעיל שמה שירד מן או"א הם בחינת החו"ג המגדילים האחוריים שלהם, ולכן נקרא שהאחוריים שלהם הם שנפלו, ועוד כתב למעלה כי לפעמים שאלו החו"ג הם נקראים בחינת פנים, הואיל ועל ידו חוזרים פנים בפנים. וכאן בא לומר שלפעמים נאמר שפנים דאו"א נפלו, ופירושו הוא על אלו הבחינות האחוריים שלהם, ולא על הפנים שלהם ממש. אבל מה שנקראים בחינת פנים מפני שמי שגרם להם להאחור האלו ליפול הוא חיסרון אור האזן, שהוא האור הגדול שבהם, שעל ידו חוזרים או"א פנים בפנים, והואיל והוא חסר מהם, שהוא הבחינה המחזירם פנים בפנים, לכן האחוריים האלו שנפלו נקראו שבחינת פנים שלהם נפלו, מפני שבחינה המחזירתם פנים בפנים שהיא חסרה מהם, גרמה להם ליפול.
192

שער ההקדמות, דרוש בבטול האחוריים של או"א ד"א ע"ג – וכבר ביארנו כי מה שירד מן או"א נקרא בשתי שמות, והם אחוריים או פנים כנזכר לעיל. והוא כי להיות חסר אור האזן שהוא היותר עליון שיש בכל ג' האורות, לכן החסרון הנמשך להם הוא על ידי הסתלקותו הוא גדול מאוד, שהוא הבחינה הגורמת להם להחזירם פנים בפנים.
193

כך הגרסה באוצרות חיים.

צריך לדעת כי[194] כל מוחין של פרצוף תחתון נמשכים על ידי הנה"י של הפרצוף העליון, כי לא יכול התחתון לקבל מוחין בלי הלבושים שהם הנה"י של הפרצוף העליון, הרב ז"ל ביאר[195] זאת על המוחין דז"א הנעשים על ידי הנה"י דתבונה, ומסדר זה של קבלת מוחין דז"א, אפשר להבין את סדר קבלת המוחין לכל הפרצופים. והסדר הוא זה, **א.** הנה"י של הפרצוף העליון מתרוקנים מהאורות שלהם, **ב.** אז בהיות הכלים דנה"י של הפרצוף העליון ריקים מתלבשים בתוכם האורות דמוחין של הפרצוף התחתון שנמשכו מרום[196] המעלות בתשעה הפרקין של הנה"י, **ג.** הנה"י של הפרצוף העליון עם המוחין של הפרצוף התחתון המלובשים בתשעה הפרקים דיליה מתלבשים תוך כל הפרצוף התחתון, כאשר כל פרק ופרק מהנה"י של הפרצוף העליון מתלבש בספירה אחת של הפרצוף התחתון, **ד.** הנה"י של הפרצוף העליון נעשה חלק מהפרצוף התחתון, בסוד[197] עצם מעצמו ובשר מבשרו, **ה.** לפרצוף העליון נעשים נה"י חדשים. **כך היא** המערכת בנתינת והמשכת מוחין מפרצוף לפרצוף, וכן כאן א"א נתן באותה דרך מוחין לאו"א, וכאשר נפלו האחורים דאו"א, נפגמו גם חלקים של הנה"י דא"א שהיו מלובשים תוך או"א. **והנה**[198] **מוזיין אלו שהם חסדים וגבורות הם נמשכין לאו"א עם הכלים** והלבושים **דנה"י דא"א, דוגמת מוזיין**

194

כלל – המוחין שנמשכים לפרצוף התחתון, מלובשים בנה"י של הפרצוף העליון.

195

ע"ח שכ"ג פ"א מ"ת דק"ו ע"א – ונדבר עתה באלו של התבונה, ונאמר כי יש בה ג' בחינות. אחד הוא **נה"י שלה הראשונים שנתלבשו בז"א, להיות לו בסוד מוחין.** השני הוא בחינת חצי תפארת ונה"י שלה החדשים, שנתפשטו בה מחדש, כדי שתהיה שלימה בעשר ספירות גמורות, להזדווג עם אבא כנזכר לעיל. השלישי הוא בחינת שאר קומתה, שהוא מן מחצית העליון דתפארת שלה, עד למעלה עד ראשה. וג' בחינות אלו מכוונות עם ג' בחינות אחרות באופן זה. והענין כי הנה נתבאר לעיל כי בעת לידתו עלו אלו האורות של הכלים של נה"י דתבונה למעלה, בחצי תחתון של התפארת שלה, ונתרוקנו אלו הכלים מן האורות שלהם עצמן, ולא נשאר בהם שום חיות כלל, ועיקר בסוד אין התורה מתקיימת אלא במי שממית עצמו עליה. **ואז** בהיותן כלים ריקים **נכנסו לתוכן המוחין דז"א, שהם מן החכמה שבו עד למטה**, שהם תשעה ספרות, ונתלבשו בתשעה פרקין שיש של התבונה. **ואחר כך נתלבשו כולם תוך ז"א, מחכמה שבו ולמטה,** כמו שנבאר בע"ה. **ונמצא כי הכלים והגוף של אלו המוחין הם בחינה אחת, שהם הכלים וגופניות התבונה עצמה, אבל האורות והרוחניות והנשמה שבהם הם המוחין של הז"א עצמו,** אמנם לפי שכבר נסתלקו אורות שלהם ונכנסו אורות הז"א במקומם, לכן אלו הנה"י דאמא מתחלפין מטבעם הראשון, **ונהפכים להיות עצם מעצמו ובשר מבשרו** של הז"א עצמו, וכגוף עצמו, דמיין ממש, **ואינן נקראין אלא בשם גופא דז"א ממש.**

196

ע"ח שכ"ג פ"ו מ"ב דק"ח ע"ב – גם **דע כלל גדול** שזה הזווג החיצונית שהוא לצורך העולמות, נמשך ממוחין עצמן דאו"א בלי שיקבלו הם מלמעלה, כנודע שכל מה שלמטה מהם כולם כלולים בהם, ויש בהם כח כנגד כל מה שלמטה מהם, אך הזווג הפנימי צריך שיקבלו גם או"א מאורות עליונים מהם, ומהם ממשיכין למה שהוא צורך להמשיך נשמות חדשות, שהוא בחינת הפנימים. ונמצא שגם א"א מזדווג עם נוקבא תחלה, ממשיך לאו"א, וכן א"א עצמו גורם זווג לעתיק, וכן מזה מזה **עד רום המעלות.** נמצא שזווג הפנימי הוא קושר כל העולמות, **כי אי אפשר להמשיך אם לא שיקבלו מרום המעלות אורות חדשים,** זה מזה וזה מזה, עד או"א ומשם לז"א.

197

בראשית ב' כ"ג – ויאמר האדם זאת הפעם **עצם מעצמי ובשר מבשרי** לזאת יקרא אשה כי מאיש לקחה זאת.

198

כרם שלמה ש"ח פ"ו אות י' – ר"ל כי כבר כתבנו לעיל כי כל בחינת מוחין הם נמשכין לפרצוף התחתון מלובשים בנה"י של פרצוף העליון, וכאן גם כן שהיו או"א אחור באחור בסוד הנקודות, כדי להחזירם פנים בפנים אז נזדווג הכתר מיניה וביה והמשיך מוחין לאו"א, ואלו המוחין נתלבשו בנה"י דא"א, ונכנסו בתוך או"א. ואז שנפלו האחוריים דאו"א שהם אלו החו"ג, שנפלו מא"א, אז קצת מלובשים שהם הנה"י דא"א ירדו עמהם.

דז"א שבאים עם נה"י דאו"א. וגם האחוריים[199] דנה"י דא"א אלו נפגמו וירדו למטה כאשר התבטלו האחוריים של או"א, ובערך[200] שבאו מוחין אלו לאו"א מא"א, נמצא כי זה נקרא זזסרון בא"א עצמו, כי הכלים של האחוריים דנה"י שלו ירדו עם או"א באצילות, וזה[201] נקרא פגם בא"א. וכבר ביארנו הטעם כי מה שגרם לו לכתר ענין זה הוא של הירידה לסבת לקיזוזתו אור האזן בסופו במקום[202] שבולת הזקן לא בתזולה יציאת אור האזן ממקורו, שהוא האזן עצמה, שאם[203] הכתר היה לוקח אור האזן במקום יצאתו, היה בו כח להחזיק גם את האחוריים דאו"א שלא יפלו למטה, וגם אחורי הנה"י של הכתר לא היה נופל. ואמנם[204] בערך שכבר לקיזום או"א, לא יקרא זזסרון זה זזסרון דא"א אלא[205] זזסרון דאו"א עצמן כי

199

ע"ח ש"ח פ"ב מ"ת דל"ו ע"ג – כי מן הכתר לא ירד ממנו אפילו האחוריים, **אלא האחוריים של נה"י** בלבד.

200

כרם שלמה ש"ח פ"ו אות י' – ומה שכתב ובערך שבאו מא"א נמצא כי זה נקרא חסרון בא"א עצמו. ר"ל כי כבר כתבנו אצל ז"א כי הנה"י דאו"א הבאים לו לצורך המוחין שלו, אז נעשים לאו"א נה"י חדשים במקום אלו, וכאן גם כן בא"א עצמו ודאי שנעשו לו נה"י חדשים במקום אלו שלקחו אותם או"א, אם כן לא היה ראוי ליקרא חסרון זה בא"א עצמו, הואיל ונעשו לו חדשים במקומם. אלא מפני שעיקרם באו מן הכתר עצמו, ומה שגרם לו ליפול הוא בחינת חסרון קירוב המקום של האזן, שלא לקחו במקום קרוב, אלא במקום רחוק, לכן נקרא החסרון הזה לפעמים על שום הכתר שהוא א"א. ואנחנו אומרים לפעמים שנה"י הא"א גם כן נפלו למטה, אבל מכיון שאו"א כבר לקחו זאת הבחינה של הנה"י דא"א, ונעשית עצם מעצמם ובשר מבשרם, לכן לא נקרא חסרון זה חסרון דכתר, אלא חסרון דא"וא.

201

ע"ח ש"ט פ"ב מ"ת ד"מ ע"ד – והענין כי מן האדרא זוטא נראה שלא ירדו רק השבעה מלכים בלבד, וממדרשים אחרים בספר הזהר משמע כי גם בא"א יש ביטול, **ופגם וכמעט אפילו בכתר.** ואמנם הענין הוא כי ודאי שמכל עשרה נקודות נפלו מהם בחינות, ובכולם היה ביטול, רק זו"ן נפלו כולם בין בבחינת היותן אחור, ובין בבחינת היותן פנים בפנים, והנה זו נגו א מיתה, כי הכל ירד לגמרי. אבל אבא ואמא שלא ירד מהם רק בחינת אחוריים, יקרא ביטול ולא מיתה. **וכתר שלא נפלו ממנו רק בחינת נצח הוד יסוד שלו, שנכנסו בסוד מוחין דאבא ואמא** כנזכר לעיל, אשר אין בחינה זו נכנסה בערך אחוריים, לכן לא נקרא ביטול בכתר, **רק פגם בעלמא.**

202

ע"ח ש"ח פ"ב מ"ת דל"ו ע"ג – אבל הכתר כיון שלוקה אור האזן ממש, **אף על פי שלקחו בסיומו,** כיון שהוא לוקח עצמותו, די בזה ולא נשבר אפילו האחוריים של כלים דידיה.

203

כרם שלמה ש"ח פ"ו אות י' – ואם תאמר והלא מוכרח הוא לרדת הנה"י דא"א כדי להלביש מוחין דאו"א, אם כן למה אמר שדבר זה גרם להם לקיחת אור האזן ממקום רחוק, והלא מוכרח הוא לירד עם האחוריים דאו"א, כי הוא מתלבש בתוכם. אלא הדבר הוא פשוט, שאילו היה לוקח אור האזן ממקום קרוב, היה נעשה בו כח, והיה מעמיד לאחוריים דאו"א שלא ליפול, והוא גם כן לא היה נופל. אבל עכשיו שלקח אור האזן ממקום רחוק, לא היה בו כח לעמוד במקומו, ולעמיד האחוריים דאו"א במקומם, לכן גם הוא ירד עמהם, וזהו כוונתו הכא.

204

בית לחם יהודה ש"ח פ"ו דכ"ו ע"ב – ואמנם בערך שכבר לקיחם או"א. כך צריך לגרוס, ור"ל שכבר לקיחם או"א לנה"י דכתר בבחינת מוחין.

205

האחוריים של נה"י דא"א נעשו עצם מעצמם ובשר מבשרם של או"א. **לסיכום**[206] **הסוגיה** הפנים והאחוריים דזו"ן מתו ונשברו, הנה"י דאו"א התבטלו וירדו באצילות, ובתוכם האחוריים דנה"י דא"א שנפגמו[207].

הרב ז"ל מבאר כאן את סוגית **טנת"א דנקודים והתיקון**. סדר מעלת הטנת"א הם מלמעלה למטה, כאשר הטעמים הם יוצאים בראשונה, ואחריהם הנקודות, ואחרי הנקודות התגין ולבסוף האותיות, וזהו הסדר העולם העקודים[208]. לעומת זה בעולם הנקודים **לא יצאו הבחינות דטנת"א בסדר מעלתם אלא בסדר אצילותם**[209]. נקודות תחילה, השני לו אותיות, השלישי תגין, והאחרון טעמים, שהוא שם מ"ה החדש שבא לתקן את הנקודים[210]. **וְהִנֵּה**[211] **בְּעָנְיָן** עולם

כרם שלמה ש"ח פ"ו אות י' – ומה שכתבת שנקרא זה **חסרון דאו"א עצמן**, ר"ל שלפעמים נאמר שלא נפלו כי אם הזו"ן בחינת פנים ואחור פנים שלהם, ובחינת אחוריים דאו"א, ולא נזכיר גם כן בחינת האחוריים דנה"י דכתר, והוא לטעם הנזכר כאן שהואיל והם מתלבשים בסוד מוחין בתוך או"א, לכן הם בכללם, וכשעולים הכל עולה וחוזר למקומו, ופשוט.
206

תרשים ו – י"ד.
207

מבוא שערים ש"ב ח"ב פ"ז ד"ט ע"ד – והנה באותיות אוכ"ל מספר"ת, שהם פנים דאו"א, אין בהם שום תג עליהם, יען נשארו האורות בתוכם, אכן ששה אותיות בד"ק חי"ה, שהם אחוריים דאו"א, מתייגים על כל אחד מהם תג אחד, להורות כי נפלו כלי האחוריים, וחסר מהם אור האזן העליונה דא"ק, אשר לכן נפלו, כנזכר לעיל בפרק ד', ואותו האור חופף עליהם אחר נפילתם. אמנם שבעה אותיות שעטנ"ז ג"ץ, שהם הכלים של שבעה המלכים זו"ן דמיתו ממש, יען חסר מהם כל ג' אורות דאה"ף בשרשם למעלה משבולת הזקן, כי אם למטה בגופא, כנזכר לעיל בפרק ד', לכן אנו מתייגים על כל אות מהם ג' תגין, להורות העדר ג' אורות ההם מתוך האותיות שהם הכלים, ונשארו עליהם חופפים בסוד ונפשו עליו תאבל.
208

כרם שלמה ש"ח פ"ו אות י"א – ר"ל כי נודע הוא בכל עולם ועולם, יש בהם ארבעה בחינות, שהם **טעמים ונקודות ותגין ואותיות**, כסדר מעלתם, והטנת"א של עולם העקודים כבר ביארנו אותם במקומם, והוא כסדר מעלתם הם כך טנת"א. והוא כי האור הראשון שבא להם בתחילה, שירד להם בבחינת אור ישר, זהו נקרא בחינת **טעמים** שלהם. ובחינת האור הבא להם בעת חזרת האורות למעלה הוא נקרא **נקודות**. והרשימו שנשאר בהם מכח האור הישר שנסתלק למעלה, הוא נקרא **תגין**. ואור של הניצוצות שנופל מכח הכאת האור החוזר ואור הרשימו, ומתערב עם חלק האור העב שנשאר למטה, הכל נקרא **אותיות**. אלו הם הארבעה בחינות של עולם העקודים.
209

כרם שלמה ש"ח פ"ו אות י"א – וכאן גם כן נבארם בעולם הנקודים, איזה בחינה נקרא טעמים, ואיזה בחינה נקרא נקודות, וכו', לזה אמר **כי בחינת הנקודים** וכו', **וכאן לא ביארם על סדר מעלתם, אלה על סדר אצילותם**. ולכן כתב כי בחינת הנקודות שהיא בחינה שניה של הטנת"א דעולם הנקודים **הם אורות הראשונים שיצאו בראשונה**. פירוש, מן בחינת האור של העין, לאפוקי שאורות האחרונים שהם הטעמים שיצאו בסוף. **והאותיות**, פירוש שהם בחינה הרביעית של הטנת"א **הם הכלים** והם נאצלו אחר יציאת אור העין מן העין עצמו, כי עברה דרך אח"פ ועשתה הכלים. **והתגין** הם האורות האלו עצמם שהם נאצלו בראשונה, שקראנו אותם נקודות, כשירדו הכלים לבריאה, אז נשארו הנקודות שהם האורות הראשונים למעלה בעולם האצילות, ומאירים להכלים שירדו לבריאה ממקומם, וזה הבחינה נקראת תגין..... **טעמים הוא** אור חדש.
210

תרשים ו – ט"ו.
211

שפת אמת ש"ח פ"ו אות א' ד"י ע"ב – והנה כבר נתבאר בעולם העקודים בחינת טנת"א שבהם, ונבארם פה בבחינת הנקודים, ונאמר כי הנה הנקודים הם האורות שיצאו בתחלה, והאותיות הם הכלים, ואחר כך וכו'. כתב הרש"ך ז"ל בספר יפה שעה וז"ל - הנה זה הסדר שכתב רז"ל הוא הפוך, שכתב שהנקודים יצאו בתחלה,

הָעֲקוּדִים כְּבָר נִתְבָּאֵר לְעֵיל עִנְיָן בִּזֹוִינַת טַנְתָּ"א[212] שֶׁבָּהֶם, וְהֵם, כַּאֲשֶׁר[213] הָאוֹר הָרִאשׁוֹן שֶׁיָּצָא מִפֶּה דְּא"ק הוּא הַטְּעָמִים, הָאוֹר הַחוֹזֵר הוּא נְקוּדוֹת בְּסוֹד הַדִּין, אוֹר הָרְשִׁימוֹ הַנִּשְׁאָר מֵעַל לְכֵלִים הוּא תָגִין, וְהַנִּיצוֹצוֹת שֶׁנָּפְלוּ מִבְּטִישַׁת הָאוֹר הַיָּשָׁר בָּאוֹר הָרְשִׁימוֹ, וְהָאוֹר הָרְשִׁימוֹ בָּאוֹר הַיָּשָׁר הֵם הַכֵּלִים, שֶׁהֵם הָאוֹתִיּוֹת.

וְנְבָאֲרֵם פֹּה בְּבִזֹוִינַת עוֹלַם **הַנְּקוּדִים** וְעוֹלַם הַבְּרוּדִים שֶׁהוּא עוֹלַם הַתִּקּוּן, מַה בְּחִינוּת הַטַנְתָּ"א שֶׁבָּהֶם, **וְנֹאמַר**[215] כִּי הִנֵּה **בִּזֹוִינַת הַנְּקוּדִים** שֶׁהֵם הַנְּקוּדוֹת[216] **הֵם הָאוֹרוֹת הָרִאשׁוֹנִים**

וְאֵינוֹ כֵן, שֶׁהַכֵּלִים יָצְאוּ תְּחִלָּה, כְּמוֹ שֶׁכָּתַב רַז"ל שֶׁאָמַר שֶׁאַחַר שֶׁיָּצְאוּ הַכֵּלִים וְהוּנְחוּ כָל אֶחָד וְאֶחָד בִּמְקוֹמוֹ, זֶה תַּחַת זֶה יָצְאוּ הָאוֹרוֹת, עַד כַּאן לְשׁוֹנוֹ. וְלַעֲנִיּוֹת דַּעְתִּי נִרְאֶה דְּמַה שֶׁכָּתַב רַז"ל הֵם הָאוֹרוֹת שֶׁיָּצְאוּ בַּתְּחִלָּה, לָאו לְמֵימַר שֶׁיָּצְאוּ קוֹדֶם הַכֵּלִים, אֶלָּא דִּלְעוֹלַם הַכֵּלִים הֵם יָצְאוּ בַּתְּחִלָּה, וְהֵם בְּחִינַת הָאוֹתִיּוֹת דְּעוֹלַם הַנְּקוּדִים, אֲבָל הַכַּוָּנָה בְּזֶה הוּא דְּכַאן בָּאוֹרוֹת אֵלּוּ הָיָה בָּהֶם בְּ' מְצִיאוּת, אֶחָד כְּשֶׁנִּצְלוֹ מֵעֵינֵי א"ק, וְנִכְנְסוּ תּוֹךְ כֵּלֵיהֶם קוֹדֶם הַשְּׁבִירָה, וְאָז הָיוּ בְּחִינַת נְקוּדוֹת דְּעוֹלַם הַנְּקוּדִים. וְאַחַר כָּךְ כְּשֶׁנַּעֲשָׂה אוֹתוֹ מַעֲשֶׂה הַגָּדוֹל וְהַנּוֹרָא שֶׁל שְׁבִירַת הַכֵּלִים, אָז נִסְתַּלְּקוּ הָאוֹרוֹת מִפְּנִימִיּוּת כֵּלֵיהֶם, וְעָמְדוּ עֲלֵיהֶם מִלְמַעְלָה לָהֶם, וְהֵם עַצְמָם נַעֲשׂוּ בְּחִינַת תָגִין עַל הָאוֹתִיּוֹת, וְאִם כֵּן מַה שֶׁכָּתַב רַז"ל הֵכָא הֵם הָאוֹרוֹת שֶׁיָּצְאוּ בַּתְּחִלָּה לָאו תְּחִלָּה לַכֵּלִים קָאָמַר, אֶלָּא ר"ל הָאוֹרוֹת שֶׁיָּצְאוּ בַּתְּחִלָּה קוֹדֶם שֶׁנַּעֲשָׂה אוֹתוֹ הָעִנְיָן שֶׁל הַשְּׁבִירָה, וְנִסְתַּלְּקוּ הָאוֹרוֹת עַל הַכֵּלִים בִּבְחִינַת תָגִין לָהֶם, אוֹתָם הָאוֹרוֹת דְּקוֹדֶם שֶׁנִּשְׁבְּרוּ הֵם נְקוּדוֹת דְּעוֹלַם הַנְּקוּדִים, וְאַחַר הַשְּׁבִירָה נַעֲשׂוּ בְּחִינַת תָגִין, וּלְעוֹלַם הַכֵּלִים הֵם שֶׁיָּצְאוּ תְּחִלָּה, אִם שָׁגָתִי אִתִּי תָלִין מְשׁוּגָתִי.

[212]

ע"ח ש"ו פ"ה מ"ק דע"ז ע"ב – וַהֲרֵי הוּא אַרְבָּעָה בְּחִינוּת אוֹר, וְהֵם סוֹד אַרְבָּעָה בְּחִינוֹת **טַנְתָּ"א** כְּנִזְכָּר לְעֵיל, שֶׁהָיוּ כֻּלָּם נִכְלָלִין כַּאן בְּעִנְיַן הָעֲקוּדִים. וְזֶה פְּרָטָן, אוֹר הָרִאשׁוֹן **טְעָמִים**, אוֹר אַחֲרַיִים **נְקוּדוֹת**, כִּי הַנְּקוּדוֹת הֵם לְעוֹלַם דִּין, וְאוֹר רְשִׁימוֹ **תָגִין**, וְאוֹר שֶׁל נִיצוֹצִין הַנּוֹפְלִין עַל יְדֵי הַכָּאוֹת הָאוֹרוֹת זֶה בָּזֶה כַּנִּזְכָּר לְעֵיל הוּא **אוֹתִיּוֹת**, אֲשֶׁר מֵהֶם נַעֲשָׂה בְּחִינַת הַכֵּלִים. וַהֲרֵי נִתְבָּאֵר אֵיךְ נַעֲשׂוּ בְּחִינַת הַכֵּלִים וְהוּא מֵהַכָּאַת וּבְטִישַׁת הָאוֹרוֹת כַּנִּזְכָּר לְעֵיל. וְנִרְאֶה לַעֲנִיּוֹת דַּעְתִּי שֶׁשָּׁמַעְתִּי מִמּוֹרִי זְלֹה"ה, כִּי כְּבָר הָיוּ בְּחִינַת כֵּלִים בְּעוֹלַם הָעֲקוּדִים, רַק שֶׁאֵלּוּ הַנִּיצוֹצִין הַנִּזְכָּרִים לְעֵיל נִתְעָרְבוּ עִמָּהֶן, וְהוּא בְּדוּגְמַת הָרפ"ח נִצוֹצִין שֶׁנִּשְׁאֲרוּ בְּכֵלִים שֶׁל עוֹלַם הַנְּקוּדִים, כְּמוֹ שֶׁנִּתְבָּאֵר בִּמְקוֹמוֹ בע"ה.

[213]

תרשים ו – ט"ז.

[214]

יפה שעה א) וְנֹאמַר כִּי הִנֵּה הַנְּקוּדוֹת הֵם הָאוֹרוֹת וְהָרִאשׁוֹנִים שֶׁיָּצְאוּ בַּתְּחִילָּה, וְהָאוֹתִיּוֹת הֵם הַכֵּלִים, וְאַחַר כָּךְ כְּשֶׁנִּשְׁבְּרוּ הַכֵּלִים כו'. וְהָאוֹרוֹת נִשְׁאֲרוּ בִּבְחִינַת תָגִין שֶׁהֵם הָאוֹתִיּוֹת עַל הָאוֹתִיּוֹת שֶׁהֵם הַכֵּלִים, וְהַטְּעָמִים הוּא שֵׁם מ"ה דְּאַלְפִי"ן הֶחָדָשׁ, שֶׁיָּצָא אַחַר כָּךְ מֵאוֹר הַמֵּצַח דְּא"ק לְתַקֵּן, כְּמוֹ שֶׁנִּתְבָּאֵר וְכו'. הִנֵּה זֹאת הַסֵּדֶר שֶׁסִּדֵּר רַז"ל כַּאן, הָפוּךְ הוּא שֶׁכָּתַב שֶׁהַנְּקוּדוֹת הֵם הָאוֹרוֹת שֶׁיָּצְאוּ תְּחִילָּה, וְאֵינוֹ כֵן, שֶׁהַכֵּלִים יָצְאוּ תְּחִילָּה, כְּמוֹ שֶׁכָּתַב רַז"ל שֶׁאָמַר, שֶׁאַחַר שֶׁיָּצְאוּ הַכֵּלִים וְהוּנְחוּ כָל אֶחָד וְאֶחָד בִּמְקוֹמוֹ זֶה תַּחַת זֶה, יָצְאוּ הָאוֹרוֹת. וְעוֹד מַה שֶׁכָּתַב שֶׁהַטְּעָמִים הוּא שֵׁם מ"ה הֶחָדָשׁ, וְהוּא כָתַב כַּמָּה פְּעָמִים, וְעַיֵּין בְּפֶרֶק ב' מִשַּׁעַר הַתִּקּוּן שֶׁהֵם"ה לְבַדּוֹ כּוֹלֵל טַנְתָּ"א שָׁלֵם, וְכֵן הַב"ן, אַף עַל פִּי שֶׁאֵינוֹ אֶלָּא ס"ג דֶּס"ג, כּוֹלֵל טְעָמִים נְקוּדוֹת תָגִין אוֹתִיּוֹת שָׁלֵם. וְעוֹד עַל סֵדֶר שֶׁכָּתַב רַז"ל, אֵינוֹ לֹא הֲוָי"ה כְּסֵדֶר, וְלֹא הֲוָי"ה מְהוּפֶּכֶת. וְעַיֵּין לְעֵיל פֶּרֶק ה' דְּעֲקוּדִים, שֶׁשָּׁם כָּתַב רַז"ל הַגָה"ה אַחַת, וְהַרְבֵּה לְהַקְשׁוֹת יוֹתֵר מִזֶּה, כִּי כַּאן שַׁיָּיכָה, יְעֹ"שׁ.

[215]

בית לחם יהודה ש"ח פ"ו דכ"ו ע"ב – וְנֹאמַר כִּי בְּחִינַת הַנְּקוּדִים הֵם הָאוֹרוֹת הָרִאשׁוֹנִים שֶׁיָּצְאוּ בָּרִאשׁוֹנָה. אֵינוֹ ר"ל שֶׁיָּצְאוּ בָּרִאשׁוֹנָה מִקְּמֵי הַכֵּלִים שֶׁלְּהֶם, אֶלָּא ר"ל שֶׁיָּצְאוּ בָּרִאשׁוֹנָה מִקְּמֵי הַטְּעָמִים, שֶׁהֵם מ"ה הֶחָדָשׁ. וְהָעִנְיָן הוּא כִּי כַּוָּנַת רַז"ל לְבָאֵר בְּחִינַת טַנְתָּ"א שֶׁבָּהֶם, וּבְסֵדֶר הַטַנְתָּ"א הַטְּעָמִים הֵם קוֹדְמִין לַנְּקוּדוֹת, וְהֵכָא קָדְמוּ יְצִיאַת הַנְּקוּדוֹת לִיצִיאַת הַטְּעָמִים, וְלָכֵן אָמַר שֶׁהַנְּקוּדוֹת הֵם הָאוֹרוֹת שֶׁיָּצְאוּ בָּרִאשׁוֹנָה, וְהַיְנוּ נַמֵי מַאי דְּסַיֵּים וְהַטְּעָמִים הֵם שֵׁם מ"ה הֶחָדָשׁ, שֶׁיָּצָא אַחַר כָּךְ וְכו'. שֶׁדִּיקְדֵּק לוֹמַר שֶׁיָּצָא אַחַר כָּךְ, לְפִי שֶׁאֵינוֹ כְּסֵדֶר הַטַנְתָּ"א, וְכָךְ כָּתַב בְּאֵשׁ"ל מִשֵּׁם הָרַב יוֹסֵף דַּעַת ז"ל, יְעֹ"שׁ. וְאַף עַל פִּי דְּשֵׁם מ"ה אִם בִּפְרָטוּתוֹ הוּא כְּלוּל מֵטַנְתָּ"א, וְאִם בִּכְלָלוּתוֹ הוּא בְּחִינַת תָגִין וְלֹא טְעָמִים, כִּמְבוֹאָר בְּמ"ב דְּפֶרֶק א' דְּטַנְתָּ"א, וּבְמ"ב דְּפֶרֶק ב' דְּעֲקוּדִים. עִם כָּל זֹאת נִקְרָא טְעָמִים, לְפִי שֶׁבִּזְמַן הַתִּקּוּן הָיָה מְעוּלֶּה מִבְּחִינַת הַנְּקוּדוֹת שֶׁנִּשְׁבְּרוּ, כִּי הוּא הָיָה

עֵיצְאוּ בָּרִאשׁוֹנָה[217] לפני הטעמים, דרך העינים דא"ק, שהם אורות סמ"ב דס"ג וב"ן דעסמ"ב דב"ן, **וְהָאוֹתִיוֹת הֵם הַכֵּלִים** שנעשו[218] מהסתכלות אור העינים באורות האח"פ, **וְאַזַר כך כְּשֶׁנִשְׁבְּרוּ**[219] הַכֵּלִים, **וְנִפְרְדוּ** האורות מן הכלים שהם **אִישׁ מֵעַל פָּנֵי מֵתוֹ** וירדו הכלים דנקודים לבי"ע, **הָאוֹרוֹת**[220] שהיו בתוך הכלים פרחו[221] מהכלים, אבל **נִשְׁאֲרוּ** באצילות הם **בבזִינַת**

המתקנים, ואם הם הם נקודות, הוא נעשה טעמים בערכם, ובחינת הרפ"ח ניצוצות שנשארו בכלים הם בחינת התגין, ובזה סרה קושית הרב יפה שעה ז"ל.
216

איפה שלימה, שער הנקודים פ"ו ד"ט ע"א)ז(– הם האורות הראשונים שיצאו בתחלה וכו'. בהגהת ע"ח הקשה, וז"ל - לעיל נראה בהיפך, עד כאן לשונו. ר"ל שלמעלה אמר שהכלים יצאו תחלה ולא האורות. וכן הקשה הרב יפה שעה, והרב שפת אמת באות א', יעו"ש. ובע"ח כתב יד נ"ב יוסף דעת, ר"ל קודם יציאת הטעמים, שהוא מ"ה, וזה שכתב אחר כך מ"ה החדש שיצא אחר כך ותול"מ, עד כאן לשונו.
217

הגהות וביאורים)א(– לעיל נראה בהיפוד, ונראה לעניות דעתי שצריך להגיה שיצאו כלים, ולא גרסיא שיצאו. והיא קושיא, כי הנקודים הם האורות הראשונים לאו למימר שיצאו בראשונה, אלא למימר אורות ראשונים שנעשו אחר כך תגין, לאפוקי אורות טעמים ונקודים שיצאו, אימת שיצאו ולא נחית לפרש אימת שיצאו. ובמבוא שערים דף כ"ה ע"א כתב הענין בדקדוק יותר, ולא כתב מילת בראשונה, וז"ל - והנה נבאר עתה בנקודים, והנה האותיות הם הכלים, ונקודות הם האורות של הנקודים, שהם בחינת נפש שלהם, ובשבירת הכלים נשארו בסוד תגין על האותיות, ואחר כך בעת התיקון יצא אור מ"ה החדש ממצח דא"ק, והם הנקרא טעמים, עד כאן.
218

חסדי דוד דמ"ט ע"ד, אות י"א – וכלי הנקודות שהם החיצוניות נת"א דס"ג, וחיצוניות טנת"א דב"ן, נעשו על ידי שעברו אורות הנזכר דרך יציאתם מן העינים, ושאבו מן אורות אח"פ, שעל ידי הסתכלות העין באזן ימין, ואור חוטם ופה כלולים בו, מקו הראיה, נעשה אור מקיף דכתר דנקודים, ומהארת הקו נעשה אור פנימי שלו. ומהסתכלות העין באזן שמאל, מקו הראיה, נעשה חיצוניות הכלי הנזכר, ומהארת הקו פנימיות הכלי. וכלי חכמה דנקודות נעשה מהסתכלות העין באורות החוטם עד הפה, מצד ימין אור מקיף, ומשמאל חיצוניות הכלי. ומהפה ולמטה מצד ימין אור פנימי, ומצד שמאל]פנימיות הכלי[. וכלי הבינה דנקודות נעשה מהסתכלות העין באורות הפה עד הזקן, מצד ימין אור מקיף, ומצד שמאל חיצוניות הכלי, ומהזקן ולמטה מצד ימין אור פנימי, ומצד שמאל פנימיות הכלי. וכל אלו הכלים דג"ר דנקודות, נעשו מהסתכלות העין באורות אח"פ שבשיבולת הזקן. וכלי השבעה תחתונות דנקודים נעשה מהסתכלות העין באורות החוטם והפה, שמהזקן ולמטה עד החזה, מצד ימין אור מקיף, ומשמאל חיצוניות הכלי, ומהחזה עד הטיבור מצד ימין אור פנימי, ומשמאל פנימיות הכלי.
219

מבוא שערים ש"ב ח"ב פ"ה ד"ז ע"ג הגהה לצמח)י(– כבר נודע, כי כשמת הכלי ונפל, היה האור מסתלק מן הכלי. וגם נודע כי הכלים של מלכות שבקצוות ז"א נפלו פנים ואחור. וזה סוד - **וַיַקֶם אַבְרָהָם, דהיינו אור מלכות דחסד, מֵעַל פָּנֵי מֵתוֹ, מפני הכלי שֶׁמֵת וְנִשְׁבַּר**. ובדרוש רפ"ח ניצוצין כתוב, שגם בחינת אחוריים דמ"ה נפלו, והם כמנין ק"ל, והיינו דתפארת הנקרא שמים, וזה סוד - קל מן שמיא נפל.
220

איפה שלימה, שער הנקודים פ"ו ד"ט ע"א)ח(– והאורות נשארו בבחינת תגין וכו'. וקשה איך אלו האורות עצמם יהיה בהם ב' בחינות, שבתחלה קודם השבירה היו בחינת נקודות, ואחר השבירה ישתנה שמותם ויקראו בשם תגין. ואם נאמר מה שקורא בחינת תגין הוא על בחינת מדרגות התחתונות של האורות, שירדו עם הכלים לבי"ע כמבואר בשער רפ"ח יע"ש. שכן הוא האמת מכל מקום עדיין קשה קצת, כיון שבתחלה היו נקראים נקודות, איך אחר כך ישתנה שמם ויקראו בשם תגין. אמנם נראה שזאת הקושיא עצמה נתקשה בה הרח"ו ז"ל במבוא שערים ש"ב ח"ב סוף פ"ז ד"ט ע"ד, וז"ל - כי הרפ"ח ניצוצים הנזכרים למטה
221

תָּגִין שֶׁעַל הָאוֹתִיּוֹת שֶׁהֵם הַכֵּלִים, וּכְשֶׁרָצָה הַמַּאֲצִיל לְתַקֵּן אֶת עוֹלַם הַנְּקוּדִים הֶחָרוּב, הוֹצִיא אֶת הַטְּעָמִים, שֶׁהוּא[222] שֵׁם מ"ה הַזֶּה[223], שֶׁיֵּצֵא אֵזוֹר כָּךְ בִּזְמַן הַתִּיקוּן מֵאוֹר הַמֵּצַח, לְתִיקּוּן הַמְּלָכִים דְּמִיתוּ, כְּמוֹ שֶׁנִּתְבָּאֵר בְּעֵ"ה.

הרב ז"ל מבאר את בחינת ספר התורה, שגם בו יש את ארבעה הבחינות דטנת"א. כאשר האותיות שבספר תורה הם הכלים, התגין הם בחינת האור שמחיה את הכלים בזמן השבירה, הנקודות והטעמים הם בחינת התיקון. וְזֶה[224] טַעַם הַסֵּפֶר תּוֹרָה שֶׁהוּא סוד פרצוף ז"א[225] יֵשׁ לוֹ בִּזְוִינַת כְּתִיבַת אוֹתִיּוֹת וְתָגִין, וּזְסֵרִים[226]

הם בחינת תגין דז"א, שהם האורות שלקחה העין מאח"פ, והם החופפים, אך הנקודים הם האורות עצמם היוצאים מן הטבור דרך **העין**. ובזה ניחא דאיכא תגין ונקודות, שהם ב' בחינות, גם אלו התגין שבאותיות אחריים דאו"א כנ"ל וכו', יעו"ש. ונקרא לי לפרש כוונת מהרח"ו זיע"א, והוא כי הארת חוטם שלקחתו אורות העינים לצורך זו"ן, הנה זאת ההארה בעצמה נפרטת לעסמ"ב, ומאלו העסמ"ב עצמם כתב בשער הרפ"ח, שנשארו באצילות ששה מדרגות עליונות מע"ב וכו', יעו"ש. לפי זה נמצא כי מבחינת התגין עצמם, מקצת מהם נשארו באצילות, ומהם ירדו לבי"ע. ומה שנשאר באצילות גם הם יקראו תגין, לפי ששורשם מאורות אח"פ, שהוא כתר דס"ג, שנעשה מהם בחינת עטרות ומוחין לכל עולם הנקודים, דוגמת נה"י דאו"א שנעשים מוחין לזו"ן. ובזה לא תקשה ממה שכתוב בשער רפ"ח שבבחינת האורות של הנקודים שהם עסמ"ב דנקודים. יש מהם מדרגות שירדו לבי"ע, והם בחינת רפ"ח ניצוצין, שהם בחינת תגין, ומדרגות העליונות נשארו באצילות, יעו"ש. שכל אלו העסמ"ב הם בחינת אורות ששאבה הארת העין מחוטם ופה.
221

מבוא שערים ש"ב ח"ב פ"ז ד"ט ע"ג – ונבארם עתה בנקודות, והנה האותיות הם הכלים, והנקודות הם האותיות של הנקודות, שהם בחינת נפש שלהם, כנזכר לעיל פ"ג ח"א משער ב'. ובשבירת הכלים **פרחו האורות של הנקודות** הנקראים נפש, ונשארו על הכלים, והם בחינת התגין על האותיות. ואחר כך בעת התיקון, יצא אור מ"ה החדש ממצח א"ק כמו שמבאר בח"ג פ"ו, והם הנקראים טעמים.
222

ע"ח ש"י פ"ב מ"ת דמ"ח ע"ב – כי מצח הרצון דא"ק סליק ברעותיה למברי עולם האצילות על ידי אור מ"ה חדש היוצא ממנו, אשר על ידיו נתקן כל האצילות כמו שנבאר בע"ה. ונמצא כי פירוש רעותא הוא סוד מצח הרצון הנזכר, כי תרגום רצון רעותא. והנה לפי שבחינת ע"ב הוא בראש א"ק, שהם בחינת המוחין ומקומם הנזכר הוא מבפנים כנגד מקום המצח, ושם נזדווגו המוחין שהם בחינת ע"ב, עם בחינת ס"ג שהם אח"פ, הטעמים דס"ג, שהם למטה מהמוחין בסוף הראש, ולכן מרוב האור שיש שם בזה המצח, על ידי הזווג הנזכר לעיל, יצא אור חדש ממנו ולמטה, שהוא שם מ"ה החדש.
223

הגהות וביאורים)ב(– עיין תורת חכם דף קל"ו ע"ב.
224

כרם שלמה ש"ח פ"ו אות י"ג – מה שכתב וזה טעם הספר תורה וכו', ר"ל מה שכתבנו כי האותיות הם רומזים על הכלים דווקא, והתגין הם רומזים על זמן היות האורות חוץ מהכלים, וחופפים עליהם ואינם בתוכם, אבל הנקודות והטעמים אדרבא הם מורים על זמן האורות בתוך כלים ובזמן התיקון, כל זה רמוזים בסדר כתיבת הספר תורה. והוא כי צריך שתדע כי הספר תורה הוא רמז ליסוד דאבא המתלבש בתוך הז"א, לכן הספר תורה הוא רמז לשניהם, דהיינו לז"א ויסוד דאבא המתלבש בתוכו.
225

שער הכוונות, דרושי קריאת ספר תורה, דרוש א' דמ"ח ע"ד – ועתה נבאר מה ענין הוצאת ספר תורה עתה בעת הזה, ובימים אלו, כמו שאמרו רז"ל - עזרא תיקן לישראל שיהיו קוראים בתורה שני וחמישי. והנה נתבאר אצלנו כי ביום שני וחמישי שולטת עולם היצירה בעולם, ולכן טוב לעסוק בתורה בשני ימים אלו, **והנה היצירה היא כנגד ז"א שהוא אות ו' של ההוי"ה, גם ז"א נקרא תורה שבכתב**, ולכן בשני ימים אנו בלבד מוציאין ספר תורה, מה שאין כן בשאר ימי החול כנודע. ואמנם טעם הוצאות ספר תורה אחר נפילת

מִמְנּוֹ[227] טַעֲמִים וּנְקֻדוֹת שזה בא לרמוז על הכלים דנקודים בזמן השבירה, מפני[228] שמה שיש בספר תורה זה אותיות שהם הכלים[229], והתגין שהם האור המאיר מרחוק לכלים, ואין[230] בספר תורה נקודות וטעמים המורים על

אפים הוא כי הנה כי בחינת תורה שבכתב איננה רק בחינת היסוד דאבא המתלבש תוך קו האמצעי דז"א כנודע, גם זה סוד עליית משה רבינו ע"ה להר סיני ביום שני לקבל לוחות התורה, והורידם ביום חמישי.

226

כרם שלמה ש"ח פ"ו אות י"ג – מה שכתב וזה טעם הספר תורה שיש לו בחינת כתיבת אותיות ותגין, וחסרים ממנו טעמים ונקודות. ר"ל כי הספר תורה הוא תורה שבכתב, וז"א עצמו נקרא תורה שבכתב כנודע משער הכוונות דרוש ראש השנה, וכתבנו הכא שהכלים דז"א עצמו היה בהם שבירה, ונשארו האורות שלו חופפים עליו בצורת תגין על האותיות, שהמה הכלים, ולכן נתיגו עליו ג' תגין להורות העדר הג' אורות אח"פ שחסרים ממנו שהמה הטעמים, ועוד שארות הנקודים אינם בתוכו, כי אם חופפים עליו. ויען הספר תורה שהוא תורה שבכתב רמז לז"א, אין בו כי אם אתיות שהם הכלים, ותגין שהמה האורות שאינם בתוכו, אלא על גבו, שהוא בזמן שבירת הכלים.

227

ליקוטי תורה, ספר ישעיהו פכ"ו דקי"ז ע"א – נמצא א"א וא"א מתלבשין זה תוך זה, תוך ז"א, ולזה **ספר תורה אין בו טעמים ונקודות.** כי הם רמוזים לשורש ז"א שבו א"א וא"א, **כי הטעמים בא"א, והנקודות באבא**, ואינו מתגלה רק האותיות שהם בז"א, ותגין שהוא הארת בינה תגא דרישא. אמנם א"א ואבא דהוא טמיר וגניז תדיר לא אתגליא כלל, **וצריך שיכוון הקורא לטעמים ונקודות**, להורות דא"א ואבא מתלבשים שם, אלא שהם נעלמים. ובקריאתו מתעורר אור א"א תוך אבא, ואבא תוך אימא, ואימא תוך ז"א, עד שמאירים לכל העולמות. ולזה אמרו רז"ל - כל הקורא בלא נעימה עליו הכתוב אומר וכו'.

228

מבוא שערים ש"ב פ"ז ד"ט ע"ג הגהה לצמח)ג(– גם יש טעמים אחרים למה אין בספר תורה טעמים ונקודות, והם פשוטים, והוא, כי הנה טעמים בכתר, ונקודות בחכמה, ושני אלו נעלמים במחשבה, כמו שבאר הרב ז"ל על רכב אלהי"ם רבותים, שאף על פי שהם רבותים בכללות שהם עשר. עם כל זאת אלפי שהם שנים, כנגד כתר וחכמה. הם נעלמים במחשבה כנודע. אבל כיון שהאותיות הם שבעה תחתונות, ויצאו מן הבינה, ותגין בבינה, לכן יצאו האותיות עם התגין, להורות אל מקום יציאתם דבינה. **עוד טעם אחר** אל הטעמים, והיא שכיון שהאותיות הם שבעה תחתונות, וטעמים בכתר, ועתיק לקח הכתרים של השבעה תחתונות, לכן לרמוז על זה יצאו האותיות בלי טעמים. **עוד טעם אחר** אל הנקודות, והוא שאם מעיקרא מתחילה בזמן שניתנה התורה, היו האותיות והנקודות כתובות ממש, איך היה יכולת לדרוש אחר כך, או מאז, אל תקרי כך אלא כך, על כמה דרשות דפשט וסוד הצריכים לדרוש מהם כנודע, ובעניין זה הקרי וכתיב. ובמקום ו' כתוב ה', ובעניין ה' ו', וחסר ומלא, ואותיות גדולות וקטנות ותלויות, וכיוצא. הכל רומז אל מה שאירע בזמן המלכים, וקצתם לסיבת הפסיקות ממה שלקח עתיק משבעה תחתונות, וקצתם מה שלקחו או"א שמהם יצאו האותיות כנודע, ואין פה לבאר כל הפרטים השייכים בזה, ונבון יוסף לקח.

229

מבוא שערים ש"ב ח"ב פ"ז ד"ט ע"ד הגהה לצמח)ז(– נראה לי לומר, **שהאותיות הם כלים בערך האור שבתוכם**, כי לזה כשנשברו הלוחות הרומזים אל הכלים, פרחו מהם האותיות, אשר בערך הלוחות הם אורות, דוגמת האורות שפרחו בעת שבירת הכלים. ועוד כי הכלים שנשברו, הם נקודות דב"ן לבד כנודע, אבל כיון ששרש הכלים הם קמץ ופתח, כמנין כ"ב כנודע, והם הולידו והוציאו הכלים כנזכר בש"ב פ"א ב, ואם כן קמץ פתח שהם נקודות, הנה בחשבונם הם כ"ב שהם הכלים, ועיין שם שאמר **שהנקודות הם האורות שהיו בכלים, שהם האותיות**, ואם כן כשאומר שהנקודות הם המלכים דמיתו, ר"ל **האורות שהיו בכלים שנשברו. אבל באורות עצמם, לא שייך שבירה כנודע.** גם זהו טעם שלישי, לשאין נקודות בספר תורה, לרמוז שנסתלקו בעת השבירה. ועוד עדיין צריך להחכים ולהאריך בכל הנזכר לעיל בע"ה, בהיות לי פנאי מצרות ודוחק.

230

שולחן ערוך, יורה דעה סימן רע"ד סעיף ז' – ספר המנוקד, פסול. ואפילו הסירו ממנו הניקוד. וכן ספר שיש בו פיסוק פסוקים, פסול.

האורות הנמצאים בתוך הכלים בזמן התיקון, שהם חסרים ממנו, **כִּי**[231] **כְּבָר יָדַעְתָּ כִּי סֵפֶר תּוֹרָה הוּא בְּזוֹיַנַת הַיְסוֹד דְּאַבָּא**[232] הַמִתְלַבֵּשׁ[233] בְּתוֹךְ ז"א, לכן ז"א נקרא גם כן ספר תורה על שם יסוד דאבא המתלבש בתוכו, **וּכְבָר נוֹדַע** בְּסֵפֶר[234] הַזוֹהַר **בְּהַרְבֵּה מְקוֹמוֹת דְּבַמַּחֲשָׁבָה** שהיא החכמה העליונה דאצילות **אִתְבְּרִיר כֹּלְהוּ** מתבררים כל הנצוצין, והוא בעת התיקון עולים הכלים והרפ"ח ניצוצין מבי"ע לאצילות, ובאצילות מתבררים ונתקנים על ידי יסוד דאבא הנקרא מחשבה. **וְלָכֵן**[235] **הַסֵּפֶר תּוֹרָה**

231

בֵּית לֶחֶם יְהוּדָה שׁ"ח פ"ו דכ"ו ע"ג – כי כבר ידעת כי ספר תורה הוא בחינת יסוד דאבא. במבוא שערים דף ט' ע"ג מבואר יותר, וז"ל – והנה נתבאר במקום אחר ענין ספר תורה, שהוא יסוד דאבא הנכנס תוך ז"א, וכבר ידעת כי במחשבה שהיא חכמה אתברירו כולהו ניצוצין דאזדריקו, והיות ספר תורה בלא נקודות וטעמים מורה על המלכים דמיתו, שהם האותיות והתגין שעליהם, ונתקנים על ידי יסוד אבא, דבמחשבה אתבריר כולהו. ועל ידי הקריאה שהאדם קורא, ממשיך בז"א, שהוא תורה שבכתב, את הטעמים והנקודות על ידי קריאתו, ולכן תראה כי הטעמים והנקודות יש להם הרגשה ונדנוד בקריאתם, יען הם מורים על תחיית המלכים, שחזרו לחיות על ידי טעמים החדשים שבאו, וגם על ידי הנקודות שחזרו לתוכם, אך התגין אין בהם נדנוד כלל, כי הם בחינת האורות פורחות על גבי גופות המתים, יעו"ש. ועיין להרב דברי שלום דף ז' שאלה יו"ד, שהקשה הא ניחא אותיות בד"ק חי"ה ושעטנ"ז ג"ץ שאין בהם טעמים ונקודות בספר תורה, יען כי היה בהם ביטול ומיתה, אבל אותיות אוכ"ל מספר"ת למה לא יש להם טעמים ונקודות בספר תורה. ותרץ, הטעמים ודאי לא יש, יען כי הטעמים הם מ"ה החדש, ועדיין לא בא לספר תורה, כי עתה צריך להמשיכו על ידי הקריאה, וגם הנקודות צריך להמשיך, כי תחלה לא בא אלא בסוד נפש דנקודות, שלא יצאו כי אם מלכיות לבד, ואם כן צריך להמשיך להם תשלום הב"ן בשלימותו, משום הכי אין בהם נקודות, כי חסר משם שלימות הנקודות, עד כאן לשונו.

232

הגהות וביאורים)ג(– א"ה עיין שער ההקדמות דף כ' ע"ד.

233

כֶּרֶם שְׁלֹמֹה שׁ"ח פ"ו אות י"ג – שבראש דבריו כתב כי הספר תורה רמז ליסוד דאבא, ואחר כך כתב שספר תורה רמז לז"א תורה שבכתב, **אֶלָּא הַיְינוּ הָךְ**, כי לעולם שספר תורה עיקר שלו הוא הרמז ליסוד דאבא, **אֲבָל מִפְּנֵי שֶׁהוּא מִתְלַבֵּשׁ בְּתוֹךְ ז"א, לָכֵן הַז"א גַּם כֵּן נִקְרָא סֵפֶר תּוֹרָה** על שם נשמתו, שהוא יסוד דאבא.

234

סֵפֶר הַזוֹהַר, פְּקוּדֵי דְרנ"ד ע"ב תרגום ובאור – **וְתָא חֲזֵי** תרגום ובא וראה, **רֵישָׁא שִׁירוּתָא דִּמְהֵימְנוּתָא** הראש של תחילת פרצופי האצילות נקרא אמונה, **גּוֹ מַחֲשָׁבָה** תוך מחשבה שלו, **בָּטַשׁ בּוֹצִינָא דְּקַרְדִינוּתָא** הכה בסוד הזיווג הגבורה דעתיק הנקראת בוצינא דקרדינותא המלובשת במוחא סתימאה, ועל ידי זה **וְסָלִיק גּוֹ מַחֲשָׁבָה** עלה בתוך המחשבה העליונה את כל הברורים של שבעת המלכים שהם ש"ך ניצוצין, **וְאַפִיק נִיצוֹצִין** והוציא המוחא סתימאה את כל הנצוצין שאינם לצורך או"א, כי כל ניצוץ מהש"ך ניצוצין נשאר פסולת, **נְצוֹצִין זָרִיק לְתַלַת מְאָה וְעֶשְׂרִין עִיבָּר** ואותם הש"ך ניצוצין זרק לש"ך מקומות, **וּבְרִיר פְּסוֹלֶת מִגּוֹ מַחֲשָׁבָה** ואימא בריריה את הפסולת שנשארה מהברור של המחשבה העליונה, **וְאִתְבְּרִיר** ונבררו באימא כל הניצוצין השייכים לזו"ן. **אוּף הָכִי אֲלֵין** כמו כן אלו עשרה הרוגי המלוכה, **בְּהוּ אִשְׁתַּלִּים מַאן דְּאִצְטָרִיךְ** בהם ועל ידם נשלם מי שהיה צריך להשתלם, כי כשנהרגו נשמותהם העלו מ"ן לבינה, ובגופם העלו מ"ן למלכות, ועל ידי זה הושלמו הבינה והמלכות, **וְכֹלָּא כְּמָה דְאִצְטָרִיךְ** והכל היה כמו שצריך להיות, **חִידוּ מִסִּטְרָא דָא** שמחה מצד הקדושה, לפי שעל ידי עליית נשמתם נתקנו המ"ן של פרצופי אימא והמלכות, **וְעֲצִיבוּ מִסִּטְרָא דָא** ועצבות מצד הסטרא אחרא היה מצד זה, לפי ששלט על גופם הקדוש.

235

שַׁעַר הַהַקְדָּמוֹת שׁ"ב ח"ב פ"ז ד"ט ע"ד – ונבאר עתה ענין הספר תורה, שהוא רמז לז"א, תורה שבכתב, למה אין בו לא טעמים ולא נקודות זולתי תגין ואותיות, והענין כמו שמבואר בש"ג ח"ג פ"ו, ענין טעמים ונקודות ותגין ואותיות, בעולם העקודים. ונבארם עתה בנקודות, והנה האותיות הם הכלים, והנקודות הם

שיש בו רק אותיות ותגין, וחסר ממנו נקודות וטעמים **(נ"א ולשון ספר תורה) מורה על זה** דוגמת שבעה המלכים דמיתו **הנזכר לעיל, ועל ידי מה שהשליח ציבור קורא הפרשה בתורה בטעמים ונקודות** בעל פה,[236] הוא **לתקן מה**[237] **שזחסר ממנו** שהם הטעמים והנקודות, כי[238] השליח ציבור בעת קראת התורה ממשיך לאותיות שהם הכלים שאין להם רק תגין את אור הטעמים שהוא שם מ"ה החדש. והנקודות שהסתלקו מהכלים שהם תשלום תשע הספירות החסרות משם ב"ן שהם עס"מ דעסמ"ב דב"ן, עם המלכויות דב"ן שהם ב"ן דעסמ"ב דב"ן, שהסתלקו מהכלים בעת השבירה, ומכניס את כל הבחינות האלו תוך הכלים, שהם האותיות דספר תורה, **ועל ידי שהציבור שומעים באוזניהם את הקריאה,** הם ממשיכים את אור האוזן דא"ק, שחסרון אור האוזן הוא שגרם לשבירה, וכל האורות האלו עולים ביסוד דאבא כדי להתברר ולהתקן. לכן יש ארבעה זמנים בספר תורה, **א.** לפני שבירת הכלים שאז הנקודות היו תוך האותיות. **ב.** אחרי שבירת הכלים שנשאר בספר התורה רק אותיות ותגין. **ג.** המציאות שהשליח ציבור עומד לפני הקריאה בתורה, והיא שיש את האותיות ותגין, והוא[239] מוכן ומזומן להכניס בתוכם את הטעמים והנקודות. **ד.** זמן קריאת התורה שהטעמים והנקודות מתלבשים

האורות של הנקודות, שהם בחינת נפש שלהם כנזכר לעיל פ"ג ח"א משער ב', ובשבירת הכלים פרחו האורות של הנקודות הנקראים נפש, ונשארו על הכלים, והם בחינת התגין על האותיות. ואחר כך בעת התיקון, יצא אור מ"ה החדש ממצח א"ק כמו שיתבאר בח"ג פ"ו, והם הנקראים טעמים, והנה נתבאר במקום אחר ענין הספר תורה, שהוא יסוד דאבא הנכנס תוך ז"א. וכבר ידעת כי במחשבה שהיא החכמה, איתבררו כולהו ניצוצין דאזדריקו כו', והיות הספר תורה בלי נקודות וטעמים, מורה על המלכים דמיתו, שהם האותיות והתגין שעליהם, ונתקנין על ידי יסוד דאבא, דבמחשבה אתברר כלא, על ידי הקריאה שאדם קורא, וממשיך בו בז"א שהוא תורה שבכתב, את הטעמים והנקודות על ידי קריאתו, ולכן תראה כי הטעמים והנקודות יש להם הרגשה ונדנוד בקריאתם, יען הם מורים בתחיית המלכים, שחזרו להחיות על ידי הטעמים החדשים שבאו, וגם על ידי הנקודות שחזרו לתוכם. אך התגין אין בהם נדנוד כלל, כי הם בחינת האורות בהיותם פורחים על הגופות המתים, בסוד ונפשו עליו תאבל.
236

איפה שלימה, שער הנקודים פ"ו ד"ט ע"א)ט(– הוא נתקן מה שחסר ממנו וכו'. עיין בהרב דב"ש ז"ל בדף ז' ע"ד שאלה יו"ד, שהקשה תינח אותיות בד"ק חי"ה ישהעטנ"ז ג"ץ שאין בהם טעמים ונקודות בספר תורה, יען כי היה בהם ביטול ומיתה. אך אוכ"ל מספר"ת לא יש בהם טעמים ונקודות, הרי נתקיימו. ותיריץ כי הטעמים ודאי יש, יען שהטעמים הם מן מ"ה החדש, ועדיין לא בא, וצריך עתה להמשיכו. וגם נקודות צריך להמשיך, דתחלה לא באו אלא בסוד נפש דנקודות, שלא יצאו כי אם מלכיות לבד. ואחר כך צריך להמשיך להם נקודות בשלימותם, לכן אי אנו מנקדים אותם, לפי שחסר מהם שלימות הנקודות, עד כאן לשונו.
237

הגהות וביאורים)ד(– עיין דברי שלום דף ז' ע"ד שאלה י'.
238

כרם שלמה ש"ח פ"ו אות י"ג – ומה שכתב ולכן הספר תורה מורה על זה, ר"ל וסדר תיקונו הוא כי חסר בחינת טעמים שהם אור החדש, ונקודות שהם האורות שבתוך הכליהם, ועל ידי מה שהשליח ציבור קורא בטעמים ונקודות בעל פה בספר תורה, שאין בו כי אם תגין ואותיות, אז ממשיך לאלו הכלים השבורים שאין בהם כי אם תגין, ממשיך להם בחינת הטעמים ונקודות, שהם אורות מ"ה החדש ותשלום האורות דב"ן, דהיינו תשלום התשעה ספירות העליונות עם הב"ן הישן, להכניס אותם בתוך כליהם. **וצריך השליח ציבור לעשות זה כדי שישמעו העם באוזניהם, כדי להמשיך להכלים בחינת הארת האזן שחסרה מהם בתחילה.**
239

לקוטי תורה, ישעיהו פרק כ"ו דקי"ז ע"א – ולזה ספר תורה אין בו טעמים ונקודות, כי הם רמוזים לשורש ז"א שבו א"א ואו"א, כי הטעמים בא"א, והנקודות באבא, ואינו מתגלה רק האותיות שהם בז"א, ותגין שהוא הארת בינה תגא דרישא, אמנם א"א ואבא דהוא טמיר וגניז תדיר, לא אתגליא כלל. וצריך שיכוון הקורא לטעמים ונקודות להורות דא"א ואבא מתלבשים שם, אלא שהם נעלמים, ובקריאתו מתעורר אור א"א תוך אבא, ואבא תוך אימא, ואימא תוך ז"א, עד שמאירים לכל העולמות. ולזה אמרו רז"ל כל הקורא בלא נעימה עליו הכתוב אומר וכו'.

תוך האותיות, והקהל הקדוש **שומע** את קריאת התורה בשתיקה. לכן[240] **תמצא כי הטעמים יש' בהם הוראה בהוצאת הבל הפה**, כי יש ניגון פרטי לכל טעם בפני עצמו בהוצאתן מהפה ולזווז על ידי השליח ציבור הקורא בתורה, **וכן הנקודות יש' להם** ר"ל לכל אות **הברת, כמו אָ אַ אֶ אֵ אִ אֹ או,** אבל (נ"א כי) התגין אין להם שום תנועה ונדנוד בעת קריאת האותיות, **והטעם כי** [דט"ל ע"ד 78] בזזינת **הטעמים** שהם סוד שם מ"ה החדש **והנקודות** שחוזרים לכלים **הם מורים בזמן שהאורות בתוך הכלים** לאחר התיקון, **ולכן הם נרגשין ונדנדים בעת קריאת האותיות** בספר התורה, **יען**[241] **כי על ידי** הטעמים **והנקודות והקריאה הם מאירין בתוך כליהם, שהם האותיות. אבל התגין מורים על זמן היות האורות על גבי האותיות** לפני התיקון, **וזזוק להם** ר"ל חוץ לאותיות, **שאז אין לאותיות שום נדנוד ותנועה, כי רווזניותם** שהם הנקודות **נסתלק מתוכם,** (מן הכלים הנקודים) **אמנם**[242] התגין **עומדין עליהם מרזוק להאיר להם, הארה מועטת, כדמיון התגין העומדים זקופם על האותיות לא בתוכן.**

כרם שלמה ש"ח פ"ו אות י"ד – מה שכתב לכן תמצא, ר"ל על פי מה שביארנו לעיל כי הטעמים הם בחינת מ"ה החדש שבא לתקן הכלים שמתו, והנקודות הם בחינת האורות של הנקודים שחזרו לתוך כליהם, לכן תמצא בהרגשתם בתחתונים שהם אצלנו, כי הטעמים שהם מתחברים באותיות נרגשים על ידם, וכן הנקודות כמו קמץ וכו', ולא מעצמם אלא על ידינו, שהוא על ידי קריאתנו בפה בספר תורה, והוצאתם מחוץ לפה שלנו, הוא להורות שתחייתם של מלכים תלויה בידינו ובמעשינו, בסוד - ואדם אין לעבוד את האדמה, שהם המלכים דמלכות דא"ק, שהיא האדמה, ולזה רמז כאן בכותבו **בהוצאת הבל הפה וכו'**, בהוצאתן מהפה ולחוץ. אבל פירושו הוא, מפני שהתגין אין להם הוראה, כי אם בצורת כתיבתן, אבל לא על ידי הקריאה גם כן שהוא הוצאתם מחוץ לפה, כי אין להם הרגשה ביציאתן חוץ לפה. אבל הטעמים והנקודות מלבד שיש להם הוראה בצורתם, גם יש להם הוראה ונדנוד ביציאתן חוץ לפה, ולא יש להם ניגון אחד דווקא לכל הטעמים ולכל הנקודות, אלא יש ניגון פרטי לכל טעם ולכל נקודה בפני עצמה, בצורת כתיבתם, וביציאתן חוץ לפה על ידי ההברה של הקריאה. ולזה מנה כאן כל עשר נקודות, לומר שיש הברה פרטית לכל נקודה, ולכל טעם.

בית לחם יהודה ש"ח פ"ו דכ"ו ע"ג – יען כי על ידי הנקודות והקריאה הם מאירים. נראה לעניות דעתי שצריך לגרוס יען כי על ידי הקריאה, הנקודות והטעמים הם מאירים.

שפת אמת ש"ח פ"ו אות ב' ד"י ע"ב – אמנם עומדים עליהם מרחוק וכו'. נמלא שבחינת התגין הם האורות שנשארו באצילות אחר שנשברו הכלים, ומאירים להם מרחוק, וכן כתב בהדיא לקמן בשער השבירה בפרק ו', יעו"ש. אך בספר מבוא שערים ש"ב ח"ב שלהי פ"ז יש שיטה אחרת למוהרח"ו ז"ל בהגהתו ד"ה ונראה לי חיים וכו', יעו"ש. ואפשר לפרש כוונתו שם כי באמת השבעה כלים דשבעה מלכים לא נעשו כי אם מהארת חוטם פה מתחת השבולת, אשר לכן נשברו, אך בהוצאת אורותיהם דרך העינים, ועוברים דרך אורות אח"פ, בהכרח שיתערבו עמהם קצת אורה מהם, וכולם נכנסו תוך הכלים, ובעת השבירה הארה זו שמעורבת בהם מאורות אח"פ היא היא הנשארת חופפת עליהם בסוד התגין, והיא עצמה בחינת הרפ"ח ניצוצין, שנשארת מעיקר האורות שהיו בכלים, ונפלו עמהם כדמות התגין שסמוכה לאות, וחופפת עליהם, וכן על דרך זה בצאת

שואל[243] הרב דברי שלום **שאלה אדירה** והיא, כי מובן שאותיות שעטנ"ז ג"ץ שהם הפנים ואחור דזו"ן שנשברו, ואותיות בד"ק חי"ה שהם האחוריים דאו"א שנתבטלו, צריכים תיקון, כי הרי הסתלקו האורות מהם שהם הנקודות. אבל אותיות אוכ"ל מספר"ת שהם הפנים דאו"א שלא נפגמו כלל, מדוע חסרים הם בספר התורה טעמים ונקודות, הרי קריאת ספר התורה הוא תיקון שבירת הכלים. **תשובתו** של הרב דברי שלום היא כי על הטעמים אין מה לדבר, כי הטעמים הם בחינת שם מ"ה החדש שמתקן את כל האצילות. גם הנקודות שיצאו תחילה הם רק בחינת הנפש, שהיא בחינת המלכויות דשם ב"ן, ועדיין חסרים תשעה הספירות העליונות כדי להשלים את שם ב"ן, לכן גם את אותיות אוכ"ל מספר"ת לא מנקדים בספר התורה.◆

עוֹד יֵשׁ שִׁינּוּי אֹזֶר בין התגין לבין הטעמים והנקודות, **כִּי הַטְּעָמִים וְהַנְּקוּדוֹת יֵשׁ מֵהֶם הַרְבֵּה שֶׁעוֹמְדִין תּוֹךְ הָאוֹתִיּוֹת, כְּגוֹן[244] דָּגֵשׁ[245]** הַנִּמְצָא[246] בתוך האותיות, **וְרָפֶה** הוא קו[247]

אורות דחו"ב דנקודים. ודו"ק, ואם שגיתי אתי תלין משוגתי, ודע שטעות סופר נפל שם בדבריו, וצריך לומר תגין במקום טעמים, ועיין מה שכתב לעיל ד"ה והנה כבר וכו'.
243

דברי שלום שאלה י' ד"ז ע"ד – כתב הרז"ל במבוא שערים ש"ב ח"ב פ"ז דאותיות אוכ"ל מספר"ת הם הפנים דאו"א, ואין בהם שום תג, יען נשארו האורות בתוכם, ואותיות בד"ק חי"ה הם האחוריים דאו"א, ויש להם תג אחד, להורות על העדר אור האוזן מתוכם, ואותיות שעטנ"ז ג"ץ הם פנים ואחור דזו"ן, ויש להם ג' תגין להורות על העדר אור אחר מתוכם, יע"ש. וצריך להבין לעיל בפרק זה מהו ענין דספר תורה בקיצור - דבספר תורה אין בו כי אם תגין ואותיות, הם הכלים שנשברו, והתגין הם אורות הנקודים שנשארו באצילות, וכשאדם קורא בהם, ממשיך בהם טעמים והנקודות, שהם אורות הנקראים מ"ה החדש, ועל ידי זה מחיה אותם, עיין שם. ואם כן כל זה שעטנ"ז ג"ץ ובד"ק חי"ה, שהיה בהם ביטול ומיתה, אך באותיות אוכ"ל מספר"ת למה לא יש בהם טעמים ונקודות, יען שאלו נתקימו, כמו שנתבאר. **תשובה** - טעמים ודאי לא יש, יען דהטעמים הם מן מ"ה החדש ועדיין לא בא, ועתה צריך להמשיכו. וגם נקודות צריך להמשיכו דתחילה באו אלא בסוד נפש דנקודות, שלא יצאו כי אם מלכויות, כמו שכתב הרז"ל בכל מקום שכל העשרה נקודות צריכים תיקון. ואם כן צריך להמשיך להם נקודות בשלמותם, ולכך אין אנו מנקדים אותם, שחסר להם שלמות הנקודות.
244

בית לחם יהודה ש"ח פ"ו דכ"ו ע"ג – כגון הדגש והרפה. נראה לי שתיבת והרפה נמחק, כי הרפה הוא על גבי האות, כנזכר בתיקונים סוף תיקון ה' דף כ' סוף ע"ב, ואינו בתוך האות. גם בשער ההקדמות דף כ' ע"ד ליכא תיבת רפה, יע"ש. ומהכא מבואר שהדגש הוא או מבחינת טעמים או מבחינת נקודות, ובפרק ה' דשער טנת"א כתב מהרח"ו ז"ל - ואולי כי הדגש והרפה הוא הבל דגרמי, שאינם לא טעמים, ולא נקודות, ולא תגין, כנזכר בסוף תיקון ה', ולא קבלתי זה ממורי ז"ל, עד כאן לשונו.
245

הגהות וביאורים)ה(– לעייל שער טנת"א שער ה', שער כ"ח פרק ב'.
246

תרשים ו – י"ז.
247

תיקוני הזהר, תיקון ה' ד"ד כ' ע"ב תרגום והסבר – בחינת הדגש הוא בחינת דין, והרפה הוא רחמים **רפ"ה איהו לעילא מאתוון** רפה הוא קו כמו פתח הנמצא למעלה מהאותיות, כך היו נוהגים לכתוב אות עם רפה בימים הקדומים, והאחרונים השמיטו קו זה מאות הרפה, כי העדר הבחינה היא בחינה בפני עצמה, **ועלייהו אתמר** ועל בחינת הרפה נאמר **ודמות על ראשי החיה** <u>רקיע</u> **כעין הקרח הנורא נטוי על ראשיהם מלמעלה, נטוי דא איהו רפ"ה** נטוי זה הרפה הנקרא רקיע, **נטוי על ראשי חיוון** נטוי על ראשי החיות, **דאינון הוי"ה ארבע אתוון ודאי** היינו ארבע אותיות הוי"ה נקראים חיות הקודש, והוא בחינת צורת פתח, הנקרא רקיע על האותיות, ובחינה זאת היא בחינת רחמים. בחינת הדין הוא דג"ש, **איהו מלגאו דאתוון** הוא נקודה בתוך האותיות, **כגוונא דא** הגי"ה כמו זה הגי"ה, **רפ"ה מלבר כגוונא דא הוי"ה** רפה הוא מבחוץ מעל האותיות, כמו מעל

הנמצא מעל האותיות, שהמדפיסים הוציאו אותו מספרי הקודש, והם סוד[248] הבל דגרמי, ובסוד[249] דין ורחמים, **ופסק**[250] **ומקף בטעמים**[251] שהם בין האותיות, **ושורק**[252] באמצע ה**נקודות, ויש** טעמים ונקודות מהם **שעומדים תוזת האותיות** ומהם מעל לאותיות, **אבל**[253] **התגין כל** בזזיׁנׁתם אינם אלא ע"ל ג'בי האותיות תמיד מבזזיׁך להם והוא בא להורות על זה

אותיות הויה, **ואינון** והדגש והרפה הם **כמתג ורסן לאותיות** כמו מתג שהוא מעל גבי הסוס כך רפה על גבי האותיות. וכמו שהרסן הוא בתוך פה הסוס, כך הדגש בתוך האותיות, **ובהון** ובהם כתוב **והחיות** שהם האותיות **רצוא ושוב, רצוא בדג"ש, ושוב ברפ"ה.**
248

ע"ח ש"ה פ"ה מ"ה דכ"ג ע"ב – ואולי **דגש ורפה הוא הבל דגרמי** שאינם לא טעמים, ולא נקודות, ולא תגין, כנזכר בתיקונים סוף תיקון ה' ולא קבלתי זה ממורי זלה"ה.
249

ע"ח ח"ב שכ"ח פ"ב מ"ת די"ח ע"ד – ונודע כי בחינת הדדים נקרא שם שד"י, והנה נתבאר אצלינו כי שד"י הוא גימטריא הוי"ה שארבע אותיות הוי"ה הם כ"ו, גם נעשים בחינת ע"ב, גם בחינת רי"ו, שהם ג' פעמים ע"ב, כמבואר אצלינו על פסוק - ויעבור הוי"ה על פניו ויקרא, ושם נתבאר כי ג' בחינות אלו הם גימטריא שד"י, שהם כ"ו ע"ב רי"ו, אשר מקומן בג' קוין של חג"ת, כי בתפארת הוא שם הוי"ה עצמה, שהוא כ"ו, וחסד הוא גימטריא ע"ב, וגבורה הוא גימטריא רי"ו, לכן מקום הדדים הם בחזה שבין חג"ת, וכל בחינותו יחד הם שד"י. ומזה השם של שד"י שהוא בדדים של אמא יונק ז"א, ומתפשט ונתקנו הג' קצוות ראשונים שלו, שהם חג"ת, אשר יש בהם ע"ב רי"ו כ"ו, גימטריא שד"י כנזכר לעיל, ואחר כך גם נה"י שבו ינקו, משם ונעשו ע"ב רי"ו כ"ו אחרים, כנודע כי כל מה שיש בחג"ת יש בנה"י, אלא שבבחינת חג"ת הם **רחמים ונקרא שד"י ברפה**, בסוד בין שד"י ילין, שהם מקום הדדים ממש. ובנה"י **נקרא שד"י בדגש בסוד א"ל שד"י כנודע, לפי שהוא יותר דינין.** כנודע כי **הדגש ורפה הם דין ורחמים**, והנה נמצא כי גם בבחינת יניקה נמשך מסוד ע"ב רי"ו, שהם אותיות עיבור, **ודי בזה.**
250

ע"ח ש"ה פ"ב מ"ת דכ"ב ע"א – ואלו הב' ווי"ן הם בחינת טעמים אמצעים, שבאמצע התיבה, **והם פסק ומקף** כנודע.
251

כרם שלמה ש"ח פ"ו אות י"ד – ומה שהביא דוגמא לנקודות כמו אָ א וכו', ולא הביא דוגמא לטעמים, אפשר לומר מפני שהטעמים אין הוצאתם שוה, כי ניגון הטעמים של התורה לחוד, וניגון של טעמים הנביאים לחוד, וניגון טעמים של הכתובים לחוד, ושל תהילים לחוד, ולכן לא הביא דוגמה מהם, מפני שאין אנחנו יכולים לעמוד על איזה מהם מדבר, כי משתנים הם. אבל הנקודות שהם בכולם שוה מוצאא וניגונם, בין בתורה, בין בנביאים, בין בכתובים, ובין בתהילים, ובין בכל מקום, לכן הביא דוגמא מדבר השוה לכל נפש.
252

ע"ח ש"ח פ"א מ"ת דל"ד ע"א – ונאמר כי הנה הנקודות הם תשעה, שהם קמץ ופתח צירי סגול שבא חולם שורק חירק קיבוץ. אמנם גם כן יש בהם בחינות עליונות, שהם ניקוד חולם, **ואמצע כגון שורק**, וכל השאר הם תחתונים שמקומם הם תחת האותיות.
253

שער ההקדמות, דרוש בבטול האחוריים של או"א ד'א כ' ע"ד – אבל התגין אין בהם הוראת הברה ויציאת הבל הפה ולחוץ, ואינם ניכרים אלא בציור כתיבתם. וסבה לכל זה הוא כי הטעמים והנקודות הם מורים ענין היות האורות תוך הכלים, ולכן הם נרגשים וניכרים בענין תנועתם, איך יוצאים מהפה ולחוץ, ועל ידי קריאתינו אותם הניגונים ניכר היות האורות מאירים בכלים שלהם. **אבל התגין הוא הוראת זמן היות האורות מחוץ לכלים**, ואינם מאירים בתוכם, ואינם עושים תנועה כלל, כגוף בלי נשמה, והנשמה חופפת עליהם ברחוק, בציור תגין על גבי האותיות, ולא בתוכם.

שהאורות בזמן הסתלקותם הם על גבי הכלים, שהם האותיות, **אמנם**[254] **עם כל זה עומדים אצלם להאיר להם** לפני התיקון מעולם האצילות, **אף על פי שאינם בתוכם** אלא הכלים שהם האותיות ירדו לבי"ע **כמו שנבאר** בע"ה.

הרב ז"ל מבאר את פרצופי או"א וישסו"ת, בסוגיה זאת, האמת[255] היא כי חלק זה לא שייך בעיקרון לדרוש הזה, אלא הוא הכנה להבנת סוגיות ביטול אחורי או"א וישסו"ת בשער השבירה. **ואמנם למטה** בשער[256] או"א **בע"ה נבאר** באורך **סדר או"א ומציאותן, ושם נאמר כי** פרצוף[257] **אבא כולל** כמו כל פרצוף **עשר ספירות, וכן** פרצוף **אמא כלולה מעשר ספירות, וכן זו"ן** כלולים כל אחד **מעשר ספירות** פרטיות.

בסוגיה זאת הרב ז"ל מבאר את בחינת זו"ן[258] הגדולים הנקראים ישראל ולאה הגדולה הנקראת[259] גם רחל הגדולה, ויעקב ורחל עטרות דיסוד, ולא על ז"א שמאחוריו עומדת לאה קשר של תפילין, ורחל הגדולה. **והנה כמו**

254

בית לחם יהודה ש"ח פ"ו דכ"ו ע"ג – אמנם עם כל זה עומדים אצלם להאיר להם אף על פי שאינם בתוכם כמו שכתב]ונבאר עתה סדר ירידת השבעה מלכים ונפילתם, וירידת אחורי או"א שאיך נעשה הכל ביחד[ואמנם למטה בע"ה וכו'. כך צריך לגרוס, כן הוא בשער ההקדמות דף כ' ע"ד, יעו"ש. ונראה שכל שיטה זו נשמטה מההדפוס, והוא חסרון הניכר, ומבלעדי הגהה זו אין שום קשר ושייכות עם דבריו הקודמין, וכן נראה ממה שכתב אחר כך ונחזור לענין וכו'.

255

כרם שלמה ש"ח פ"ו אות ט"ו – מה שכתב ואמנם למטה ב"ה נבאר סדר או"א וכו'. הרואה יראה כי אין קשור זה עם מה שנתבאר עד עכשיו, כי מה ענין זה אל שלמעלה ממנו. אלא כאן חוזר לראש פרקין, והוא כי כתב בראש פרקין, ונבאר עתה ענין אחוריים דאו"א שגם הם נפלו ונשברו. וקודם לזה בפרק ה' הביא גם כן ענין שבירת השבעה מלכים, שהם הזו"ן, ורצה לבאר ענין נפילת אחוריים דאו"א, והפסיק הענין בהקדמה של פנים בפנים ואחור באחור, ועכשיו חוזר לבאר ענין נפילת אחוריים דאו"א, ואיך תלויים נפילתם בנפילת הזו"ן.

256

ע"ח שי"ד פ"ב מ"ת ד"ע ע"ג – כי זווג א"א ואו"א לא פסיק, ובפרט מה שהוא צריך לחיות העולמות, ותמיד נמשכין חו"ג חדשים, אז חו"ג ראשונים שהם עולה למעלה, הם מקבלים הארה מן החדשים דרך מסך היסוד בסיתום גמור, והגבורות והחסדים אשר הם למטה מקבלין הארה מן החדשות בגילוי גמור, וסיבה זו הוא מה שגורם אל התחלקות ארבעה פרצופין, להיות שינוי הבדל בין התחתונים אל עליונים. נמצא עתה כי או"א מתחילין להלבישין את א"א מן הגרון שבו עד סיום היסוד דעתיק שבתוכו, שהוא עד סיום שליש עליון דתפארת דא"א, והוא עד החזה שלו, ואבא מלביש הימין, ואמא מלביש השמאל, ואחר כך באים ישראל סבא ותבונה גם הם מלבישין את א"א מהחזה הנזכר לעיל עד טבור של א"א, שהוא יותר למטה מעט מן חצי תפארת שלו, ישראל סבא בימין, ותבונה משמאל. ואלו הארבעה פרצופין הן מלבישין לא"א מן הגרון עד הטבור כנזכר לעיל, מכל צדדיו וסביבותיו ימין ושמאל, אחור ופנים. וכבר נודע מה שמבואר בענין לאה ורחל בהיותן עומדין באחורי ז"א, שאז העקבים של לאה נכנסין תוך ראש רחל העומדת תחתיה. וכן הענין בכאן שעקביים של רגלי הבינה נכנסין תוך ראש תבונה, מה שאין כן באבא וישראל סבא העומד תחתיו.

257

תרשים ו – י"ח.

258

תרשים ו – י"ט

259

שז"א[260] הַנִּקְרָא יִשְׂרָאֵל כְּלוֹל הוּא מֵעֶשֶׂר סְפִירוֹת, וְנֶחֱלַק[261] לְב' חלקים, החלק
העליון מהכתר עד החזה הנקרא כנגד ישראל הנקרא ו"ק דמ"ה ו"ק דב"ן, ולאה הגדולה הנקראת ו"ק דב"ן, והחלק התחתון מהחזה
עד סוף הרגלים כנגד יעקב ורחל עטרות דיסוד דז"ן הגדולים הנקראים מלכיות דמ"ה וב"ן, ונמצא שרגלי
לאה עד שליש העליון דתפארת דז"א שהוא בחזה שלו, ומשם ולמטה
מתחיל ראש רחל. כן[262] הענין באו"א כל אחד מהם נחלק לב' זווגין, וב'
זווגי העליונים של או"א מהכתר[263] עד החזה שלהם הם נקראים או"א עלאין, וב'
זווגי התחתונים מהחזה ועד ולמטה הם נקראים ישראל סבא ותבונה, וכאשר
נעריך[264] כל זה בבחזינה אזאת, נמצא כי הראש של ישראל סבא שהוא הכתר

רחובות הנהר ד"ז ע"ד – ונתחברו ו"ק שהם ז"א דמ"ה, עם ו"ק שהם ז"א דב"ן, ונכללו אלו באלו, ונתלבשו
אלו באלו, והלבישו לתנה"י דא"א מהטיבור ולמטה מכל צדדיו, פנים ואחור. ונקראים זו"ן הגדולים, כי ו"ק
דב"ן נקרא רחל הגדולה מלכות שבגופו, ולפעמים נקרא בשם לאה, ובכללותם נקראים ז"א ו"ק דמ"ה,
נקראים אותיות עצמם ממש, וו"ק דב"ן נקרא בחינת חשבון דאותיות דז"א. וכן נתחברו מלכות נוקבא דזעיר
אנפין דמ"ה, עם מלכות נוקבא דז"א דב"ן, ונכללו אלו באלו, ונתלבשו אלו באלו, והלבישו לתנה"י דזו"ן
הגדולים, ואלו נקראים יעקב ורחל, ובכללותם נקראים נוקבא דז"א.
260

כרם שלמה ש"ח פ"ו אות ט"ו – מה שכתב כמו שז"א הנקרא ישראל, מפני שפרצוף יעקב ז"א הוא כן שהוא מן
החזה דז"א ולמטה, גם כן נקרא ז"א, ולכן הוצרך לפרש דבריו כאן ולכתוב שז"א שאנחנו מדברין עליו כאן
הוא ז"א העיקרי, הנקרא ישראל.
261

כרם שלמה ש"ח פ"ו אות ט"ו – ומה שכתב ונחלק לב' כנגד לאה ורחל, ר"ל שפרצוף ז"א הוא פרצוף אחד,
אלא מפני שיש לו ב' נקבות שהם לאה ורחל. ואלו הב' הנקבות הם קומתם כך, אחת שהיא לאה מן הדעת שלו
ועד החזה שלו, והשנית שהיא רחל מן החזה שלו ולמטה. לכן נקרא שז"א נחלק לב', מפני שכל אחת מן
הנקבות האלו הם משתמשות בחצי אחד. ואין כל אחת מהם משתמשת בכל קומתו, לבד מזמנים ידועים. ולכן
הז"א גם כן נקרא בשתי שמות, דהיינו מן הכתר שלו ועד החזה נקרא פרצוף ישראל. ומן החזה ולמטה נקרא
פרצוף יעקב.
262

ע"ח שי"ט פ"ט מ"ב דצ"ה ע"א – והנה דוגמת או"א הם ז"א ורחל השוין בקומתן, ודוגמת ישראל סבא
ותבונה הם יעקב ורחל הקטנים, מהחזה דז"א ולמטה, והבן זה.
263

תרשים ו – כ.
264

בית לחם יהודה ש"ח פ"ו דכ"ו ע"ג – וכאשר נעריך כל זה בבחינה אחת. עיין בדברינו בפרק ב' דשער י"ד
ד"ה כן הענין וכו'.
265

כרם שלמה ש"ח פ"ו אות ט"ו – מפני שדבר זה הוא נודע בדרושים אצל ז"א יותר מן או"א, לכן הביא ראיה
מן ז"א. נמצא שכמו שהז"א יש בו עשר ספירות, ואפשר שיתחלק לב', וגבול שלו והחילוק לב' שלו, הוא
האחד מן הכתר שלו ועד החזה, והשני הוא מן החזה ועד סוף הרגלים שלו, והוא כנגד לאה ורחל. וכן הדין הוא
באבא שכלול מעשר ספירות, כמו כן נחלק לה' פרצופים, וכן הוא הדין באימא. שהואיל והיא גם כן כלולה
מעשר ספירות, נחלקת גם כן לב' פרצופים. וגם כן החילוק שלהם מן הכתר עד החזה, ומן החזה ולמטה. ואז ב'
חצאי העליונים דאו"א נקראים או"א עילאין, וב' חצאי התחתונים שלהם נקראים ישראל סבא ותבונה, וזהו
כשאנחנו מחלקים אותם לארבעה חלקים, כל אחד ואחד מהם אז נקראים בשם ארבעה פרצופים. אבל כשבאנו

דישראל סבא, **והראש של התבונה** שהוא הכתר דתבונה **הם**²⁶⁶ **בחזה** דאו"א, שהוא ב**ספירת שליש**

העליון ד**תפארת דאו"א עלאין,** וכן הוא הכתר של יעקב ורחל הקטנים נמצאים בחזה דזו"ן הגדולים,

עיין לקמן²⁶⁷ בשער השבירה.

ונחזור לענין שבעה המלכים, **ונאמר ענין סדר ירידת שבעה** ה**כלים של מלכים**

דזו"ן **איך נשברו וירדו, הנה אמרנו לעיל כי בתחלה יצאו כל הכלים**

שנעשו²⁶⁸ מהסתכלות אור העינים באורות האח"פ, **ואחזר**²⁶⁹ **כך יצאו כל האורות** דנקודים

כלולים בכלי **הכתר**²⁷⁰ ונשאר אור הכתר בכלי שלו, ותשעה האורות התחתונים ירדו לכלי החכמה, **ואחזר**

להאריך קומתם בבחינה אחת, דהיינו שלא נחלק אותם לבחינת ארבעה פרצופים, אלא אנחנו משערים
ואומרים שישראל סבא הוא מגיע עד כאן באבא, והתבונה היא מגעת עד כאן באימא, אז נאמר שישראל סבא
הכתר שלו הוא בשליש התפארת דאבא, וכן התבונה היא גם כן בשליש התפארת דאימא, שהם בחזה של כל
אחד ואחד. וזהו שכתב כאן **וכאשר נעריך אותם בבחינה אחת,** נמצא ראש ישראל סבא בשליש תפארת וכו',
וכן התבונה וכו'.
266

בית לחם יהודה ש"ח פ"ו דכ"ו ע"ג – הם בחזה ספירה בשליש תפארת. הלשון מסורס, וצריך לגרוס הם
בחזה בשליש ספירת תפארת.
267

כרם שלמה ש"ח פ"ו אות ט"ו – ומה שכתב עוד **עיין לקמן,** ר"ל בשער השבירה נצטרך לזאת ההקדמה
ולא כאן, כי שם אנחנו מבארים שעד הנפילה של שליש התפארת דזו"ן, נפלו אחורי או"א גם כן עד החזה
שלהם, ועד הנפילה של סוף הספירה של זו"ן, גמרו ליפול סוף הספירה דאחורי או"א, שהם הישסו"ת, ופשוט.
268

או"ח ש"ח פ"ב מ"ת דל"ו ע"ב – והנה עשרה נקודות נקודות הם, והג' ראשונים שבהם הם לוקחים אור ממה
שנמשך מהסתכלות העין באח"פ, ממקומם עד מקום התחברות בשבולת הזקן כנודע, ואינם מקבלים אותם רק
בשבולת הזקן, כי משם מתחילין הן, ולא ממה שבשבולת הזקן ולמעלה,)נ"א בשבולת הזקן ולא ממה
שבשבולת הזקן ולמעלה, ואינם מקבלין רק בשבולת הזקן כי משם מתחילים הן, ולא ממה שכנגד העין עד
שבולת הזקן(אבל שבעה נקודות התחתונים אין לוקחין רק ממה שנמשך מהסתכלות באורות החוטם והפה
משבולת הזקן ולמטה. כנודע כי החוטם מגיע עד החזה, והפה עד הטבור, ולא משבולת הזקן ולמעלה. ונמצא כי
לפי זה ג' נקודות **לוקחין הארה לצורך הכלים שלהם** מן ג' האורות שהם אח"פ בשבולת דוקא, אבל שבעה
תחתונות אינם לוקחין רק מב' אורות לבד שהם חוטם ופה משבולת ולמטה עד הטבור, כי אור אזן העליונה כבר
נגמרה ונסתמה בשבולת הזקן. ולכן גדולה היא הארה ג' נקודות עליונים מן השבעה תחתונות. ולסבה זו ג'
מלכים הראשונים לא מתו, לפי שיש להם הארה גדולה **והכלי שלהם מעולה מאד,** לפי שנעשה מבחינת אזן
העליונה ומהחוטם ופה, כי בהסתכלות העין באורות האזן חוטם פה **נעשו הכלים שלהם** כנזכר לעיל, כי לקחו
כליהם ממקום שעדיין אורות האזן שהם בחינת נשמה נמשכים שם, שהוא עד שבולת הזקן כנזכר לעיל. אמנם
השבעה מלכים תחאין מתו **לפי שכליהם נעשו מהסתכלות עין בחוטם פה לבד,** והיה חסר מהם אור האזן
העליונה.
269

ע"ח ש"ח פ"ד מ"ת דל"ח ע"א – והנה כאשר יצאו אלו הנקודות שהם מכתר עד מלכות, היתה יציאתן
היפך יציאת העקודים, כי שם ביציאת העקודים יצאת מלכות תחילה, וכתר באחרונה. וכאן בנקודים הוא
להיפך כי הכתר שלהם יצא בראשונה, ובו היו כלולים כל התשעה אחרים, ואחר כך יצאה החכמה ובו כלולים
כל השמונה, וכן על דרך זה יצאה אימא, ובה היו כלולים כל השבעה אורות, ואז היתה היא נקראת אם הבנים.
270

72

כְּךְ התשעה אורות התחתונים כֻּלָם כלולים בִּכְלִי הַזֹזכְמָה ונשאר אור החכמה בכלי שלו, והשמונה אורות התחתונים ירדו לכלי הבינה, וְאַזֹזור כָּךְ השמונה אורות התחתונים כֻּלָם בִּכְלִי הַבִּינָה, וְאָז[271] הָיוּ שִׁבְעָה מלכים אלו בִּמְעֵי הַבִּינָה, כְּדַמְיוֹן הָעוּבָּר בְּבֶטֶן הַמְּלֵאָה[272] והכלים דשבעת המלכים נשארו רקנים. וּ[273]קודם שֶׁנִּתְבָּאֵר[274] עִנְיַין יְצִיאָתָן של שבעה המלכים, בּוֹשֵׁם ר"ל ממעי דאימא, צריכים לחזור ולבאר מה שנתבאר בפרקין, כִּי[275] הִנֵּה נִתְבָּאֵר לְעֵיל כִּי אָדָם הָרִאשׁוֹן הוּא שֶׁגָּרַם עַל יְדֵי מצותיו תפילותיו וּמְעַשָׂיו הטובים זְזוֹרֶת פָּנִים בְּפָנִים לוֹ"ן, כִּי קוֹדֶם שֶׁנִּבְרָא אָדָם הָרִאשׁוֹן הָיוּ זוֹ"ן[276] אָזוֹר בְּאַזוֹר כדי שלא יכלו הקליפות להיאחז וייניקו

כרם שלמה ש"ח פ"ו אות ט"ז – ואחר כך יצאו האורות לבדם כלולים בכלי הכתר, ואחר כך **נשאר אור הכתר לבדו שם בכלי הכתר**, ואחר כך באו התשעה אורות לבדם בכלי החכמה, **ונשאר שם אור החכמה**, ואחר כך נכנסו השמונה אורות בכלי הבינה, **ונשארו שם במעי הבינה כל השבעה אורות של השבעה מלכים**, ועדיין לא נכנסו בתוך הכלים שלהם, אבל הכלים שלהם הם נמצאים שם תחת כלי הבינה, אבל עדיין ריקנים.
271

שמן ששון ש"ח פ"ו אות י"ט די"ט ע"ב – ואז היו השבעה מלכים אלו במעי הבינה, כדמיון העובר בבטן המלאה, ונבאר ענין יציאתם כו'. הנה דע דכאן יש חיסרון הלשון, וכך הג"ה בשער ההקדמות שם. הנה נתבאר למעלה כי בתחילה יצאו כל הכלים, ואחר כך יצאו כל האורות כלולים בכלי הכתר כו', ונמצא כי עתה היו השבעה אורות תחתונים הנקראים שבעה מלכים בתוך מעי דאימא, כדמיון העובר בבטן המלאה. וקודם שנבאר עתה עניין יציאתם לחוץ ממעי אימא, צריכים אנו לבאר לך מה שנתבר למעלה, כי קודם בריאת האדם היו זו"ן אחור באחור כו', יע"ש.
272

הגהות וביאורים)ו(– והנה דע כי כאן יש חסרון לשון, וכך איתא בשער ההקדמות בדף כ"ה ע"ד ד"ה והנה, וז"ל - והנה נתבאר למעלה כי תחילה יצאו כל הכלים, ואחר כך יצאו כל האורות כלולים בכלי הכתר כו'. ונמצא כי עתה היה השבעה אורות התחתונים, הנקרא שבעה מלכים, בתוך מעוהי דאימא, כדמיון העובר בבטן המלאה. וקודם שנבאר עתה עניין יציאתם לחוץ ממעי אימא, צריכים אנו לבאר לך מה שנתבאר למעלה, כי קודם בראת האדם, היה זו"ן אחור באחור כו', יע"ש. שמן ששון.
273

איפה שלימה, שער הנקודים פ"ו ד"ט ע"א)י(– ונבאר ענין יצאתם משם וכו'. עיין בהגהות ובאורים אות וא"ו שכתב - דע שיש כאן חסרון לשון, וכך הוא בשער ההקדמות דכ"ה ע"ד ד"ה והנה, וז"ל - והנה נתבאר למעלה כי בתחילה יצאו כל הכלים, ואחר כך יצאו האורות כלולים בכלי הכתר וכו', ונמצא עתה היו השבעה אורות התחתונים הנקראים שבעה מלכים בתוך מעוי דאימא, כדמיון העובר בבטן המלאה. וקודם שנבאר עתה ענין יציאתם לחוץ ממעי אימא, צריכים אנו לבאר לך מה שנתבאר למעלה, כי קודם בריאת האדם היו זו"ן אחור באחור, יעו"ש.
274

בית לחם יהודה ש"ח פ"ו דכ"ו ע"ג – ונבאר ענין יציאתם משם כי הנה נתבאר לעיל. יש חיסור לשון, וצריך לגרוס וקודם שנבאר ענין יציאתם משם, צריכין אנו לבאר לך מה שנתבאר למעלה, כי הנה נתבאר לעיל וכו')שמן ששון(.
275

ע"ח ש"ח פ"ו מ"ת דט"ל ע"א – וכאשר נברא אדם הראשון, ועשה מצות מעשיות, החזירם פנים בפנים, ואז לא היה פחד מן הקליפות, כי כבר חפר ועזק סקל וכרת קוצים מן הכרם.
276

הגהות וביאורים)ז(– עיין שער ט"ל פרק ב'.

מהאחוריים שלהם. **ודע**[277] **כי אי אפשר לעולם לזדווג שום זווג, אפילו בבזיונת אזור באזור, אם לא על ידי** תלמוד תורה **ומצות מעשיות** של בני ישראל התחתונים, **ואמנם קודם בריאת אדם הראשון בעת האצילות, היה בהכרזה שאותו פעם ה**ראשונה תהיה מאליו הזווג של זו"ן, **שלא על ידי מצות, כי אדם אין** לעבוד את האדמה **עדיין, עד אזור הזווג ההוא אמנם לא היה אלא**[278] **בבזיונת אזור באזור** שעלו[279] ז"ון לחיק או"א, **וכשנולד**[280] **אדם הראשון**

277

כרם שלמה ש"ח פ"ו אות י"ז – ומה שכתב עוד שם **אי אפשר לעולם לחדש שום זיווג אפילו אחור באחור**. הדבר ידוע מה פירוש הזיווג של אחור באחור, כי אין נקרא זיווג אלא עד שיעמדו שניהם פנים בפנים. אם כן מה ר"ל זיווג אחור באחור. אלא כי פירש אותו הרב ז"ל לקמן בשער ט'ל פרק א', ולעיל בשער ז' שער העקודים, שר"ל שאין יכולים לחזור הזו"ן במקומם פנים בפנים מפני מציאת הקליפות. אלא עולים להיכל או"א, ושם חוזרים פנים בפנים, כי אין שם מציאות אחיזת הקליפות. אבל נקרא זיווג אחור באחור מפני שאם היו עומדים במקומם, היו נשארים בבחינת אחור באחור, ולא היו יכולים לחזור פנים בפנים, אלא מה שחזרו בבחינת פנים בפנים הוא כל ידי כח או"א, ולא מכוחם, ולזה נקרא זיווג אחור באחור, אבל לעולם הם מזדווגים בבחינת פנים בפנים.

278

שפת אמת ש"ח פ"ו אות ג' ד"י ע"ג – אלא בבחינת אחור באחור. ר"ל שעלו לחיק או"א, ושם חזרו פנים בפנים, כמו שכתב רז"ל לעיל בשער העקודים פרק ח', ובשער מ"ן פרק א'. לפי זה אחר ברא אדם, אפילו זה הזווג הנעשה בחיק או"א, בחצות הלילה לעשותה כלי, הוא נעשה על ידיו. ועיין בפרק ט' מה שכתב המוחין. ואם שגיתי, אתי תלין משוגתי.

279

ע"ח ח"ב שט"ל דרוש א' מ"ק דס"ו ע"א – ועתה יש ב' מניעות, כי היה צריך לברא את האדם וחוה, כדי שעל ידם יתבררו מ"ן של כל הנשמות כנ"ל, ולזה היה צריך זווג, **ואי אפשר להם להזדווג אם לא יחזרו פנים בפנים**, ולחזור פנים בפנים אי אפשר לסבה כנ"ל, כדי שלא יתאחזו הקליפות באחוריים דנקבות. ולכן כדי לבטל ב' המניעות האלו מה עשו או"א, נסרו את הנוקבא העומדת אחורי ז"א, ואחר כך העלו זו"ן הנסרים למעלה בהיכל או"א עצמה, ששם אין כח לקליפות להתאחז באחורי הנקבה, וזה ההיכל דאו"א הוא **בחינת החופה של זו"ן**, חתן וכלה. ושם יוכלו לחזור פנים בפנים, ושם נזדווגו זו"ן יחד. וכל ענין זה תבינהו בזוהר פרשת בראשית, מה שכתוב בפסוק ויבן הוי"ה אלהי"ם את הצלע, שהוא ענין הנסירה. ואחר כך - ויביאה אל האדם. מהכא ילפינן דבעאן או"א לאעלאה לכלה ברשותא דחתן, כמה דאיתמר - את בתי נתתי לאיש הזה, מכאן ואילך ייתי בעלה לגבה דהא ביתא דילה, היא דכתיב ויבא אליה. **פירוש ענין זווג הראשון דזו"ן בעת אצילותן איננו כשאר זווגים של אחר כך**, והוא כי הזווג הזה לא היה למטה, **רק או"א העלו את ז"א בחיקם**, ואחר כך העלו את הנוקבא בסוד - ויביאה אל האדם, ושם נזדווגו כמו שנבאר בע"ה. ואמנם כל שאר הזווגים דזו"ן דבחינת פנים בפנים הוא למטה בביתא דילה של הנוקבא, שהוא בהיכל הנוקבא, ושם יורד הז"א להזדווג עמה. והנה אז לא היה עדיין מ"ן של הנוקבא מבוררים ומתוקנים כנ"ל, ונמצא כי מה שהעלתה מלכות לגב ז"א הם המ"ן דבינה, אשר הם שמשו אל הנוקבא, ועל ידי מ"ן אלו יצאו אדם וחוה על כך מעולין, ונאחזין עד למעלה כמו שנבאר בע"ה. ואחר כך ירדו זו"ן במקומם למטה, ושם הוכרחו לחזור לאחור באחור כנ"ל, ולסבה הנ"ל שלא יתאחזו החיצונים. ואז בהיותן אחור באחור הוציאה הנוקבא וילדה לנשמת דאדם וחוה, **וזכור כלל זה בכל מקום אשר נאמר כי אדם וחוה על ידי זווג דאחור באחור יצאו, אין הכוונה כפשוטו, כי אי אפשר לעולם להזדווג, כי אם פנים בפנים.** אך הכוונה לומר כי לא יכלו לעמוד זו"ן פנים בפנים במקומם למטה להזדווג ולהוציא אדם וחוה, והוצרכו לעלות למעלה בחיק או"א כנ"ל, ונזדווגו שם פנים בפנים על ידי מ"ן דבינה שהעלתן המלכות, וכאשר חזרו במקומן וירדו למטה, הוכרחו להיות אחור באחור, ואז יצאו נשמת אדם וחוה בהיותן זו"ן אחור באחור. ועיין בדרושי אבי"ע בענין חטא דאדם הראשון, ותבין סדר מעלות

עַל יְדֵי הַזִּווּג הַהוּא של עליית זו"ן לחיק או"א, **הֶחֱזִירָה** האדם הראשון **פָּנִים בְּפָנִים** את זו"ן **עַל יְדֵי** תפילותיו **בְּמִצְוֹתָיו וּמַעֲשָׂיו** שעשה. **אָמְנָם מֵאָז וּלְהָלְאָה אָנוּ צְרִיכִין לַעֲשׂוֹת כָּל הַבְּזִיּוּנוֹת** הזיווגים **אֲפִילוּ בִּבְחִינַת זִווּג אָחוֹר בְּאָחוֹר** שמעלימאת זו"ן לחיק או"א **עַל יָדֵינוּ, כְּמוֹ שֶׁמְּבוֹאָר בְּבִרְכַּת אָבוֹת** ובסידור למרן הרש"ש[281])באהבה(.

דברי הרב ז"ל כאן הם חסרים **ובהסתר גדול נכתבו**, כאן מבואר כי רק זו"ן צריכים את מעשה התחתונים כדי להזדווג, ואו"א לא צריכים למעשה התחתונים, אלא[282] כל פרצוף תחתון נקרא בן לפרצוף שמעליו, והפרצוף התחתון מברר

מדרגות העולמות איך היו בעת שנברא אדם הראשון, ושם תבין איך היו הזו"ן עליונים במקום או"א, ושם היו בבחינת אחור באחור, ונזדווגו שם להוציא אדם הראשון, וע"ש היטב. **וזכור כלל כל זה לכל המקומות שנזכר ענין זווג אחור באחור שאין העניין כפשוטו אלא על דרך הנ"ל**. והוא כשיש בישראל מצות ומעשים טובים, שעל ידיהם יגרמו שיוכלו להזדווג זו"ן פנים בפנים. ועל ידיה היא יכולה להעלות מ"ן לגבי מ"ד דדכורא, ואם אין ח"ו בישראל זכות. אין כח בנוקבא דז"א להעלות מ"ן שלה לגבי בעלה, כנודע כי אין המ"ן עולין אלא על ידי נשמות התחתונים, ולכן כדי לזווגם היא צריכה לעלות עם ז"א למעלה באו"א, והיא מעלה מ"ן דאמא, ומזדווגים יחד. ונמצא כי כמעט זווג זה אין נקרא על שמם, רק על שם או"א, כי עד שם עלו ובכחם, ועל ידי מ"ן שלהם הם מזדווגים, ואלו בעת ההיא היו רוצין לירד למטה למקומם, לא היה להם לעמוד פנים בפנים, אלא אחור באחור. ונמצא ודאי שאין שום זווג אלא בהיותן פנים בפנים, אבל מה שאנו קורין אותו זווג אחור באחור, ר"ל שאם היו אז יורדין למקומן למטה, לא היו יכולין לעמוד אלא אחור באחור, כי על כן עלו למעלה כדי שיוכלו להיות פנים בפנים.
280

בית לחם יהודה ש"ח פ"ו דכ"ו ע"ג – וכשנולד אדם הראשון על ידי הזווג ההוא. פירוש, על ידי הזווג ההוא דאחור באחור, וכמבואר במ"ק דפרק א' דשער ט"ל, יעו"ש. ובחינם מחק לשון זה הרב שמן ששון ז"ל.
281

תרשים ו – כ"א.
282

רחובות הנהר ד"ג ע"ג – נחזור לעניין כי **כל פרצוף תחתון נקרא בן לפרצוף שעליו, והוא מברר בירורי הפרצוף העליון ההוא**, ומעלה אותם לפרצוף שעל גבי פרצוף שעליו לתקנם. המשל בזה הנה ידוע כי ישראל נקראו בנים לזו"ן דאצילות, ועל ידי התורה והתכלות והמצות שעושים ישראל מוַעברדים מבחינת בירורי המלכים דזו"ן, ומבחינת הנשמות, ומעלים אותם למ"ן לישסו"ת לתקנם, וכפי ריבוי או מיעוט אותם הבירורים שמעלים ישראל מבחינת הזו"ן, כך כפי אותו השיעור ניתן כח **בזו"ן ומבררים גם הם מבירורי ישסו"ת**, ומעלים אותם לאו"א עילאין לתקנם, כי הזו"ן נקראים בנים לישסו"ת. וכן ישסו"ת שנקראים בנים לאו"א עילאין, **מבררים גם הם מבירורי או"א עילאין**, כפי ערך אותו השיעור שנברר מהם, ומעלים אותם הבירורים לא"א לתקנם. וכן על דרך זה **או"א שנקראים בנים לא"א, מבררים מבירורי א"א**, ומעלים אותם לעתיק לתקנם. **וכן על דרך זה א"א שנקרא בן לעתיק, גם הוא מברר מבירורי עתיק** ומעלה אותם לפרצוף הקודם אליו לתקנם. וכל זה הוא בערך מה שנתברר ועלה מן הזו"ן, כמבואר בע"ח, ובספר מבוא שערים ש"ב ח"ב פ"ו, עם מה שכתוב בש"ב ח"ג פ"ח ופ"ט, עיין שם היטב. **אמנם תיקון כולם עליונים ותחתונים תלוי בתיקון זו"ן דאצילות, ותיקון זו"ן דאצילות תלוי ביד ישראל, הנקראים בנים לזו"ן דאצילות**. ועל ידי התפלות של ישראל מתבררים מבירורי המלכים דזו"ן, מבחינת העולמות ומבחינת הנשמות, שיעור קצוב בכל תפלה ותפלה, ומעלים אותם למ"ן, וכפי גודל כונתם וזכותם ומעשיהם, וזכות הזמן שבו נאמרה התפלה ההיא, כך גודל תיקונם להעלות ניצוצות רבים דמ"ן, אם בכמות אם באיכות, ובכל יום מעלים ניצוצות חדשות מחדש, ואין יום דומה לחבירו, ואין בריה דומה לחבירתה, ואין צדיק דומה לחבירו. וזהו גודל חיוב מצות התפלות והמצות וכל אחד מתקן ומעלה מה בחינה הראויה אליו, ותתקן החלבנה מה שלא תתקן הלבונה, **ולכן הכל צריכים זו לזה**, ולא יוכל שום אחד מישראל לעשות מה שיעשה חבירו, וכפי גודל הבירור שמתברר ועולה ניתוסף כח למעלה, ויורד שפע ממלמעלה להשפיע בתחתונים, ועל ידי השפע היורד מוסיף כח בתחתונים, ללקט ולברר ולהעלות מ"ן, כנזכר כל זה בפרקים הנזכרים לעיל.

ברורים של הפרצוף שמעליו, וכן ממדרגה למדרגה עד רום המעלות, כך שהאדם התחתון מעלה מן לזו"ן, וזו"ן מעלים מ"ן לישסו"ת, וישסו"ת לאו"א, ואו"א לא"א, וא"א לעתיק, ועתיק לפרצוף שמעליו, עד רום המעלות, ואז יורד שפע מרום המעלות, מפרצוף לפרצוף כדי שיזדווגו כל הפרצופים העליונים, ויורידו שפע לתחתונים. פה מבואר לפי פשט דברי הרב ז"ל שבני ישראל מעלים מ"ן רק לזו"ן, ומשם ולמעלה לא צריך למעשה התחתונים. **וְהִנֵּה**[283] **כָּל זֶה** שאמרנו שעל ידי התורה והמצות והמעשים טובים של האדם הראשון מחזירים את זו"ן פנים בפנים, **אֵינוֹ אֶלָּא בְזו"ן** שם שם תוקף הקליפות, **אֲבָל בְּאו"א לֹא הוּצְרְכוּ מַעֲשֵׂה יְדֵי אָדָם**[284] הראשון להחזירם פנים בפנים ולזווגם, מִפְּנֵי[285] שֶׁבְּפַרְצוּפֵי או"א וכל שכן בפרצופים היותר עליונים אין פחד מאחיזה ויניקת הקליפות, **כִּי** הקליפות חלשים ובלי כח להיאחז בעליונים, ולכן **עַל יְדֵי עַצְמָן מֵאֲלֵיהֶן שֶׁלֹּא עַל יְדֵי אָדָם הָרִאשׁוֹן חָזְרוּ פָנִים בְּפָנִים** או"א ונזדווגו. **וְהִנֵּה זֶה הַזִּווּג הָרִאשׁוֹן** של זו"ן **טֶרֶם שֶׁנִּבְרָא אָדָם הָרִאשׁוֹן, עָלָיו נֶאֱמַר בַּזוֹהַר פְּעָמִים רַבּוֹת, וז"ל כַּד סָלִיק בִּרְעוּתָא לְמִבְרֵי עָלְמָא** שפירושו שעלה ברצון המאציל לברוא את העולם הנקרא זו"ן, **פֵּירוּשׁ כִּי אָז לֹא הָיָה עֲדַיִין הָתְעוֹרְרוּת הָתַּחְתּוֹנִים** כי אין אדם לעבוד את האדמה ולעלות מ"ן, **אֶלָּא מֵאֵלָיו סָלִיק הֲכִי בִּרְעוּתָא** מעצמו עלה כך, **וְזֶה הָיָה לְהַכְרִיז, כִּי אָדָם אֵין** שיעשה מעשים טובים יתפלל וילמד תורה, **לָכֵן הָיוּ הָאוֹרוֹת הָתַּחְתּוֹנִים** של בירורי המלכים **עוֹלִין לְמַעְלָה בְּסוֹד מ"ן** על ידי המאציל כדי לברוא את האדם הראשון, **תְּמוּרַת מַה שֶׁעוֹשִׂין נִשְׁמוֹת הַצַּדִּיקִים עַכְשָׁיו, שֶׁהֵם עוֹלִין בְּסוֹד מ"ן** וגורמים לייחוד דזו"ן, **וְזֶה שֶׁכָּתוּב**

283

כרם שלמה ש"ח פ"ו אות י"ח – מה שכתב והנה כל זה וכו', ר"ל מה שאמרנו שהחזרת פנים בפנים היה על ידי מעשה אדם התחתון שהוא אדם הראשון, ואי אפשר הדבר בלא הוא, זהו דווקא בזו"ן, אבל באו"א בלא מעשה אדם הוחזרו פנים בפנים, כי לא הוצרכו מעשה אדם. והטעם הוא מבואר בשער ט"ל פ"א כי הקליפות שכנגד או"א, וכל שכן מה כנגד הפרצופים העליונים אין בהם כל כך תוקף, ועל ידי המחשבה לבד של הפרצופים נתקנים. ולכן או"א מאיליהן נתקנו והוחזרו פנים בפנים. אבל הקליפות שכנגד הזו"ן כל כך הם חזקים שאינם יכולים להתקן על ידי עצמם מאליהן, אלא על ידי מעשה, והמעשה היא של האדם התחתון, אשר הוא מעשייה, והוא קושר בו כל העולמות, והוא לבדו יש לו כח לעשות זאת, ולא אחר.

284

הגהות וביאורים)ח(– פירוש להוציא שבעה מלכים, כנזכר לקמן פרק א', רק סליק ברעותא לבד. שמן ששון.

285

ע"ח ח"ב שט"ל דרוש א' דס"ה ע"ג – ואחר כך כאשר נתקן ז"א, הוברררה בחינת שיש בהם מן המלכות של ז"א, ועלתה שם על דרך הנזכר לעיל. ואחר כך כאשר נתקנה נוקבא דז"א, נתקנה תחלה בבחינת אחור באחור, ואז עדיין לא הוברררה המ"ן דילה אשר בתוך המלכות הנזכרת לעיל. **והענין כי כל אותה בחינה של מעלה ממנה הוברררו מאליהם על ידי המחשבה שבכל בחינה מהם**, ולא היו צריכין אל מעשה התחתונים שעל ידיהן יתבררו, לפי **שהקליפות אשר כנגדן אין בהם כח כל כך**, אבל בחינת המ"ן של המלכות)דנוקבא דז"א(אשר הם בחינת עשייה, ששם כל עיקר שורש ותוקף הקליפות, לכן לא היה בה כח לתקן ולברר הבחינת של מ"ן שלה שהיה באלו המלכים, לסבת היותן נתונים בעמקי הקליפות החזקים, ולא היה יכולת בה לברורם. עד שבא אדם הראשון, ועל ידי מעשיו ותפילותיו היה מכניע את הקליפות, והיה מחזיר זו"ן פנים בפנים, ואז מתבררים חלק המ"ן דנוקבא דז"א בירור גמור, ואז לא היה עוד שם חורבן בעולם, והיה אז כמו שיהיה בימי המשיח, במהרה בימינו.

כד סליק ברעותא, שׁהוּא הַעֲלאָת מ"ן בפעם הראשונה על ידי המאציל ברצונו, כי אז הָיוּ עולין שׁלא על ידי מעשׂה התחתונים.

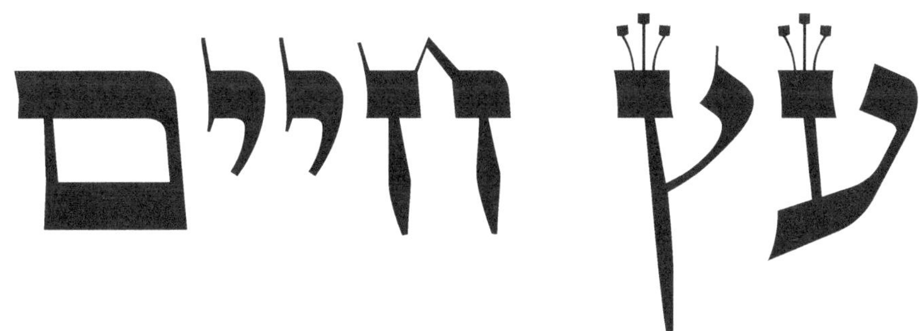

עֵץ חַיִּים

לרבינו חַיִּים ויטאל

שקיבל ממרן האר"י זלה"ה

שער זז'

שער דרושי הנקודות

פרק ו'

חלק התרשימים טבלאות וציורים

שמחת חיים

הקדמה קצרה

דע כי כל התרשימים הציורים והטבלאות, הם אך ורק לשכך את האוזן, ולשבר את העין. וכל הציורים הם לא שלמים.

כתב הרי"ח הטוב ברב פעלים ח"ב בסוד ישרים ה' - אך דע לך כי סדר התלבשות המחצבים שכתב מהרח"ו בשערי קדושה עד עולם הזה שאנחנו עומדים בו. וכן סדר התלבשות הפרצופים אשר בכל מחצב ומחצב, וסדר התלבשות העולמות זה בזה, והיושר והעיגולים, לא אית אינש דכיל למנלע רזא דנא, איך היא עשוי, איך הוא עומד, ולא אפשר לשכל אנושי לצייר כל הנזכר על אמיתתם, ועל בוריין מפני כי שכל האנושי בהיותו עצור ומונח בגוף גשמיי, אי אפשר לי להשיג דבר רוחני, והוא זה דומה לאדם סומא מן הבטן שלא ראה מאורות מימיו, דודאי אי אפשר לו לצייר מראות השמש והירח הנראין לעיני הבריות, וכל שכן מה שיש למעלה למעלה.

וכן כתב ברב פעלים ח"א בסוד ישרים א' - סוף דבר הכל נשמע, ה' אחד ושמו אחד, ואין לו גוף ולא דמות הגוף, ואין לו שום ציור, ותמונה ודמיון כלל ועיקר, וגם כל העולמות וספירות הקדושים למעלה אין להם ציור ודמיון של גופים האלה כלל, ואין מי שיוכל לידע איך הוא עמידתם וסדרם, איך עומדים עולמות היושר ועולמות העיגולים, ואיך מתחברים זה עם זה, ואיך נמשך השפע מזה לזה, ואיך הוא תוארם ומראיהם, ואיך הוא מהות השפע המחיה אותם, ומקיים אותם, וכמה הוא שיעור אורכם וגובהן ורחבם, ואיך הם נכללים זה בזה, ומלבישים זה לזה, כי בכל זאת אין שום שכל אנושי יוכל לדעת, ולהבין, ולהשיג, כלל ועיקר.

הרב ז"ל כתב בשער אח"פ תחילת פ"א וז"ל - כבר ידעת כי אין בנו כח לעסוק קודם אצילות עשר ספירות, ולא לדמות שום דמיון וצורה כלל ח"ו, אך לשכך האזן, אנו צריכים לדבר דרך משל ודמיון, לכן אף אם נדבר במציאות ציור שם למעלה, אין הדבר רק לשכך האזן. אמנם דע כי עשר ספירות דאצילות הם שתי עניינים. האחד הוא התפשטות הרוחניות, והשני הוא כלים ואברים אשר העצמות מתפשט בהם. והנה צריך שיהיה לכל זה שורש למעלה לשתי בחינות אלו, ולכן צריכין אנו לדבר בסדר המדרגות מראש עד סוף, והנה נתחיל ונאמר כי הלא הא"ס ב"ה אין בו שום ציור כלל ח"ו כמבואר.

הרב ז"ל כתב בשער טנת"א פ"א - והנה אף על פי שאנו מכנים וקוראים כאן כנויים אלו כגון אדם ראש אזנים וכיוצא אינו רק לשכך האזן לשיובנו הדברים לכן אנו מכנים כנויים אלו במקום גבוה, עד כאן לשונו.

וכן הרמ"ק בפרדס רימונים ש"ו פ"א - וציירו להם המקובלים צורות ביריעות גדולות וקראום אילן. הרב ז"ל כתב בסוף ש"ה פ"ד וז"ל - ואמנם דבר גלוי הוא כי אין למעלה גוף ולא כח גוף חלילה. וכל הדמיונות והציורים אלו לא מפני שהם כך חס ושלום. אמנם לשכך את האוזן לכשיוכל האדם להבין הדברים העליונים הרוחניים בלתי נתפסים ונרשמים בשכל האנושי, לכן ניתן רשות לדבר בבחינת ציורים ודמיונים, כאשר הוא פשוט בכל ספרי הזוהר. וגם בפסוקי התורה עצמה כולם כאחד עונים ואומרים בדבר הזה כמו שאמר הכתוב עיני ה' המה משוטטים בכל הארץ. עיני ה' אל צדיקים. וישמע ה'. וירח ה'. וידבר ה'. וכאלה רבות וגדולה מכולם מה שאמר הכתוב ויברא אלהים את האדם בצלמו בצלם אלהים ברא אותו זכר ונקבה וגו'. ואם התורה עצמה דברה כך גם אנחנו נוכל לדבר כלשון הזה, עם היות שפשוט הוא שאין שם למעלה אלא אורות דקים, בתכלית הרוחניות, בלתי נתפשים שם כלל, וכמו שאמר הכתוב כי לא ראיתם כל תמונה, וכאלה רבות.

ואמנם יש עוד דרך אחרת כדי להמשיך ולצייר בה הדברים העליונים, והם בחינת כתיבת צורת אותיות, כי כל אות ואות מורה על אור פרטי עליון, וגם תמונת זו דבר פשוט הוא כי אין למעלה לא אות, ולא נקודה, וגם זה דרך משל וציור לשכך את האוזן כנזכר. ולכן נבאר עתה הקדמה הנזכר על דרך ציור האותיות גם כן ובבחינת ציורים אלו, הן ציור האדם, והן ציור אותיות, שתיהן מוכרחים להבין ענין האורות העליונים, כאשר תראה ספרי הזוהר בנויים על שתי בחינות הציורים האלה, עד כאן לא.

ולכן גם אנחנו הרשינו לעצמינו לצייר ציורים, תרשימים וטבלאות, אך ורק כדי לשכך את האוזן, ולשבר את העין, כדי להבין את הסוגייה.

אח"י

סדר שמות שמות ההיכלות והשערים בעץ חיים

שם היכל	שער	שם השער	א	ב	ג	ד	ה	ו	ז	ח	ט	י	יא	יב	יג	יד	טו
אדם קדמון	א	עיגולים ויושר	א	ב	ג	ד	ה										
	ב	השתלשלות י"ס דרך עגו'	א	ב	ג												
	ג	סדר אצילות למהרח"ו	א	ב	ג												
	ד	אח"פ	א	ב	ג	ד	ה										
	ה	טנת"א	א	ב	ג	ד	ה	ו	ז								
	ו	עקודים	א	ב	ג	ד	ה	ו	ז	ח							
	ז	מטי ולא מטי	א	ב	ג	ד	ה										
נקודים	ח	דרושי נקודות	א	ב	ג	ד	ה	ו									
	ט	שבירת הכלים	א	ב	ג	ד	ה	ו	ז	ח							
	י	תיקון	א	ב	ג	ד	ה										
	יא	מלכים	א	ב	ג	ד	ה	ו	ז	ח	ט	י					
הכתרים	יב	עתיק	א	ב	ג												
	יג	א"א	א	ב	ג	ד	ה	ו	ז	ח	ט	י	יא	יב	יג	יד	
או"א	יד	או"א	א	ב	ג	ד	ה	ו	ז	ח	ט	י					
	טו	זווגים	א	ב	ג	ד	ה	ו									
	טז	הולדת או"א וזו"ן	א	ב	ג	ד	ה	ו	ז								
ז"א	יז	ז"א	א	ב	ג	ד											
	יח	רפ"ח נצוצין	א	ב	ג	ד	ה	ו									
	יט	אב"ך	א	ב	ג	ד	ה	ו	ז	ח	ט	י					
	כ	המוחין	א	ב	ג	ד	ה	ו	ז	ח	ט	י	יא	יב			
	כא	לידת המוחין	א	ב	ג												
	כב	מוחין דקטנות	א	ב	ג												
	כג	מוחין דצלם	א	ב	ג	ד	ה	ו	ז	ח							
	כד	פרקי הצלם	א	ב	ג	ד	ה	ו	ז								
	כה	דרושי הצלם	א	ב	ג	ד	ה	ו	ז	ח							
	כו	צלם				ד											
	כז	פרטי עי"מ	א	ב	ג	ד											
	כח	עיבורים	א	ב	ג	ד	ה										
	כט	נסירה	א	ב	ג	ד	ה	ו	ז	ח	ט						
	ל	פרצופים	א	ב	ג	ד	ה	ו	ז								
	לא	פרצופי זו"ן	א	ב	ג	ד	ה										
	לב	הארת המוחין	א	ב	ג	ד	ה	ו	ז	ח	ט						
	לג	אונבאה	א	ב	ג	ד	ה										
נוק' דז"א	לד	תיקון הנוקבא	א	ב	ג	ד	ה	ו	ז								
	לה	הירח	א	ב	ג	ד	ה										
	לו	מעוט הירח	א	ב	ג	ד											
	לז	יעקב ולאה	א	ב	ג	ד	ה										
	לח	לאה ורחל	א	ב	ג	ד	ה	ו	ז	ח	ט						
	לט	מ"ן ומ"ד	א	ב	ג	ד	ה	ו	ז	ח	ט	י	יא	יב	יג	יד	טו
	מ	פנימיות וחצוניות	א	ב	ג	ד	ה	ו	ז	ח	ט	י	יא	יב	יג	יד	טו
	מא	חשמל	א	ב	ג												
אבי"ע	מב-א	דרושי אבי"ע	א	ב	ג	ד	ה	ו	ז	ח	ט	י	יא	יב			
	מב-ב	כללות אבי"ע	א	ב	ג	ד											
	מג	ציור עולמות אבי"ע	א	ב	ג	ד											
	מד	שמות	א	ב	ג	ד	ה	ו	ז								
	מה	מקיפין	א	ב	ג	ד											
	מו	כסא הכבוד	א	ב	ג	ד	ה	ו									
	מז	סדר אבי"ע	א	ב	ג	ד	ה	ו									
	מח	קליפות	א	ב	ג	ד											
	מט	קליפת נוגה	א	ב	ג	ד	ה	ו	ז	ח	ט						
	נ	קיצור אבי"ע	א	ב	ג	ד	ה	ו	ז	ח	ט	י					

טבלת ערכים

עשיה	יצירה	בריאה	אצילות	אדם קדמון	עולמות
נוקבא	ז"א	אמא	אבא	ע"י וא"א	פרצופים
מלכות	חג"ת נה"י	בינה	חכמה	כתר	ספירות
ה	ו	ה	י	קוץ של י'	הוי"ה
נפש	רוח	נשמה	חיה	יחידה	אורות
ב"ן - יוד הה וו הה	מ"ה - יוד הא ואו הא	ס"ג - יוד הי ואו הי	ע"ב - יוד הי ויו הי	שורש הוי"ה	מילוי
אותיות	תגין	נקודות	טעמים	שורשים	טנת"א
אין ניקוד	סגול, שוה, חולם, חיריק, קבוץ, שורוק	צרי	פתח	קמץ	נקודות
עטרת היסוד	גוף וברית	מוח שמאל	מוח ימין	גולגולתא	אדם
כבד	לב	מוח	ל - מקיף, חיה	מ - מקיף, יחידה	מל"צ
היכל	לבוש	גוף	נשמה	שורש	שנגל"ה
יער"ר	זו"ן	ישסו"ת	או"א עלאין	ער"ן אאו"ן	י"ב פרצופים
כלים	לבושים	צלמים	מוחין	אורות	כל צמא
עור	בשר	גידין	עצמות	מוח	אברים
דיבור	ריח	שמיעה	ראיה	מוח	חושים
חושך	מלאכים	נשמות	ספירות	א"ס	מחצבים
צ' כבד	צ' לב	צ' מוח	ל' מקיף א'	מ' מקיף ב'	צלם
דומם	צומח	חי	מדבר	אלוקות	דחצב"ם
עפר	רוח	אש	מים	יולי	יסודות
וילון	מכון, מעון, זבול שחקים, רקיע	ערבות	ערבות	ערבות	רקיעים
לבנה	כוכבים	מזלות	גלגל היומי	גלגל השכל	גלגלים
לבנת הספיר	אהבה, זכות, רצון, נוגה, עצם השמים, לבנת הספיר	קודש קודשים	קודש קודשים	קודש קודשים	היכלות
כו - וד ה ו ה	יט - וד א או א	לז - וד י או י	מו - וד י יו י		מילוי הוי"ה
קנ"א - אלף הה יוד הה	קמ"ג - אלף הא יוד הא	קס"א - אלף הי יוד הי	קס"א - אלף הי יוד הי		אהי"ה

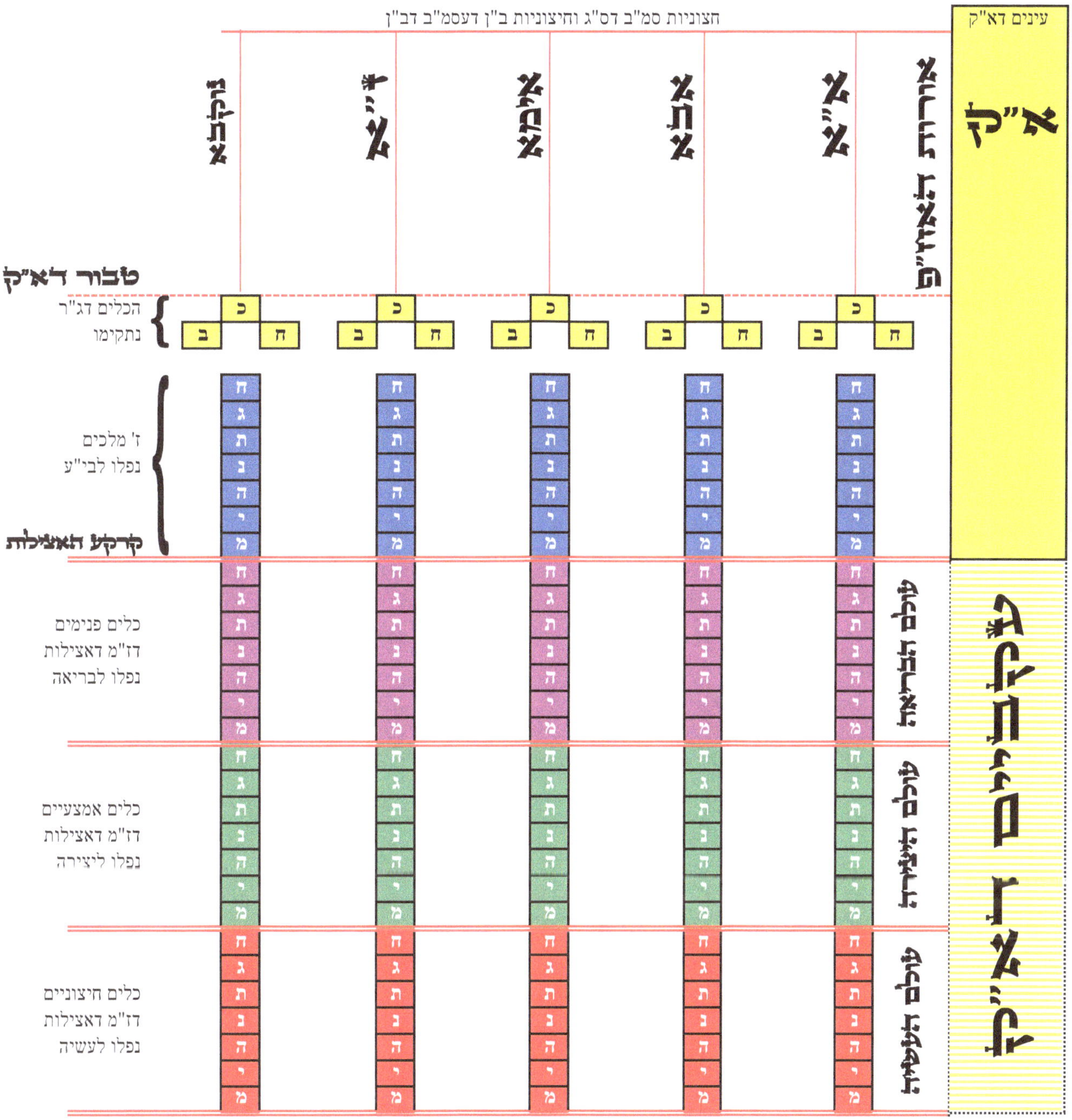

עינים דא"ק

א"ק

חצוניות סמ"ב דס"ג והיצוניות ב"ן דעסמ"ב דב"ן

אורות נאצלות

נוקבא   ז"א   אמא   אבא   א"א

טבור דא"ק

הכלים דג"ר נתקימו
| כ | ח ב |
| כ | ח ב |

ז' מלכים נפלו לבי"ע

קרקע האצילות
(ח ג ת נ ה י מ)

עולם הנקודים

עולמות בי"ע

כלים פנימים
דז"מ דאצילות
נפלו לבריאה — עולם הבריאה

כלים אמצעיים
דז"מ דאצילות
נפלו ליצירה — עולם היצירה

כלים חיצוניים
דז"מ דאצילות
נפלו לעשיה — עולם העשיה

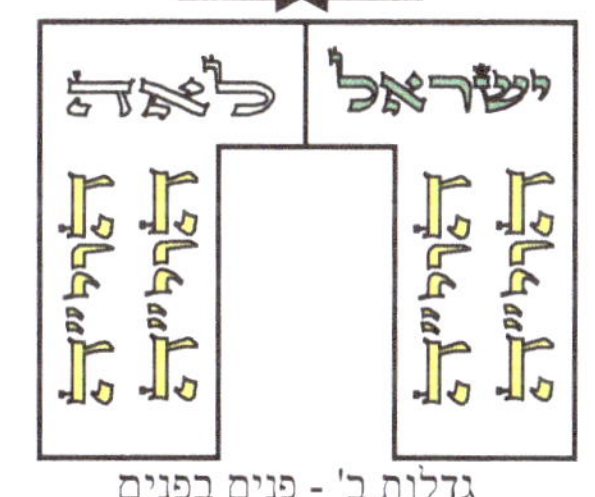

גדלות ב' - פנים בפנים

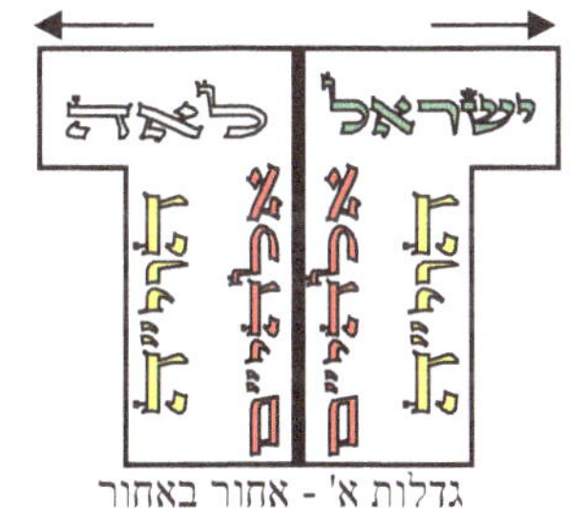

גדלות א' - אחור באחור

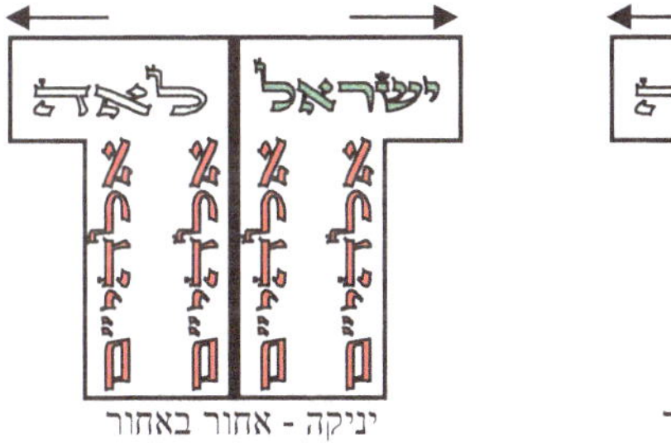

יניקה - אחור באחור

תרשים ו - ג

אחורי ז"א ופנים דנוקבא

אחורי ז"א ופנים דנוקבא

מקום יניקת החיצונים

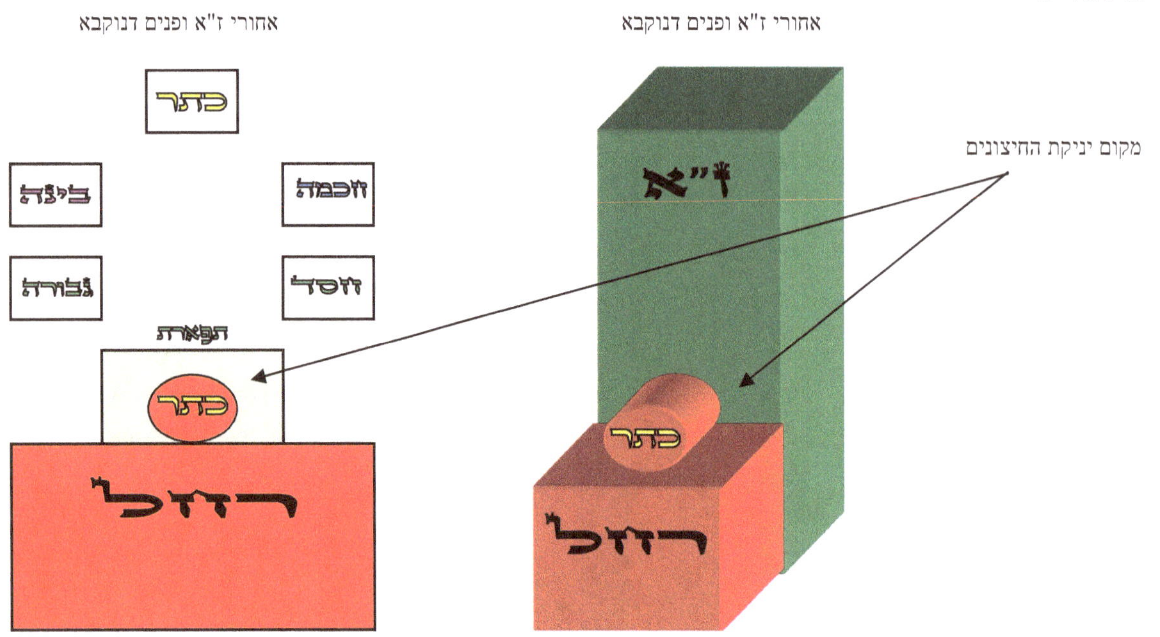

תרשים ו - ד

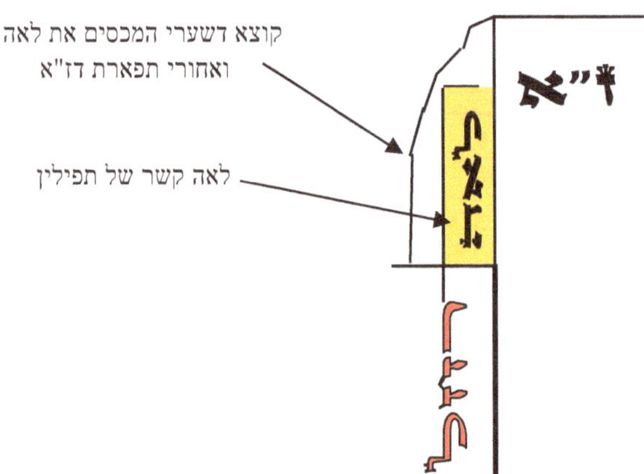

תרשים ו - ה

ו"ק דמ"ה וב"ן

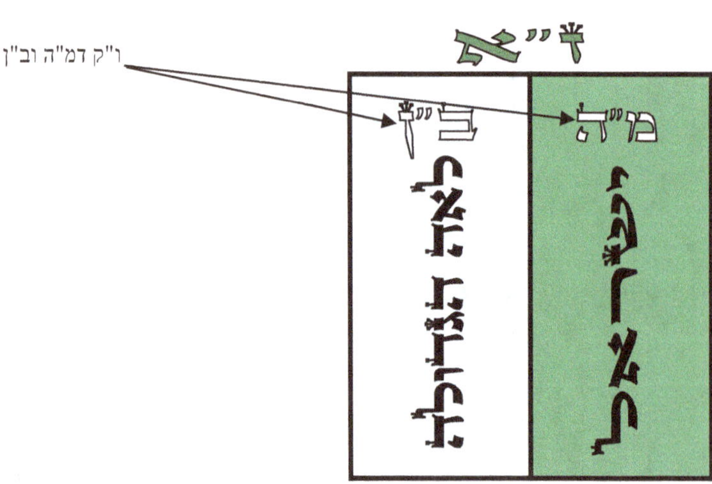

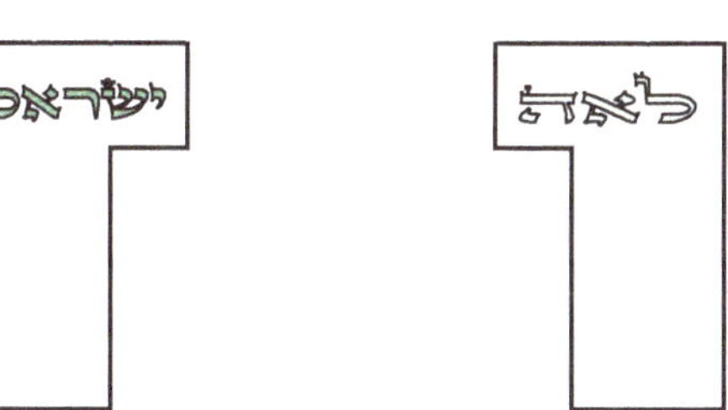

עיבור
נפש
נה"י

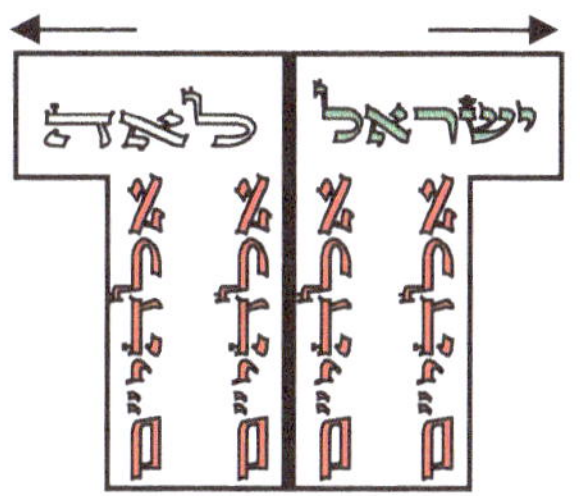

יצירה
רוח
חג"ת

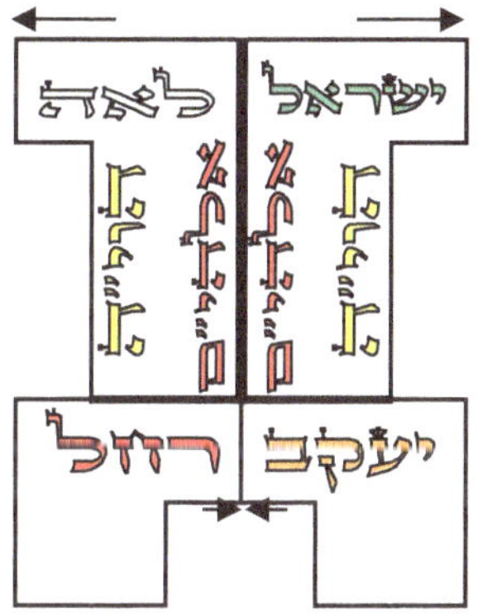

גדלות א'
נשמה
בינה

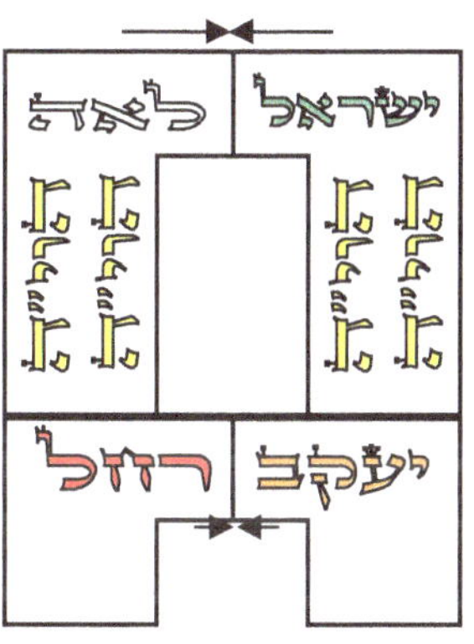

גדלות ב'
חיה
חכמה

תרשים ו - י

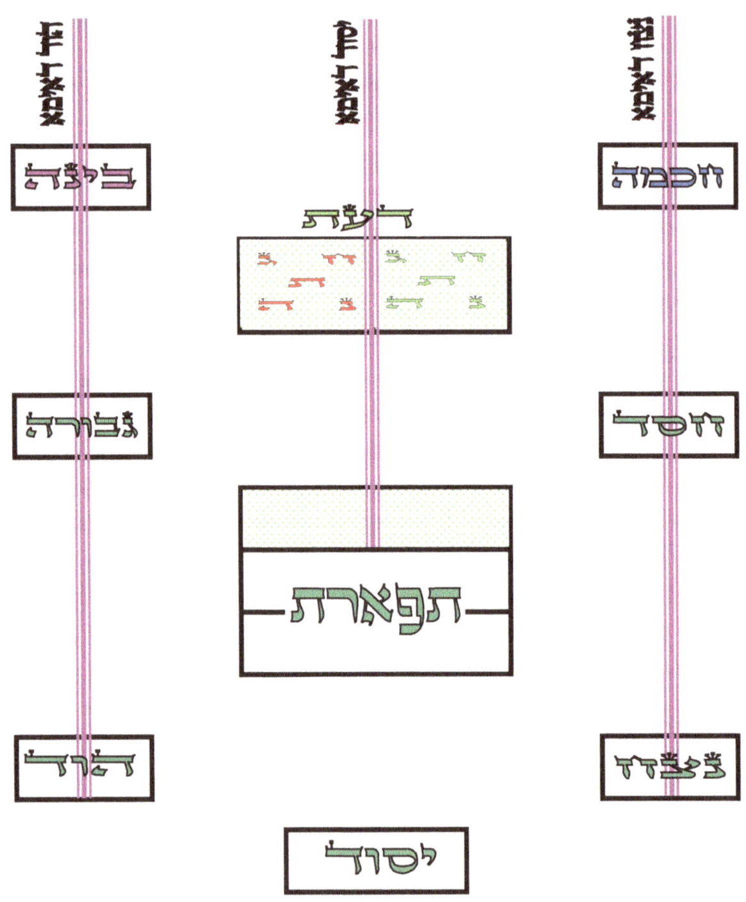

תרשים ו - י"א

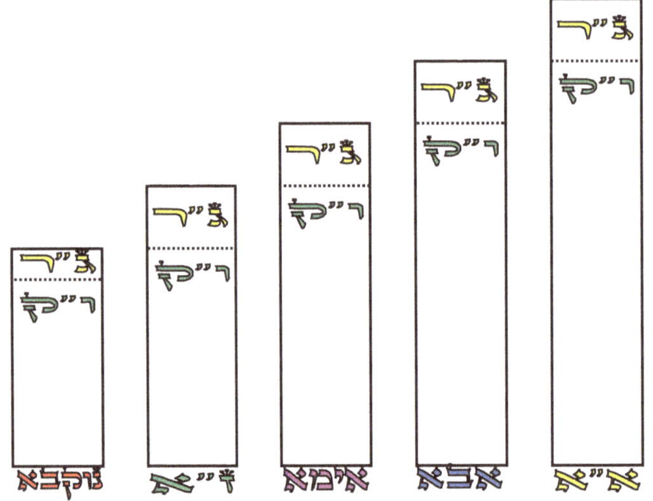

תרשים ו - י"ב

תרשים ו - י"ג

תרשים ו - י"ג

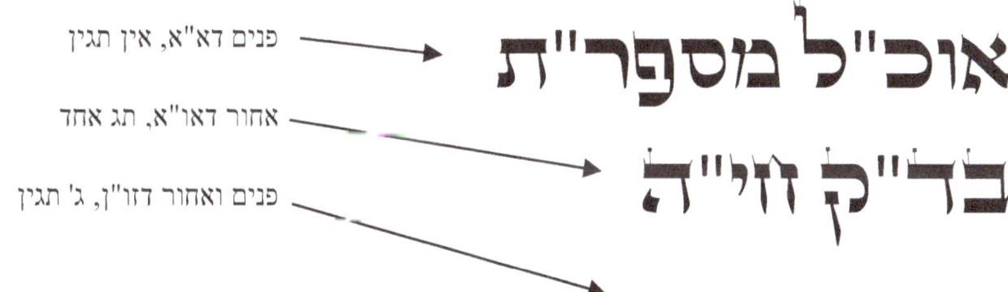

תרשים ו - י"ד

טֹנְת"א
נְקוּדוֹת
אוֹתִיוֹת
תַּצֵּיץ
טֹעֲמִים
מ"ה חדש
טֹנְת"א
טֹעֲמִים
נְקוּדוֹת
תַּצֵּיץ
אוֹתִיוֹת

נְקוּדִים
עֲקוּדִים
טֹנְת"א
מ"ה חדש
אוֹר יָשָׁר
טֹעֲמִים
אוֹר הַכֵּלִים
אוֹר חוֹזֵר
נְקוּדוֹת
רפ"ח
אוֹר הָרְשִׁימוּ
תַּצֵּיץ
כֵּלִים
אוֹר הַנִּיצוֹצִין
אוֹתִיוֹת

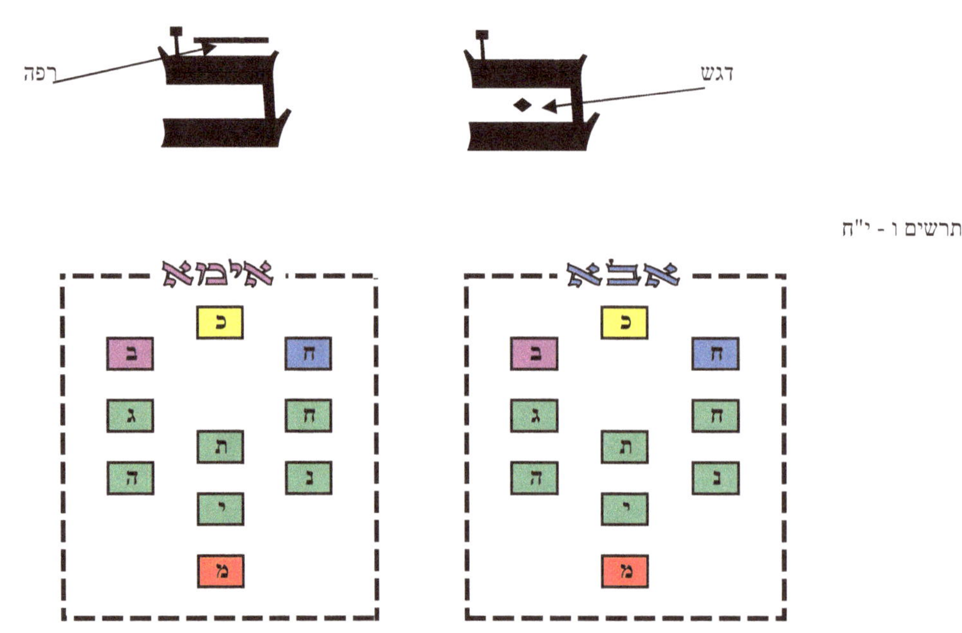

רפה
דגש

אימא
כ
ב
ח
ג
ה
ת
ה
נ
י
מ
אבא
כ
ב
ח
ג
ח
ה
ת
נ
י
מ

תרשים ו - י"ט

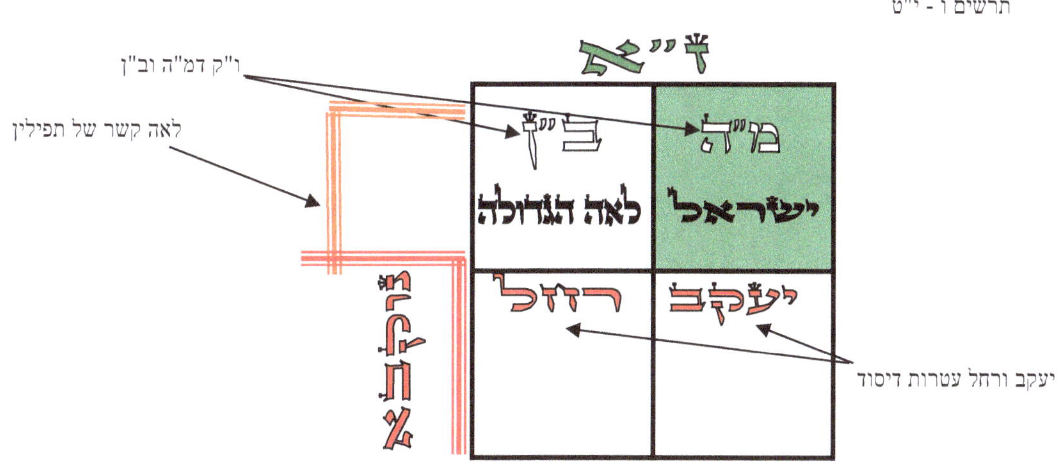

תרשים ו - כ

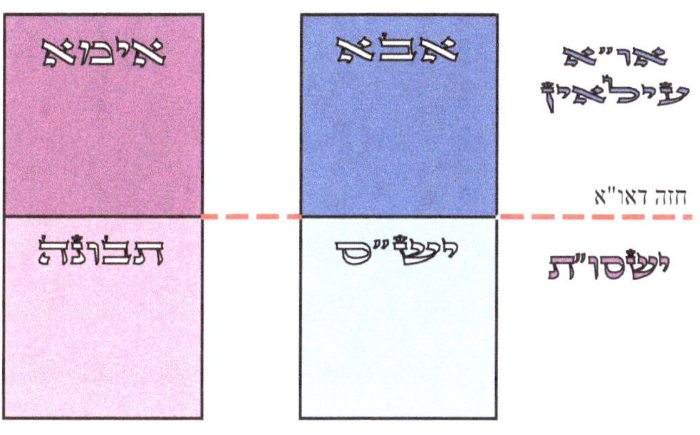

תרשים ו - כ"א

יכוין לקבל עליו ארבע מיתות בית דין

סקילה	י	א	יוד הי ויו הי
שריפה	ה	ד	יוד הי ואו הי
הרג	ו	נ	יוד הא ואו הא
חנק	ה	י	יוד הה וו הה

להעלות זו"ן למיק מו"א ויקחו המ"ד ומ"ן דאו"א ועי"ז יחזרו פב"פ ולזווגס זיווג כ"ר.

בכתרים

יאהדוידהה

בחב"ד

יאהלוההים

וכו"מ

יאהדונהי